跨学科综合集成的
应急管理情报体系研究

姚乐野　等○著

中国社会科学出版社

图书在版编目(CIP)数据

跨学科综合集成的应急管理情报体系研究 / 姚乐野等著 . —北京：中国社会科学出版社，2019.11
ISBN 978 - 7 - 5203 - 5692 - 3

Ⅰ.①跨… Ⅱ.①姚… Ⅲ.①突发事件—公共管理—情报服务—研究—中国 Ⅳ.①D630.8

中国版本图书馆 CIP 数据核字（2019）第 250124 号

出 版 人	赵剑英
责任编辑	王 茵 马 明
责任校对	胡新芳
责任印制	王 超

出　　版	中国社会科学出版社
社　　址	北京鼓楼西大街甲 158 号
邮　　编	100720
网　　址	http://www.csspw.cn
发 行 部	010 - 84083685
门 市 部	010 - 84029450
经　　销	新华书店及其他书店
印　　刷	北京明恒达印务有限公司
装　　订	廊坊市广阳区广增装订厂
版　　次	2019 年 11 月第 1 版
印　　次	2019 年 11 月第 1 次印刷
开　　本	710×1000　1/16
印　　张	22
插　　页	2
字　　数	327 千字
定　　价	99.00 元

凡购买中国社会科学出版社图书，如有质量问题请与本社营销中心联系调换
电话：010 - 84083683
版权所有　侵权必究

前　言

当前国家安全的内涵与外延空前丰富。2014年4月15日，习近平总书记首次提出"坚持总体国家安全观，走出一条中国特色国家安全道路"。总体国家安全观集十一种安全于一体，即政治安全、国土安全、军事安全、经济安全、文化安全、社会安全、科技安全、信息安全、生态安全、资源安全、核安全。在此大背景下，以服务国家安全为目标，情报学与情报工作迎来了发展新机遇。情报学各分支，如科技情报、社科情报、医学情报、军事情报、公安情报等开始积极思考和探索新时期的发展思路。

2017年6月，《国家情报法》公布并实施，其中明确规定，国家情报工作应坚持总体国家安全观，为国家重大决策提供情报参考，为防范和化解危害国家安全的风险提供情报支持。《国家情报法》为情报学与情报工作参与国家安全有关各层次事务提供了新的行动指南。同年，10月29日，在南京大学召开的情报学与情报工作发展论坛上，与会专家凝聚形成了《情报学与情报工作发展南京共识》。共识指出，新时代应定位于满足国民经济、社会发展和国家安全需求，成为各类决策的有力支撑；情报工作以"先导""引领"，成为"耳目尖兵参谋"为目标，将情报机构打造成为国家的重要智库，发挥情报在总体国家安全体系中的重要作用。

2018年3月，在新一轮国务院机构改革进程中，国家组建了中华人民共和国应急管理部，将原分散在国务院办公厅、安监、公安、民政、国土、水利、农业、林业、地震等部门的灾害管理职责和国家减灾委、国家森林防火指挥部等进行了整合调整。组建应急管理部，进一步顺应了综合防灾减灾救灾的时代要求，对于应急管理部门协同、流程优化和统一标准，化解过去部门分割、政令不一、标准有别、资源分散、信息不通等问题，避免"九龙治水"的应急管理困境，具有重要意义。①

应急管理是坚持总体国家安全观之下的综合集成实践，情报工作是其中重要保障组成部分，如何从体制、机制、技术与平台等入手，构建面向应急管理的情报体系是优化应急管理过程、提升应急决策效果的重要研究课题。

本研究立足跨学科综合集成，系统研究面向突发事件应急管理的情报体系，核心内容包括如下方面：

第一，应急管理情报体系的跨学科理论与综合集成框架。本书以钱学森综合集成思想作为构建应急管理情报体系的指导思想，系统分析了应急管理研究的多学科参与态势，梳理了应急管理情报体系研究中的多学科交叉融合特点，并重点探讨了跨学科综合集成的应急管理情报体系运行机理、情报工作流程框架。

第二，应急管理情报体系的顶层设计与规划。研究从应急管理战略出发，考虑情报体系的目标和价值取向，并按照 EA 的思想，提炼出多主体协同联动、情报资源和情报技术三个要素，详细分析各要素的具体组成、应关注的重点，并探讨各要素间的相互关系，为构建应急管理情报体系奠定坚实基础。

第三，应急管理情报体系的核心要素分析。系统分析应急管理情报体系中的"资源+技术+机制"等构成要素，"资源"，即情报资源，本书探讨了应急管理情报资源概念内涵、形态特征、动态聚合；"技术"是指技术谱系结构，本书分析了应急管理情报体系中应用到的信息技术及其在突发事件应急决策不同情景中的匹配调用、情报体系综合平台构建等；"机制"是指应急管理情报体系协同运行机制，本书以整体治理理论、协同理论和危机生命周期理论为依据，研究协同运行机制的主要

---

① 郑功成：《应急管理部与灾害管理体制重构》，《中国减灾》2018 年第 9 期。

流程、评价指标和分层推进。各核心要素的具体研究，为应急管理情报体系方案的构建提供了依据。

第四，应急管理情报体系运行的模拟仿真和实证研究。在跨学科综合集成的应急管理情报体系集成思路、框架、顶层设计与核心要素分析的基础上，以综合集成研讨厅为载体，选取自然灾害、安全事故、社会安全事件等领域的代表性突发事件进行模拟研讨。通过实务部门调研、专家访谈、模型构建等方式对应急管理情报体系进行实证模拟检验分析。

第五，应急管理情报体系的发展趋势探讨。针对跨学科综合集成的应急管理情报体系构建的重点及难点，我们认为建立应急管理情报学、充分发挥面向应急决策的情报体系支撑和保障作用、发展国家大数据战略下的智慧应急、加强国家应急管理的情报工作机制体制建设等应是应急管理情报体系未来发展的大势所趋。

目 录

第一章 应急管理与情报工作 …………………………………… (1)
 第一节 应急管理中的情报内涵 ………………………………… (1)
  一 突发事件应急管理概述 …………………………………… (1)
  二 应急管理中的情报元素 …………………………………… (6)
  三 应急决策中的情报支撑 …………………………………… (8)
 第二节 应急管理中的情报工作历程与现状 …………………… (15)
  一 国外应急管理的情报工作历程与现状 …………………… (15)
  二 国内应急管理的情报工作历程与现状 …………………… (37)
 第三节 应急管理情报体系的现实需求 ………………………… (49)
  一 应急管理情报体系的理论构建 …………………………… (49)
  二 应急管理情报体系的实践应用 …………………………… (50)

第二章 应急管理情报体系的跨学科理论与综合集成框架 ……… (52)
 第一节 应急管理研究的多学科参与 …………………………… (52)
  一 传播学视角的突发事件应急信息沟通研究 ……………… (52)
  二 信息系统视角的突发事件应急信息管理系统研究 ……… (55)
  三 地理学视角的突发事件地理信息研究 …………………… (59)
  四 人口学角度的突发事件人口信息和公共灾害经验研究 …… (61)
  五 食品安全学角度的公共卫生突发事件研究 ……………… (62)
  六 情报学参与突发事件应急管理研究 ……………………… (63)
 第二节 应急管理情报体系研究的多学科交叉融合 …………… (76)

  一 应急管理情报体系的主要支撑学科 …………………… (76)
  二 应急管理情报体系的综合集成思路 …………………… (80)
  三 跨学科集成的应急管理情报体系运行机理 …………… (85)
 第三节 综合集成的应急管理情报工作流程框架 …………… (88)
  一 应急管理的情报规划 …………………………………… (88)
  二 应急管理的情报收集 …………………………………… (89)
  三 应急管理的情报处理 …………………………………… (90)
  四 应急管理的情报分析 …………………………………… (91)
  五 应急管理的情报传递 …………………………………… (92)
  六 应急管理的情报利用 …………………………………… (93)

第三章 应急管理情报体系的顶层设计 …………………… (95)

 第一节 应急管理情报体系顶层设计概述 …………………… (96)
  一 情报体系顶层设计的内涵 ……………………………… (96)
  二 情报体系顶层设计的定位 ……………………………… (97)
  三 情报体系顶层设计的目标 ……………………………… (99)
  四 情报体系顶层设计的意义 ……………………………… (100)
 第二节 应急管理情报体系顶层设计的方法和步骤 ………… (102)
  一 顶层设计的有效方法——总体架构（EA） …………… (102)
  二 总体架构在应急管理情报体系构建中的作用 ………… (104)
  三 应急管理情报体系顶层设计的步骤 …………………… (105)
 第三节 应急管理情报体系的战略规划 ……………………… (110)
  一 应急管理情报体系现状及面临的问题 ………………… (110)
  二 应急管理情报体系的战略目标 ………………………… (114)
  三 情报战略与应急管理战略的一致性分析 ……………… (116)
  四 应急管理情报体系的战略制定 ………………………… (120)
 第四节 应急管理情报体系的总体架构分析与设计 ………… (121)
  一 国外应急管理情报体系对我国的启示 ………………… (121)
  二 应急管理情报体系总体架构的需求分析 ……………… (124)

三　应急管理情报体系要素分析 ………………………………（127）
　　四　应急管理情报体系基本框架构建及实施要点 ……………（131）

第四章　应急管理情报体系的情报资源 …………………………（134）
第一节　应急管理情报体系的情报资源概述 ……………………（134）
　　一　应急管理的情报资源内涵 …………………………………（134）
　　二　应急管理的情报资源特征 …………………………………（136）
　　三　应急管理的情报资源要求 …………………………………（138）
第二节　应急管理情报体系的情报资源形态 ……………………（139）
　　一　应急管理的情报资源过程形态 ……………………………（140）
　　二　应急管理的情报资源产品形态 ……………………………（143）
　　三　应急管理的情报资源载体形态 ……………………………（144）
第三节　应急管理情报体系的情报资源聚合 ……………………（153）
　　一　应急管理的情报资源聚合框架 ……………………………（153）
　　二　应急管理的情报资源组织过程 ……………………………（154）
　　三　应急管理的情报资源聚合手段 ……………………………（165）

第五章　应急管理情报体系的技术支撑 …………………………（168）
第一节　应急管理情报体系的技术支撑框架 ……………………（168）
第二节　应急管理情报体系中的情报技术 ………………………（172）
　　一　情报获取技术 ………………………………………………（173）
　　二　情报组织技术 ………………………………………………（174）
　　三　情报传递技术 ………………………………………………（175）
　　四　情报处理技术 ………………………………………………（176）
　　五　辅助决策技术 ………………………………………………（177）
第三节　应急管理情报系统的功能应用 …………………………（178）
　　一　应急管理情报系统的需求分析 ……………………………（179）
　　二　突发事件应急管理主体业务分析 …………………………（180）
　　三　突发事件应急决策流程分析 ………………………………（182）

四　应急管理情报系统功能应用分析 …………………… (185)
　第四节　应急管理情报系统的构建 ……………………………… (187)
　　一　应急管理情报系统的构建思路 ……………………… (187)
　　二　应急管理情报系统的子系统分析 …………………… (188)

第六章　应急管理情报体系的协同机制 ……………………… (192)
　第一节　应急管理情报协同问题产生根源及其表象 …………… (194)
　第二节　应急管理情报协同的内涵、特征与要素 ……………… (197)
　　一　应急管理情报协同的内涵 …………………………… (197)
　　二　应急管理情报协同的特征 …………………………… (199)
　　三　应急管理情报体系协同运行的要素 ………………… (200)
　第三节　应急管理情报体系协同的工作流程 …………………… (201)
　　一　应急管理情报体系协同的工作流程描述 …………… (201)
　　二　应急管理情报体系协同的工作流程概念模型 ……… (203)
　　三　应急管理情报体系协同的工作流程集成框架 ……… (206)
　第四节　应急管理情报工作流程协同度评价指标体系 ………… (208)
　　一　评价指标体系框架 …………………………………… (209)
　　二　评价模型 ……………………………………………… (210)
　　三　构建应急管理情报工作流程协同度评价指标体系 …… (212)
　第五节　应急管理情报体系协同的分层推进 …………………… (221)
　　一　战略制度层面的协同 ………………………………… (221)
　　二　组织管理层面的协同 ………………………………… (223)
　　三　人员层面的协同 ……………………………………… (224)
　　四　流程操作层面的协同 ………………………………… (226)
　　五　资金保障层面的协同 ………………………………… (228)

第七章　应急管理情报体系运行的模拟仿真 ………………… (230)
　第一节　应急管理情报体系的综合集成需求 …………………… (230)
　　一　以智能响应为目标 …………………………………… (230)

二　以情报资源为基础 …………………………………… (232)
　三　以情报技术为支撑 …………………………………… (232)
　四　以联动机制为保障 …………………………………… (233)
第二节　应急管理情报体系实践：综合集成研讨厅 ………… (233)
　一　综合集成研讨厅的发展 ……………………………… (233)
　二　应急管理情报体系综合集成研讨厅的实践思路 …… (236)
　三　应急管理综合集成研讨厅实践路径 ………………… (239)
第三节　南方雪灾应急情报系统运行体系 …………………… (242)
　一　2008年南方雪灾的案例描述 ………………………… (242)
　二　南方雪灾应急管理与应急情报工作反思 …………… (243)
　三　南方雪灾的综合集成研讨厅设计 …………………… (245)
第四节　天津港"8·12"爆炸事故处置应急情报系统
　　　　仿真模拟 …………………………………………… (248)
　一　天津港"8·12"爆炸事故的描述 …………………… (248)
　二　天津港"8·12"爆炸事故应急管理与应急情报工作
　　　反思 ………………………………………………… (249)
　三　天津港爆炸事故的综合集成研讨厅设计 …………… (250)
第五节　"12·28"金昌社会安全事件的综合集成研讨厅
　　　　设计 ………………………………………………… (252)
　一　"12·28"金昌社会安全事件的描述 ………………… (252)
　二　"12·28"金昌社会安全事件应急管理与应急情报
　　　工作反思 …………………………………………… (253)
　三　"12·28"金昌社会安全事件的综合集成研讨厅
　　　设计 ………………………………………………… (254)

第八章　应急管理情报体系的实证研究 …………………………… (258)
　第一节　应急管理情报体系层次结构模型的构建 ………………… (258)
　　一　应急管理情报体系的功能要求 ……………………… (258)
　　二　应急管理情报体系层次结构模型的构建 …………… (260)

第二节 模型中各变量的测量及相关问题的假设 …………… (261)
  一 应急情报资源的变量设计及相关假设 ……………… (261)
  二 应急情报工作技术应用的变量设计及相关假设 …… (265)
  三 应急管理协作机制及人员的变量设计和相关假设 … (268)

第三节 问卷的设计与数据的收集 ………………………… (273)
  一 问卷的设计 …………………………………………… (274)
  二 问卷的调研与数据的收集 …………………………… (275)
  三 数据的预处理 ………………………………………… (275)

第四节 样本数据的方差分析及效度和信度检验 ………… (282)
  一 方差分析 ……………………………………………… (282)
  二 样本信度检验 ………………………………………… (283)
  三 样本效度检验 ………………………………………… (284)

第五节 模型中假设关系的检验和验证分析 ……………… (288)
  一 层次结构模型中各部分对因变量的影响机理检验 … (288)
  二 层次结构模型中各部分交互作用的影响机理验证 … (292)
  三 实证分析小结 ………………………………………… (296)

第九章 应急管理情报体系的发展趋势 …………………… (298)

第一节 建立应急管理情报学 ……………………………… (298)
  一 应急管理情报学的学科价值 ………………………… (298)
  二 应急管理情报学的学科定位 ………………………… (299)

第二节 充分发挥面向应急决策的情报支撑和保障作用 … (300)
  一 加强情报体系顶层设计 ……………………………… (300)
  二 建设智库情报资源 …………………………………… (301)
  三 推动多元主体参与 …………………………………… (302)

第三节 发展国家大数据战略下的智慧应急 ……………… (303)
  一 智慧应急符合国家战略发展要求 …………………… (303)
  二 情报体系全面支持智慧应急 ………………………… (304)

第四节 加强国家应急管理的情报工作体制机制建设 …… (305)

一　建立健全应急管理情报体系的管理体制和运行机制 …… (305)
二　完善应急管理情报体系相关的法律法规 ………………… (306)
三　开展政府应急管理情报工作的绩效评估研究 …………… (307)

参考文献 …………………………………………………………… (308)

后　记 ……………………………………………………………… (333)

第一章　应急管理与情报工作

第一节　应急管理中的情报内涵

一　突发事件应急管理概述

当今世界，频繁发生的自然灾害、公共卫生事件、事故灾难和社会安全事件等类型的突发事件，是各个国家和地区在发展过程中不可回避的现实性问题，各级各类突发事件同人类社会的进步与发展相伴生，如俄国的"通古斯大爆炸"（1908年）、美国的"黑风暴"（1934年）、英国的"伦敦大烟雾"（1952年）、中国的"唐山大地震"（1976年）、孟加拉国的"孟加拉湾特大水灾"（1987年）和印度的"鼠疫大流行"（1994年）等被称为20世纪十大重灾。这些重大突发事件的发生，给人类社会造成了重大人员伤亡、经济损失和社会动荡。

我国幅员辽阔，地跨多个气候带与多种地形，使得气象条件多变、地质条件复杂，加之我国正经历着经济社会的不断发展、变革与转型，在这一过程中各种社会风险因素增多、各种社会矛盾开始凸显。这些因素使得我国在自然灾害（2008年"5·12"汶川地震、2008年南方冰雪灾害、2010年"4·14"玉树地震、2010年"8·7"甘肃舟曲特大泥石流、2013年"4·20"芦山地震等）、社会安全事件（2008年拉萨"3·14"事件、2009年新疆乌鲁木齐"7·5"事件、2012年四川甘孜骚乱事件、2014年昆明火车站暴力袭击事件等）、公共卫生事件（2003年"非典"、2007年禽流感、2013年H7N9等）和事故灾难事件（2008年昆明市"7·21"公交连环爆炸案、2008年"9·20"深圳市龙岗特大火灾、2011年"7·23"温州动车事故等）方面的突发事件总量居高不下，种种迹象和形势表明突发事件在较大范围、较长时间内，严重威胁到公民生命、健康和财产安全，给国家造成巨大的经济损失，对社会的稳定与发展影响甚巨。

在突发事件频发的背景下，我国突发事件应急管理实践也取得了一系列成效。目前，我国已逐步形成具有中国特色的"一案三制"（预案、体制、机制与法制）应急管理体系，从2007年国务院颁布《中华人民共和国突发事件应对法》以来，目前涉及突发事件应对的法律、法规、部门规章及相关文件总计上百件。全国应急预案体系的建设初见成效，相继建立了如《国家突发公共事件总体应急预案》《广东省突发事件总体应急预案》《四川省突发事件总体应急预案》等国家、省市的总体预案，以及《国家突发公共事件医疗卫生救援应急预案》《国家地震应急预案》等专项预案、部门预案以及各地方的应急预案与机制。情报与信息的作用，以及情报、信息的收集、报送与发布的相关工作，在我国的这一系列应急预案、体制、机制和法制中的特定环节有相关规定和要求。

从应急管理情报体系的研究对象而言，涉及的核心概念主要包括突发事件、应急管理和情报体系。

（一）突发事件

"突发事件"，从字面理解而言，"突发"即突然、猝然发生，往往出人预料和令人猝不及防；"事件"即历史上或社会上发生的大事情（据《辞海》）；综合而言，"突发事件"即突然发生的大事情。关于突发事件的界定，不同的国家有着不同的称谓，如"灾害事件""危机事件""公共紧急状态""紧急事件"等。

根据《中华人民共和国突发事件应对法》和《国家突发公共事件总体应急预案》，突发事件是指"突然发生，造成或者可能造成严重社会危害，需要采取应急处置措施予以应对的自然灾害、事故灾难、公共卫生事件和社会安全事件"①。

从概念界定中可知,突发事件可以划分为"自然灾害事件、事故灾难事件、公共卫生事件和社会安全事件"等类型;同时《国家突发公共事件总体应急预案》指出,突发事件按性质、严重程度、可控性和影响程度可分为"Ⅰ级(特别重大)、Ⅱ级(重大)、Ⅲ级(较大)和Ⅳ级(一般)"四级②。

现实生活中的突发事件,往往形态各异,其发生原因、表现形式、性质和影响力等,各有不同。对于突发事件的特征,不同的专家学者有不同的论点。我们可以将其特征概括为"突然性、不确定性、复杂性、关联性、紧迫性和危害性"等方面。

(二)应急管理

随着《国家突发公共事件总体应急预案》(2006年)和《中华人民共和国突发事件应对法》(2007年)等法规制度文件的颁布与实施,应急管理作为一个法规政策概念在我国开始出现和盛行,在学术界也逐渐取代危机管理、紧急管理、非常态管理等名称。

从概念而言,应急管理由"应+急+管理"三个关键词构成,"应"有应对、处置之意,包括应对之策和应对之行动;"急"即突发、突变、危机、紧急之意,是一种紧急和危险状态,随时可能造成人、财、物等方面的损失;"管理"即计划、组织、领导、控制和创新等系列活动的总和。简单来说,应急管理就是为有效地预防、应对和处置突发事件爆发及其演变过程中造成的危害及损失,而采取的一系列计划、组织、领导、控制和创新的活动。具体而言,参照《国家突发公共事件总体应急预案》,应急管理的基本内涵与要素应包括如下方面:

一是应急管理应遵循相应的工作原则,主要包括"以人为本,减少危害;居安思危,预防为准;统一领导,分级负责;依法规范,加强管

---

① 《中华人民共和国突发事件应对法》,2016年10月16日,http://www.gov.cn/ziliao/flfg/2007-08/30/content_732593.htm。
② 《国家突发公共事件总体应急预案》,2016年10月16日,http://www.gov.cn/yjgl/2006-01/08/content_21048.htm。

理；快速反应，协同应对；依靠科技，提高素质"等方面的原则。

二是应急管理需要通过相应的组织体系来实现，既包括《国家突发公共事件总体应急预案》中提及的"领导机构、办事机构、工作机构、地方机构、专家组"等各级各类政府部门，应急管理还需要依托各类企事业单位、国际组织、研究机构、媒体机构、志愿组织和社会公众等主体共同完成。

三是应急管理是一个伴随突发事件演变与发展的动态过程，按突发事件的生命周期（事发前、事发时、事发中和事发后）可将应急管理划分为"应急准备、监测预警、应急响应、应急处置和灾后重建恢复"等环节。

对于应急决策和应急管理而言，我们认为，应急决策是应急管理的核心、是应急管理活动顺利进行的前提；应急管理活动又反作用于应急决策，有效的应急管理活动有助于科学的应急决策。

（三）情报体系

情报体系作为情报学研究的重要内容之一，在不同的领域和学科其内涵有所差异，目前在科技情报、企业竞争情报、国家竞争情报、军事情报等领域的研究比较深入。在企业竞争情报语境下，情报体系通常被界定为企业的财务部、人事部、计划部、营销部、情报中心等多部门协调统一的竞争情报系统，分析企业自身的不足、市场需求和竞争者动态等，针对性选择确定关键情报问题的系统工作。[①] 在国家竞争情报语境下，情报体系是从国家竞争战略出发，通过充分开发和有效利用知识、信息和智力资源来提高国家竞争能力的各种机构及其相互关系总和，是国家竞争战略管理和信息的整体配合和有机协调[②]；是为保障国家竞争情报工作顺利开展而建立的一套完整的工作方法、机制以及在情报活动中形成的各种关系总和等。[③]

[①] 彭靖里、杨家康、邓艺：《IBM公司竞争情报体系建设及其案例分析》，《图书情报工作》2004年第5期。

[②] 赵刚：《新形势下国家竞争情报体系建设的原则》，《中国科技论坛》2004年第3期。

[③] 韩玺、王翠萍：《国家竞争情报体系构建研究》，《情报杂志》2006年第9期。

第一章 应急管理与情报工作

近年来，围绕突发事件、应急决策等领域的情报体系研究得到了广泛关注和重视。李阳等认为，目前关于应急决策情报体系的内涵界定有两种。一是"应急决策＋情报体系"字面组合理解，即面向应急决策的情报体系，是一类特殊形式的情报体系；二是应急管理与信息管理交叉形成的一个新学科领域，是对海量、多源、异构、实时突发事件数据的获取、分析、可视化、传播、共享与发布等一系列信息处理科学问题，即情报收集、研判、传递并最终为应急决策主体所运用的整个过程都被纳入研究框架体系中。[①] 苏新宁等从生命周期视角界定了应急情报体系的概念，认为应急情报体系是为了应对应急决策的情报需求，围绕情报采集与处理、加工与组织、分析与服务、反馈与评估全过程的新型情报体系，其本质而言是以信息技术为依托，通过应急平台，实现"在最恰当的时候、利用最恰当的方式、提供应急决策的最恰当的情报"[②]。

在本书中，笔者认为，情报体系是指以政府为主导的多元主体构成的协同联动体系，利用各种情报技术和系统对情报资源进行有效处理，为决策者提供决策支持的情报工作系统，面向应急管理的情报体系是一个多元主体、协同联动、快速响应、融入突发事件应急管理全过程的复杂巨系统。其中，本书中情报体系包含的几个核心概念界定如下：

一是情报资源。应急管理情报体系的情报资源是指围绕突发事件应急管理所产生的情报，并经过加工处理、整理和序化的有用的情报集合，是应急管理与决策的基础和源泉。

二是情报技术。应急管理情报体系的情报技术是指突发事件的情报获取、组织存储、加工处理、输出与传输中运用到的计算机技术、缩微技术、音频图像技术、通信技术、网络技术、信息技术等总和。

三是情报机制。应急管理情报体系的情报机制是指突发事件应急管理中情报工作的相关主体、资源、技术相互作用，最大限度地调用和发

[①] 李阳、李纲：《应急决策情报体系：历史演进、内涵定位与发展思考》，《情报理论与实践》2016年第4期。
[②] 苏新宁、朱晓峰、崔露方：《基于生命周期的应急情报体系理论模型构建》，《情报学报》2017年第10期。

挥情报功能的关系组合,是应急管理情报体系有效运行和发挥作用的保障。

二 应急管理中的情报元素

面对频繁和不确定性的突发事件,如何实现有效预防和快速应对,最大限度地降低决策风险,情报在其中起到关键性作用。近年来,我国各级政府职能部门及相关单位围绕突发事件的应对与处置,根据各自的角色与功能建立了一系列不同领域、不同级别的应急信息平台、数据库或网站等,在突发事件的应急管理中发挥了重要的保障作用。但想要在突发事件应对和处置的实践工作中,准确把握突发事件的情报内涵及其在应急管理中所发挥的支撑作用,综合集成突发事件应急管理的情报资源、技术和组织协调等要素,为突发事件的应急管理提供快速响应的情报体系支撑,需进一步加强突发事件应急管理实践与理论研究。

严格意义上,情报并不等同于信息。当前社会对信息的多元化认识与普遍应用,得益于信息技术、信息科学的快速发展和应用;而对情报的理解和认识仍带有神秘性,多局限于国家安全情报、军事战争情报、企业竞争情报等领域。信息是泛在的社会资源,情报是有助于解决问题决策中不确定性的有价值的信息。因此,情报源于信息又高于信息。在突发事件应急管理中,情报随突发事件的演变而动态变化,按突发事件发生阶段而言,可将其大体分为"基础信息(事件发生前)、实时情报(事件发生时)、衍生情报(事件发展演变过程中)和经验情报(事件恢复后)"四类[①]。围绕突发事件应急管理的情报工作,定位于突发事件应对和处置过程中的情报服务支撑与保障,情报工作的质量和效率直接影响突发事件应急管理的质量和效率。迟报、谎报、瞒报、漏报的情报供给对应急管理的速度与质量将产生不良干扰;而快速、准确、全面和规范的情报供给则对应急管理的速度与质量提供良好的支撑与保障作用。

---

① 姚乐野、范炜:《突发事件应急管理中的情报本征机理研究》,《图书情报工作》2014年第23期。

第一章 应急管理与情报工作 ◆ ◆ ◆

美国等发达国家十分重视突发事件应急决策情报体系建设，其先进经验可供国内借鉴。"9·11"事件后，美国很快进行了一系列的情报机构改革，调整联邦应急管理局，成立国土安全部以预防恐怖主义袭击事件、提高美国恐怖主义应对能力，于2004年颁布《美国国家事故管理系统》进一步提高应急响应工作效率。联邦应急管理局通过实施"E-FEMA"战略，建立了应急信息系统多层次结构模型，其中"联邦应急管理信息系统、网络应急管理系统、灾害损失评估系统"得到广泛应用。近年来美国联邦政府又不断加强突发事件应急管理体系的重构和修订，如奥巴马签发《总统政策第8号指令》、先后制定《全国准备目标》《全国响应框架》和《全国预防框架》等，对突发事件的应急信息管理工作具有重要的参考意义。以"情报立国"的日本是一个公认的灾害多发国家，但其完善和有效的灾害情报系统使得日本并未受到很大的损失，权威统一的情报机构、纵横交错的情报管理组织、发达先进的情报技术系统为日本在灾害突发事件应对方面提供了高效的情报支撑，1998年由日本倡议成立亚洲防灾中心，目前该中心拥有30个成员国，成员国之间可以实现灾害信息和救灾经验的共享交流，是全球重要的灾害信息中心之一。日本权威统一的信息管理机构促进了不同层级政府和相关部门间的灾害信息统一管理、灾害信息协调沟通、重视应急管理学术研究的知识保障体系和专家团队的建设，注重风险图的调查、绘制和发布等，为应急决策提供科学准确的支持。德国联邦公民保护局下设危机管理中心，建设有联邦和各州的共同报告和情况中心（GMLZ）、德国危机预防信息系统（DENIS）、卫星预警系统（SatWas）、德国报警系统、居民信息服务等信息中心或机构。如"德国危机预防信息系统"（DENIS），针对公众和应急决策者的不同需求，建立了DENIS Ⅰ和DENIS Ⅱ两个版本的信息系统，其中DENIS Ⅱ将各部门和各系统分散的信息收集整合到一个信息平台，结合地理信息、可视化等信息技术实现交互式动态图示等方面的功能，有效地将联邦政府及各州成员联系起来，为突发事件应急决策者提供了强大的信息支撑和保障。

我国突发事件应对和处置中的应急信息管理体系、信息系统历经十余年的探索与发展，取得了较大的进步与建设成效。以灾害信息管理体系为例，我国建立了重大自然灾害灾情会商制度、民政系统的灾情报送工作机制、灾情检测机制和应急联络机制，各部门形成了各类应对突发事件的信息系统与平台。根据实务部门访谈和调研情况，目前建立在各类危机信息管理系统之上，面向突发事件应急管理的情报工作还存在较多的不足：（1）各部门情报系统条块分割，情报共享困难，导致资源重复建设；（2）各部门情报系统数据标准、软件版本与开放接口不一，导致各部门间基础信息、实时情报融合难度大；（3）情报体系定位不明确，重软硬件而轻数据，导致情报系统可用性和实用性差；（4）各部门资金来源不同、利益不均衡，导致各部门情报系统协作困难；（5）面向突发事件应急决策快速响应的情报体系尚缺乏系统的顶层设计、法律法规等。

突发事件应急管理需要各级各类相关的应急信息系统作为支撑，而在突发事件应急管理的全过程中，现有的突发事件应急信息管理体系和信息系统不能很好地匹配和支撑应急管理所需的情报问题，需要在基础信息之上研究突发事件的情报内涵、情报资源建设、情报技术谱系和情报协同机制等问题。在应急管理部组建和成立的大背景下，加强应急管理情报学的理论研究，解决目前面向应急管理的情报工作存在的问题，实现应急管理快速响应的情报体系诸要素综合集成，为我国各级政府部门在突发事件的应急管理过程中提供情报支撑服务，是优化突发事件情报服务和提升突发事件应急管理能力的重要途径和方法。

三　应急决策中的情报支撑

在突发事件应急管理活动中，情报的价值和作用在于为应急决策提供支撑。应急管理的核心即应急决策，准确又快速的应急决策，是应急管理有效开展的前提和前置环节，而应急决策的快速响应又离不开全面、准确和快速的情报支撑。因此，在讨论应急管理情报学理论及其体系建设前，有必要先梳理一下情报与应急决策的关系及其支撑作用模式。

（一）情报与应急决策的作用关系

情报与决策的强调与研究由来已久，古代军事战争所强调的"知己知彼，百战不殆""成功的决策等于90%的情报加10%的直觉"①，有效的决策离不开充足的情报支持。在国家竞争层面，战略情报的主动权掌握能很大程度上占据优势地位；在企业竞争层面，占据最快、最全的竞争情报则胜于竞争对手概率倍增。所谓无情报不决策，决策不能缺情报。

应急决策是面向突发事件应对与处置的一种非常规、非程序化的决策，面临着时间紧迫、对象复杂和信息不对称等局面，应急决策的快速性、有效性和质量将决定整个应急活动成败得失。在这种非常规状态下，决策者需要打破常规决策程序，利用非常有限的时间、情报和人力等资源，迅速果断地进行决策。②情报作为影响应急决策的要素之一，其作用显得尤为重要和突出，快速、完整、准确的情报是化解突发事件应急决策困境的关键之刃，发挥着重要的决策支撑作用。情报之于应急决策犹如"水之源"，无源之水不长流，没有情报支撑的决策是不牢靠的拍脑袋行为。

情报的速度、质量和效能直接影响应急决策结果，迟报、谎报、瞒报、漏报等情报问题会导致严重的决策失误与行动不利。快速、准确、全面、及时与规范的情报才能更好、更快、更准确地为突发事件应急决策提供支撑。

突发事件这一客观事物本身极具复杂多变性，种类繁多，其爆发的突然性、演变与发展的迅速性等，使得人们在突发事件的监测预防、发生与演变过程中猝不及防，常规状态下的人们往往难以做到事先预防和事中及时应对，若不能快速及时进行处理与规避，就会造成更大更严重的后果。这就要求应对者在时间紧迫、资源短缺、信息不对称和压力极大的非常情况下执行非常办法，即突发事件应急管理、危机应对及风险管理等研究范畴的相关内容。

由于突发事件类型各异、事态发展复杂不可预控，无法事先做好全面准确的信息资源准备，在突发事件应急决策中存在信息真空和情报匮

---

① 雷雨：《情报战争移动互联时代企业成功密码》，北京大学出版社2012年版，第222—227页。
② 曹闻民、李喜童：《政府应急管理概论》，兰州大学出版社2012年版，第72—73页。

乏的现实情况，面对突发情况和紧急状态，决策者需要打破常规决策程序，能够快速调配出决策问题场景中的有效情报资源进行决策分析，这是要求非常高的一项工作。另外，应急决策活动本身又是一项复杂系统工程，从应急决策生命周期而言，参考相关学者提出的"事发前监测预警、事发时应急响应、事发中综合应对和事发后的善后处置"以及"情报活动、设计活动、决策活动和审查活动"的决策周期理论，通过科学管理模式进行准备，在此基础上认识突发事件应急决策生命周期中的情报作用与关系。

在应急决策活动中，情报活动是最基础的先导环节，其重要性地位不言而喻，缺乏情报加持的决策如同空中游走。情报活动不只在先导环节发挥作用，同样在设计、抉择和审查等环节中也发挥着重要作用，各环节是一个循环往复的过程，如图1-1所示突发事件—应急决策双环结构，整个决策活动包括"情报活动—设计活动—抉择活动—审查活动"等主要环节。

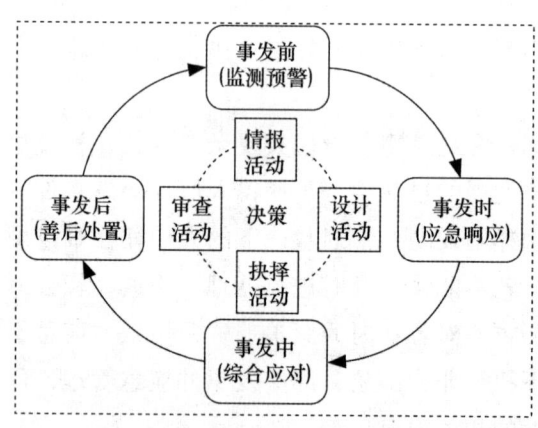

图1-1　突发事件—应急决策双环结构

突发事件的发生与演变也具有一定周期性，在事件过程中也会有新情况、新问题不断出现，这同循环往复的决策周期是一种动态化匹配过程。在应急决策的情报活动阶段，情报要对应急决策的问题、情景和条件等诸多要素进行描述说明，通过情报活动为应急决策备选方案、进一步的决策方案和行动计划提供参考依据。在应急决策过程中的"设计活动"阶段,情报活动依然伴生,情报活动着眼于突发事件发展演变的新情况、新态势,情报活动可以为应急决策方案的设计活动提供更多的补充支撑,使得方案设计和行动部署更符合突发事件的发展演变轨迹。同理,在突发事件应急决策的"抉择活动、审查活动"阶段,情报活动依然贯穿始终,为突发事件的新情况、应急决策的新需求提供情报保障。

在突发事件实际的应对与处置的决策活动中,各环节非剥离的前后逻辑关系,不同于常规决策的流程化和环节相对理想状态,应急决策过程中会伴随更多的新变化、新情况和新问题出现,每个新的问题又需要若干次的情报活动、决策方案设计、决策方案选择和决策方案的审查活动,各环节和活动环环相扣又循环交错,完整地呈现突发事件应急决策的场景。

在应急决策的循环往复过程中,对情报与决策的相互作用分析如下:

(1) 情报作用于应急决策。情报对应急决策所起到的作用主要体现为,对应急决策效果产生正向或负向影响,即情报的速度、质量和效用对应急决策效率和质量等方面的影响。从正面作用来看,情报的及时性、准确性、有效性与全面性可缩短决策时间,提高决策效率,优化决策效果。例如,在朱雀洞村特大地质灾害事件(2007年)中,得益于注重突发事件监测预警系统的基础建设与应急保障机制,事态情报得以有效监控、及时通报,将事件的隐患和风险尽可能揭示出来,为应急决策争取了宝贵的时间与情报依据。该突发事件应对是成功的,也是国内未造成人员伤亡少有的突发事件应对典型案例。① 从负面作用来看,情报中的迟报、谎报、瞒报和漏报会贻误决策时机,不但不能保持稳定的局面,反而可能造成更大程度的混乱。② 例如,在"非典"突发事件(2003年)中,由于情报的来源不清晰、渠道不通、情报通报缺环,加之各地区、政府和部门间缺乏协同共享,导致"非典"事件相关的情报出现较

---

① 《应急管理案例库》,2016年10月19日,Retrieved from http://decm.jnu.edu.cn/?q=node/287。
② 魏永征、傅晨琦:《从传统信息攻防战到危机传播新模式》,《新闻界》2013年第24期。

多的"迟报""瞒报"等现象，缺乏完整、可靠和快速的情报支撑，应急决策活动受到限制，相关的物质资源、医疗资源、运输资源和场地场所等得不到集中调度与配置，影响应急决策的成效。

（2）应急决策作用于情报。应急决策对情报的作用主要体现于，应急决策问题所处的情景因素，以及决策者素质与决策风格等方面对情报内容与情报服务方式方法等方面造成的影响。从应急决策的情报需求来说，应急决策所面临的局面是时间紧迫、资源有限、决策压力大和信息高度不对称，这便对情报在速度、质量和效力方面提出高要求。从突发事件的演变发展而言，事件在发生、演变及后续恢复过程中瞬息万变，不断有新情况、新问题出现，这对情报的作用是激发情报不断描绘刻画突发事件的新情况、新进展，需要随事件发展演变而变化。从应急决策组织而言，应急决策组织的构成要素，决策者的领导风格、个人素质等对情报的呈现与吸收方式，对情报的分析加工程度等方面的作用要求不同，这时需要情报紧跟应急决策组织和应急决策领导需求做出调整，以最恰当的方式提供最全面、准确和即时的情报支撑。

（二）情报的应急决策支撑作用模式

情报与应急决策是相互作用的存在关系，共同服务于主体"人"的需求，也就是说，"人"是情报与决策依存的根源所在。综合三个要素，在突发事件应急决策中，情报、人、应急决策三者构成了"情—人—策"运行模式，以下简称QRC模式，如图1-2所示。

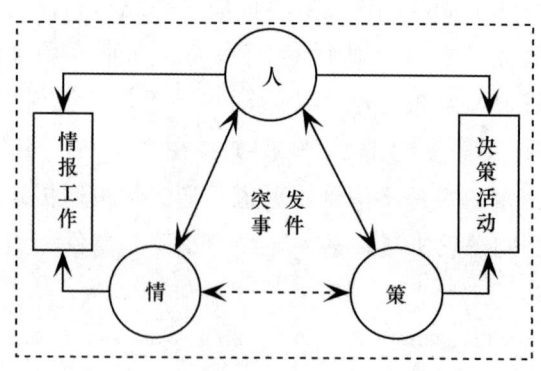

图1-2 情报的应急决策支撑作用模式

在"QRC 模式"中,"情"是指作用于突发事件应急决策的情报(包括情报资源、情报产品和情报服务等内涵)、"人"是指参与突发事件应急决策的主观能动元素(包括应急决策者、服务提供者、情报工作者等)、"策"是指突发事件应急决策所形成的决策(包括决策过程、决策方案和行动指南等)。"人"是"情"和"策"建立联系的主体核心,QRC 模式的内圈是"情"—"人"—"策"的三角结构,双向循环结构。QRC 模式的外圈由两部分连接组成,"人"与"情"相互作用构成情报工作,"人"与"策"相互作用构成决策活动,各要素间组合不同,其内涵要素随之而变化。

"人"是整个"QRC 模式"的核心主体,是"情报"与"决策"产生相互作用的根源所在,人在应急决策中发挥着主观能动作用,对突发事件具有识别探查作用,对应急决策的效果有着重要的影响。"人"是一个多元化概念,单一的组织而言,指的是突发事件应急决策中不同类型的人员和角色(如决策者、安全员、情报员等);多元的组织而言,指的是情报组织、情报机构、决策领导小组等组合概念。另外,根据情报工作和应急决策工作二元要素来看,在"QRC 模式"外圈的情报工作中,"人"具体指情报人员或情报组织,此时的"人"通过情报为应急决策工作提供情报服务;在"QRC 模式"外圈的决策活动中,"人"具体指决策人员或团队,此时的"人"通过情报研判进行决策,其外延为决策活动。情报人员与决策人员都属于突发事件应急管理团队成员,工作角色与任务不同,相互支撑。情报人员与决策人员在"QRC 模式"循环交互中合作推进,其中的协同运行是保障突发事件应急决策情报服务工作良好开展的基础,良好的情报支撑服务工作才能促进更有效的应急决策。

从构成要素的两端可知,情报工作与决策活动亦是一个相互关联、相互作用的整体。所谓相互作用,主要指应急决策与情报工作彼此影响,即前文所述。所谓相互关联,即情报工作与决策活动相互影响和促进。一方面,突发事件在应急决策活动的过程中,拓宽了情报工作的服务领域和范围,赋予了情报新的内涵与特点,突发事件为情报工作提供了具体的业务实践领域；另一方面，情报工作为应急决策所面临的决策环境、决策问题和新问题的发现提供"眼睛"，以最快和最直接的方式为突发事件应急决策提供决策方案的支撑。

（三）应急决策的情报支撑作用体现

根据情报与应急决策的作用关系、情报的应急决策支撑作用模式，在突发事件应急决策过程中，情报作用发挥主要体现在以下方面：一是事发前的监测和预警，二是事发时和事发中的决策支撑，三是事发后的推动突发事件研究等。

（1）事前：监测和预警突发事件。事发前的应急情报，主要作用在于实时监测和预警所关注的对象，为应急决策提供事前情报和基础情报。在突发事件未爆发时，预测发现处于酝酿阶段和萌芽状态的突发事件，实时向应急部门和决策者提供监测情报，让其积极采取防御措施，将突发事件消灭在爆发前，维护社会的稳定与和谐发展。在突发事件的爆发已无法避免时，需要快速向应急部门和决策者发出预警，让其快速启动应急预案、进入备战状态，准备正确地应对突发事件，将突发事件的危害降到最小。

（2）事发和事中：直接服务于应急决策。事发时和事发中的应急情报，主要作用在于直接服务于应急决策，为应急决策提供实时情报和衍生情报。在突发事件发生时，快速监测突发事件爆发原因、爆发速度、爆发动态和爆发目标等，让决策者及时了解突发事件的状态，并进行快速响应，迅速决策和控制事态的发展。在突发事件发展过程中，跟踪发现有关突发事件的环境状态的变化，以及新情况和事件的产生，了解事前的预防措施漏洞和事发时应急处置效果，让决策者据此快速调整应急方案和应对策略，做出正确的应急决策和行动。

（3）事后：推进突发事件整个过程的回顾与经验总结，为下一次应急决策提供经验情报。对于新的突发事件，人们往往是缺乏经验的，这便需要情报工作者在事发中不断地收集、获取以往同类事件的经验情报，推动当前突发事件的深入研究，以便高效应对和处理突发事件。在事件发生后，突发事件情报又可推动该类型突发事件的进一步科学研究，使人们更好地掌握该类突发事件发生的规律与特点,据此做好同类型突发事件的监测、预防和快速应对。

第二节 应急管理中的情报工作历程与现状

一 国外应急管理的情报工作历程与现状

突发事件是世界各国面临的共同问题,西方发达国家和众多发展中国家在突发事件应急管理工作中积累了丰富的实践经验与做法,充分了解国外应急管理情报和信息工作先进理念、运行机制和技术方法等,对于国内突发事件应急管理情报学的研究、应急情报体系的建设具有重要意义。本节选取部分代表性国家的突发事件应对和处置过程中信息管理工作实践经验予以总结和参考。

(一) 美国

美国是发达国家中应急管理体制机制比较成熟和健全的国家之一,其应急管理经验为世界各国应对突发事件提供了重要的参考。美国政府应急管理大致历程可概括如下:20 世纪 60 年代之前,以民防为主时期;20 世纪 60 年代至 70 年代末,碎片化管理、以救灾为主时期;20 世纪 80 年代至 21 世纪初,美国联邦应急管理局(Federal Emergency Management Agency,FEMA)成立,救灾与民防整合的应急管理时期;21 世纪初期,国土安全部(Department of Homeland Security,DHS)成立,重反恐、轻救灾的应急管理时期等[①];近年来,进入应急管理体系全面重构和修订时期。在应急管理体制机制不断演变发展的过程中,美国对灾害信息的管理和利用都极为重视。

1979 年,美国整合军队、警察、消费、保险、医疗、广播、民防等一系列联邦部门,成立联邦应急管理局(FEMA),由美国总统直接领导,成为美国重大突发事件指挥协调的最高领导机构,统一协调美国各级各类自然灾害信息的收集、分析、处理和传递,为联邦政府开展应急

---

① 洪凯:《应急管理体制跨国比较》,暨南大学出版社 2012 年版,第 5—11 页。

管理工作提供支持。在随后的20世纪80年代至90年代的灾害应对实践运行过程中，联邦应急管理局（FEMA）经历了各种挑战与变革。2001年"9·11"事件之后，联邦应急管理局协助新成立国土安全部（DHS），以应对突发恐怖袭击事件等，联邦应急管理局成为国土安全部的四个主要分支机构之一，但仍具有相对独立性。

美国国土安全部于2003年正式成立，主要职责是围绕美国恐怖主义袭击突发事件的有效预防、快速处置应对和善后恢复能力建设。根据国土安全部的职责，"信息分析与基础设备保护部"作为国土安全部四大业务分部之一，其主要职责是收集、分析、预警和综合监控来自相关机构涉及国土安全威胁的情报，并评估有关基础设施应对恐怖主义的能力。[①] 2004年3月1日国土安全部颁布具有广泛适用性的《美国国家事故管理系统》，该系统的颁布"对于提高突发事件的应急响应能力、事故应急处理的全面管理能力具有重要促进作用，有利于促进公共和私有部门就各类事故管理活动进行协调与合作。该系统所指的事故包括恐怖活动、野外与城市火灾、洪水、危险物品泄漏、核设施事故、飞行器事故、地震、飓风、龙卷风、台风、战争相关的灾害等各类事故"[②]。该系统对国家事故管理系统中的通信、信息管理的标准化做出了规定和要求，对于保障应急响应的各区域和部门之间的突发事件信息、资料、数据等方面的共享沟通具有重要推动作用。[③]

新的联邦应急管理局总部设在华盛顿，在全国设有10个区域办事处、1个紧急事务援助中心、1个国家应急培训中心和1个消防学院等，截至2014年4月在全国各地拥有14844名员工。[④] 从灾害信息管理和利用而言，联邦应急管理局的主要职责包括以下方面：一是领导全国的综合性应急管理工作，协调各级各类突发事件应对机构进行灾害信息的收

---

① 吕有生：《美国成立国土安全部的缘由》，《现代军事》2003年第2期。
② 王宇航、王清华：《美国国家事故管理系统》，《现代职业安全》2004年第11期。
③ 《美国应急平台及其支撑体系考察报告》，2016年5月15日，http://www.gdemo.gov.cn/yjyj/tszs/200804/t20080415_51479.htm。
④ 《美国联邦应急管理局》，2014年5月15日，https://www.fema.gov/about-agency。

集、分析、处理、整合、报告和传递等活动，以应对各种风险；二是组建突发事件灾害评估小组和调度评估成员，运用遥感技术、勘测技术和地理信息技术等对灾害救援工作进行指挥协调等；三是保障与非联邦实体、区域救援分中心和办事机构等的灾害信息协调沟通，为全国应急管理体系提供信息支持等。① 以"e-FEMA"战略实施为契机，美国构建了一个面向突发事件应急管理的信息管理体系，在不同类型的应急信息资源更新、信息资源共享和决策支持保障方面发挥着重要的作用。其中，应用比较广泛的包括"联邦应急管理信息系统、网络应急管理系统、灾害损失评估系统"三大系统，"联邦应急管理信息系统"以应急管理的"计划、组织和响应"等各个环节为服务对象；"网络应急管理系统"在突发事件的事故灾害管理、指挥协调、应急资源调配和文档信息资源管理等方面发挥着重要作用；"灾害损失评估系统"则主要关注地震、洪灾和飓风等自然灾害的预测和评估方面。② 此外，美国联邦应急管理局建立有专门的门户网站（如图1-3所示）以及社交媒体公众账号等，用于介绍美国联邦应急管理局概况、组织结构、灾难应急通信、备灾中心、文档和资源库、洪水风险图、社交媒体和公告发布等。

近年来，美国联邦政府对突发事件应急管理体系进行了重构和修订，2011年日本大地震对美国产生了震动，奥巴马签发《总统政策第8号指令》，并制定了"全国规划框架"（计五个）、"联邦跨机构行动计划"（计三个）和"综合准备指南"（计三个）等具体实施的框架、计划和行动指南性文件，对美国应急管理工作及日本政府地震应对中的问题进行了全面反思与总结，对美国应急管理体系进行了更新或重构。重构的应急管理体系以加强准备工作为基本导向，以推进计划、公共信息和预警、协调、预防、保护、减缓、响应和恢复等32项应急管理核心能力建设为重心。2015年美国总结四年来突发事件应对经验、核心能力建设与运行情况，修订了"全国规划框架"和"联邦跨机构行动计划"，并发布《全

---

① 王振耀、方志勇、李先瑞等：《加快灾害信息管理系统建设——美国、日本灾害应急管理系统建设启示》，《中国减灾》2004年第5期。
② 洪凯：《应急管理体制跨国比较》，暨南大学出版社2012年版，第35页。

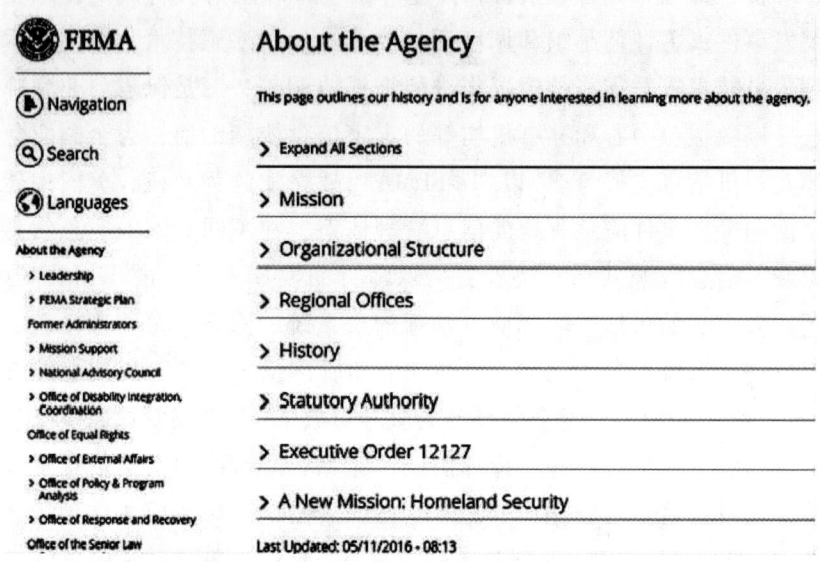

图 1-3 美国联邦应急管理局门户网站①

国准备目标》第二版,对应急管理体系中的关键性内容和环节做了优化调整。

美国在重构和修订应急管理体系的过程中,非常重视突发事件信息工作,其主要做法包括:一是重视应急管理体系中的"信息共享"建设,注重突发事件中信息的收集、传递能力建设;二是重视突发事件应急响应过程中信息的快速、及时和有效获取及处理能力建设,为突发事件的现场评估提供重要依据;三是重视信息在应急管理核心能力建设中的地位,将信息能力建设列入应急支持能力建设的重要组成部分,是保障应急管理过程中各级各类部门间信息共享、沟通的重要依据;四是注重政府与社会相关主体的协同合作关系建设,保障应急管理过程中获得和传递的信息具有全方位和立体性;五是不断推动国家突发事件管理系统的完善与改进,统一规范信息工作程序。重构和修订的美国应急管理

---

① 《美国联邦应急管理局》,2016 年 5 月 11 日,https://www.fema.gov。

体系具有以下特点：一是注重全社会参与，全社会参与对象包括个人、家庭、社区组织、非营利组织、企事业单位、各地方政府等；二是注重跨部门协同共享，促进各相关部门间信息的沟通、共享，保障突发事件应急管理中最新动态和消息的全面性与准确性；三是注重多手段支撑，如派驻联络官员、利用遥感和计算机数值模型、接入多部门信息系统、设立联邦应急管理局及各州应急管理机构的 Facebook 和 Twitter 公众账号等做法。[①] 从上述情况可知，美国政府应急管理中信息工作的主要做法与特点值得国内参考借鉴。

（二）日本

日本地质和气候条件复杂，是全球地震、台风、火山、洪水等自然灾害高发地。20 世纪 60 年代以来，日本进入经济高速发展期，各种化工、煤矿、交通、核泄漏等事故灾难频发。日本在各级各类突发事件应对和处理的过程中，已逐步建立和形成了具有代表性的突发事件应急管理体系。日本的应急管理体系是在过去比较发达的防灾减灾管理体系上建立和发展演变而来，其历程大致包括以下阶段："二战"后至 20 世纪 50 年代末期，单灾种管理时期；20 世纪 50 年代末至 1995 年，多灾种综合管理时期；1995 年以来，国家应急管理体系全面建设时期。

日本政府在 1995 年阪神大地震后，政府的应急管理由"综合防灾管理体制"逐步转向"国家危机管理体制"，并强调"强内阁、大安全"的危机管理机制。[②] 1998 年由日本倡议成立的亚洲防灾中心，是国际上重要的灾害信息中心之一，拥有 30 多个成员国，各个成员间可共享交流灾害信息、灾害经验等。[③] 该中心的主要工作目标包括：一是建立全球自然灾害公共数据库；二是促进灾害管理领域及专业人士交流；三是加强灾害风险应对和恢复能力建设等。该中心建立有专门的官方网站（如

---

① 张政：《美国重构应急体系后加强突发事件信息工作的主要做法及特点》，《中国应急管理》2016 年第 1 期。
② 杨东：《论灾害对策立法以日本经验为借鉴》，《法律适用》2008 年第 12 期。
③ 国务院办公厅赴俄、日应急管理考察团：《俄罗斯、日本应急管理考察报告》，《中国应急管理》2007 年第 2 期。

图1-4所示），网站发布有中心概况（理念和目标、活动、年度报告、成员等）、防灾活动、灾害情报、国防灾害情报、出版物等内容，是了解该中心工作的一个重要平台。该中心成立以来，开展了灾害信息发布、灾害信息共享和相关问题研讨等工作，发布最新灾害信息及成员国的防灾经验、推动"亚洲哨兵"灾害信息服务系统的建设与发展、组织亚洲减灾会议等。①

在日本现代应急管理体系不断发展完善的过程中，日本非常重视应急信息化的建设与发展，其主要经验与做法大致包括：

第一，从宏观层面而言，日本设立有权威统一的信息管理机构，促进不同层级政府和相关部门间的灾害信息统一管理、灾害信息协调沟通，为应急决策提供科学准确的支持。日本在内阁官房下设立了以情报调查室为核心的信息管理机构，并下设内阁情报汇总中心，配备多功能卫星转播系统、防止信息泄露和外人入侵的信息安全系统、多渠道信息通信系统等，负责情报的搜集、汇总、分析和综合利用等，以加强对灾害信息的集中管理和控制能力。具体职责包括：一是收集、分析国内外形势有关情报、国内外媒体论点和学者建议，并将其重要内容向首相、官方长官汇报；二是与相关省厅定期召开有关情报的收集、分析协调会；三是重大突发事件发生时负责各组之间的情报传递及民间机构情报收集等。

第二，以协助权威统一信息管理机构做好灾害信息的收集、汇总、分析和利用等工作为重心，从中央到地方都设立了纵横交错的信息管理组织或部门。在中央层面设立有国土交通省及其外局气象厅（是灾害信息预报和灾害中信息收集、发布和管理的主要信息管理组织）、消防机构（是灾害应急过程中的核心组成部分及灾害信息的重要产生主体之一）、参谋长联席会议下设的情报本部等信息管理组织。国土交通省外局气象厅负责自然灾害的观测和预报（滚动气象预报信息、地震·海啸·火山相关信息、天气预报信息、雷达气象数据采集信息、海洋相关信息等）；总务省外局消防厅于2004年开始建设全国瞬时警报系统，

---

① 《亚洲防灾中心》，2016年7月2日，http://www.adrc.asia。

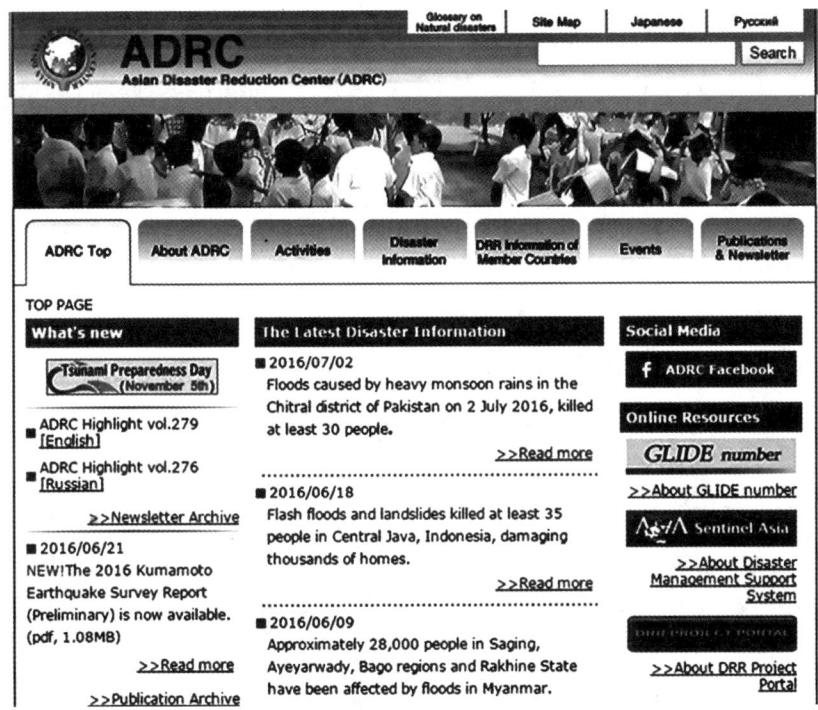

图 1-4　亚洲防灾中心网站①

重大突发事件一旦发生，信息通过通信卫星传达至地方公共团体，同时连接到地方卫星，启动地方防灾无线网络并发出灾害预警。此外，法务省的公安调查厅、警察厅、国土交通省的海上保安厅、各相关机构团体和各级地方政府相关部门均设立有相应的情报机构或情报传输系统，负责灾害情报和信息的收集、整理、传递和发布等工作。同时，日本政府还联合广播、电视、通信行业等进行灾害信息的收集、发布，与相关广播公司签署了灾害信息广播协议等。②

第三，围绕灾害信息组织和机构工作的开展、灾害事件的应对和处

---

①　《亚洲防灾中心》，2016年7月2日，http：//www.adrc.asia。
②　李俊、聂应德：《日本灾害信息系统及其运作：经验与启示》，《东南亚纵横》2009年第2期。

理需求,日本有先进的信息设备和技术支撑、完善的灾害信息网络与系统。一是综合运用卫星通信、移动通信、固定通信等方式,构建了一个从中央到地方的防灾信息无线网通信系统和平台。国家层面而言,包括中央防灾无线网、消防防灾无线网、水防及道路防灾无线网等;都道府县层面而言,包括都道府县防灾行政无线网络、防灾信息系统、地震强度信息网络等;市町村地方层面而言,包括市町村防灾行政无线网、区域防灾无线网及消防救援无线网等。二是运用地理信息技术(空间管理、遥感等)、卫星定位、移动通信技术、无线射频识别技术、临时无线基站、虚拟现实技术和网络技术等建立起了全方位的灾害情报系统,如著名的菲尼克斯灾害管理系统(具体又包括信息网络、环境信息手机发布、灾害评估、地图信息、灾情信息、信息可视化、灾害通信支持、灾害响应支持等系统),以及全国性的气象防灾情报、地方气象观测情报、道路灾害情报、恐怖袭击受灾预测系统等,通过完善的灾害情报系统建设,对灾害信息的收集、汇总、分析和传递起到了至关重要的作用。①

第四,在应急管理知识保障方面,日本非常重视应急管理学术研究的知识保障体系和专家团队的建设,注重风险图的调查、绘制和发布等。日本应急管理方面的学术研究为突发事件的应对与处置提供了重要的理论支撑与保障,是日本应急管理能力居于世界前列的重要原因。从事应急管理学术研究的成员既包括中央防灾委员会成员,也包括该委员会下属机构的有关成员,他们与国家和地方应急管理机构相互合作,既保证应急管理领域的信息共享,又推动突发事件应急管理相关理论和技术研究的发展。围绕突发事件应急管理的研究,日本成立有众多的学术研究机构或团体,如气象研究所(MRI)、国家消防研究所(ERI)、灾害预防研究所(DPRI)、港口与机场研究所(PARI)、海事防灾中心(MDPC)和亚洲防灾中心(ADRC)等。此外,日本以日本地理调查研究所(GSI)为代表的机构在各方面调查基础上,为地震、火山、台风和水灾

---

① 洪凯:《应急管理体制跨国比较》,暨南大学出版社2012年版,第104页。

等不同类型的灾害绘制风险地图,标注风险区域和撤退线路等信息,为突发事件的监测、预警、响应和处理提供支持保障作用。①

(三) 俄罗斯

俄罗斯幅员辽阔,地理和气候环境复杂,同时又是一个多民族、多宗教和处于社会转型发展的国家,自然灾害、核事故、恐怖袭击等各类突发事件发生的风险较其他国家更高,如1986年切尔诺贝利核电站爆炸事故、2002年莫斯科人质事件、2004年别斯兰人质危机等典型突发事件给俄罗斯造成了重大损失。在应对和处理各类突发事件的过程中,俄罗斯的突发事件应急管理体制机制也随之取得了重大的发展与演变。

1989年,苏联政府成立紧急事务国家委员会,之后不久俄联邦成立紧急事务国家委员会的一个部长会议,后移交俄罗斯政府部门,并更名为俄联邦、紧急情况和消除自然灾害后果部(简称"紧急情况部")。紧急情况部作为政府直属的国家委员会,承担着领土内突发危机或可能发生的危机处理责任。而到了俄罗斯政府时期,紧急情况部的地位和作用得到进一步提升和强调。1992年俄罗斯政府立法中强调了紧急情况部的重要地位,并指出其责任除处理自然灾害和技术性灾害等突发事件外,还包括处理地区间的冲突等其他危险情况。1994年俄罗斯通过联邦共同体应急管理法案,建立俄罗斯联邦预防和消除紧急情况的统一国家体系(Unified state system of prevention and liquidation of emergency situations, UEPRSS),"紧急情况部"进一步转为政府直属部门,进一步凸显民防性,1996年叶利钦总统将USEPE细化并实施。普金总统上台后,进一步推动应急管理体系的建设,并组建形成"以国家首脑为核心——俄罗斯总统为应急管理事务最高行政领导,全面处理应急管理工作;以联席会议为平台——联邦安全会议为国家和社会安全问题的核心决策协调机构;相应部门为主力——紧急情况部、国防部、内务部、联邦安全局和

---

① 洪凯:《应急管理体制跨国比较》,暨南大学出版社2012年版,第133—135页。

对外情报局,以及相关领域的灾害管理部门、州和地方的应急管理机构等"的应急管理体系。① 俄罗斯紧急情况部网站如图 1-5 所示。

图 1-5　俄罗斯紧急情况部网站(英文版)②

在应急管理信息工作方面,2008 年,根据《俄联邦降低自然和人为灾害事故风险和后果的计划》,俄罗斯在紧急情况部下设立国家危急情况管理中心,并将紧急情况部各地区的分中心设立为国家危急情况管理中心的分机构,是俄罗斯应急管理重要的信息机构。③ 该中心的成立促进了俄罗斯危机信息收集的统一化和体系化,通过各分中心汇总收集灾害风险信息、共享和发布紧急情况下灾害或事故信息,整理和分析各区域、分中心和相关部门的日常灾害信息,并视情况提出处理意见。该中心的设立对俄罗斯紧急情况下增强各区域、各部门间协同合作,增强突

---

① 洪凯:《应急管理体制跨国比较》,暨南大学出版社 2012 年版,第 63—64 页。
② 《俄罗斯紧急情况部》,2016 年 7 月 16 日,http://www.mchs.gov.ru。
③ Barabash Anna(安娜):《中俄应急管理体系的比较及其影响因素研究》,硕士学位论文,大连理工大学,2013 年。

发事件应对和处置能力具有重要作用。国家危急情况管理中心设立行动反应中心和信息中心，综合采用网络技术、计算机技术和多媒体技术等，突发事件一旦发生即可快速实现相关信息的收集、获取与发布等。建立灾害信息自动收集分析系统、指挥系统、全天候值班系统和24小时监控系统等，在机场、火车站、大型商场、电视台、大型广场等部分人口密集场所安装大型监视系统，实施24小时监控和实时情况上报。监测到突发事件或紧急情况时，该中心通过各分中心将有关信息迅速传递给相关部门；一旦有突发事件出现，相关部门的负责人到信息中心，根据灾害信息情况进行统一的指挥协调。在基层应急信息管理方面，俄罗斯在各村落、居民点设立安全信息员，建立了基层信息员制度，信息员的主要职责为及时将灾害情况向紧急情况部报告。[①]

为实现跨区域和跨部门间的信息交换与共享，俄罗斯建立了技术调控统一信息系统。该系统的组成机构主要包括联邦紧急情况部、联邦内务部、联邦卫生与社会发展部、联邦自然资源部、联邦工业与能源部、联邦农业部、联邦交通部、联邦信息工程与通信部、联邦原子能局及联邦生态、工艺与原子能监督局等相关部委，以及俄罗斯联邦工商会、俄罗斯统一电力系统股份公司、俄罗斯天然气公司、俄罗斯石油公司、俄罗斯铁路公司等机构。在突发事件发生后，俄罗斯政府非常重视灾害信息在各种政治社会力量间的沟通交流，以缓解紧张状态和防止事态演化；并加强媒体的管理，防止虚假错漏信息传递，避免扰乱人心等。[②] 此外，俄罗斯非常重视突发事件应急管理中相关信息的国际交流合作。[③]

（四）加拿大

加拿大在处理和应对多发的各种突发事件过程中，积累了丰富的应急管理实践经验，从早期的应急管理组织建设，到应急管理立法体系的

[①] 国务院办公厅赴俄、日应急管理考察团：《俄罗斯、日本应急管理考察报告》，《中国应急管理》2007年第2期。

[②] 黎昕、王晓雯：《国外突发事件应急管理模式的比较与启示——以美、日、俄三国为例》，《福建行政学院学报》2010年第5期。

[③] 钟开斌：《中外政府应急管理比较》，国家行政学院出版社2012年版，第239—240页。

建立，再到防灾服务体系的健全，逐步形成较完善的突发事件应急管理体制。在应急管理组织方面，加拿大早期的应急管理组织主要为1948年开始成立的民防组织，其工作范围包含日常应急救灾工作；1988年加拿大成立应急准备局，作为主要的应急管理法执行和实施机构。在应急管理立法体系方面，自1988年加拿大政府出台《突发事件准备法》以来，先后制定和出台了《突发事件管理法》（1990年）、《加拿大环境保护法》（1999年）、《环境应急事件条例》（2003年）、《加拿大国家减灾战略》（2008年）、《联邦紧急响应计划体系》（2009年）等中央政府法规，以及各地方政府突发事件管理和应对有关办法，形成了突发事件应急管理的法律体系，在应急管理法和响应计划中对应急管理信息的收集和发布进行了相应的规定。

在应急信息管理工作方面，加拿大建立有相关部门或机构负责灾害信息的收集、分析和发布工作。如加拿大政府行动中心（包括加拿大皇家骑警、卫生部、外交部、国际贸易部、安全情报局和国防部等）同国际合作伙伴、国内各区域保持密切联系，每天不间断地收集来自各中心的信息，并大量搜集国内外公开或机密信息资源，为突发事件的应急管理做充分准备。其中，加拿大安全情报局的重要职责包括调查威胁、分析信息和生产情报，并及时向加拿大政府提出相关建议或报告，尤其是预防安全事故和恐怖主义突发事件的情报收集和分析、情报共享，以及对公众公开有关信息等，以保障加拿大国家安全和公民安全。另外，加拿大在2004年建立了国家气候灾害网（Atmospheric Hazards Ontario Canada），专门负责面向社会发布气候灾害的各种详细数据和分布情况；加拿大电视台气象预报每天24小时连续播报全国各地的气象预报信息及特殊天气预警；北美气象预报网实时发布每小时气象预报、未来两周气候变化趋势、气象预警、雷电预警、气象统计信息、景点气象信息、流感分布信息等各种气象预报信息，对于气象自然灾害的预防和应对具有重要的支撑作用。

在应急管理信息网站和数据库建设方面，既有政府门户网站应急管理信息发布专栏，也建立有应急管理相关的专门网站或数据库。在加拿大政府门户网站建设方面,设立有应急管理相关专栏,包括"自然灾害、防灾减灾、应急准备、应急响应、事故灾害、如何应对紧急情况、灾后恢复、应急法令和应急出版物"等 10 余个主题,对突发事件的概念、应对和法规等方面的信息进行了详细的发布与解释。[①] 在专门网站或数据库建设方面,加拿大建立有"加拿大公共安全""应急准备""加拿大灾害数据库"等网站或数据库。其中,加拿大公共安全门户网站整体布局和类目划分清晰明了,共设计有"国家安全、边境策略、打击犯罪、应急管理、资源、新闻、如何做"等一级类目和若干二级类目(如表 1-1 所示),并提供有相关信息的联系、订阅及其他应急管理网站链接等。

表 1-1　　　　　　加拿大公共安全网站栏目简表

一级类目	二级类目
国家安全	反恐、加拿大社区、反扩散、关键基础设施、网络安全、国家安全信息分享、国家安全新闻发布、国家安全出版物和报告等
边境策略	边境合作、边境执法、移民执法、加拿大和美国跨国犯罪论坛等
打击犯罪	警务、原住民警务、犯罪预防、有组织犯罪、非法药物、走私烟草、人口贩运、人口走私、枪支犯罪和枪支、新闻发布等
应急管理	防灾减灾、应急准备、突发事件应对、灾后恢复、加拿大自然灾害、应急管理新闻发布、应急管理出版物和报告等
资源	法律法规、加拿大灾害数据库、网络安全公告、图书馆和信息中心、新闻发布、出版物和报告等
功能性栏目	如何做、关于我们(简介、部长、副部长、部门报告等)、新闻(新闻发布、照片库、演讲)、联系我们(媒体)、保持联系(Facebook、Twitter、YouTube、RSS)等

另外,加拿大灾害数据库(Canadian Disaster Database,CDD)包含了 1900 年以来直接影响加拿大的国内外自然灾害、技术灾害和冲突事件(不含战争)等突发事件的详细信息,该数据库的灾害事件选取标准包

---

① 《加拿大政府门户网站》,2016 年 7 月 16 日,https://www.canada.ca/en/services/policing/emergencies.html。

括"10人及以上死亡人数、100人及以上受灾、对国家/国际援助的呼吁、造成显著伤害或具有重要历史意义"等，该数据库结合地理空间数据进行映射。灾害数据库设定了"灾害类型、事件日期、具体位置、事件描述、死亡人数、受伤/感染人数、撤离人员、经纬度、省/地区、大小、预计总成本、财政拨款、保险金、省/地区拨款、公共事业费用、其他联邦机构费用"等10余个详细字段对灾害事件进行信息描述。加拿大灾害数据库设置了"事件位置、事件类型、时间段、事件标准、居民消费价格指数和排序选项"等6种检索或筛选方式，为灾害数据库的检索使用提供了多种方式与途径，如图1-6所示。

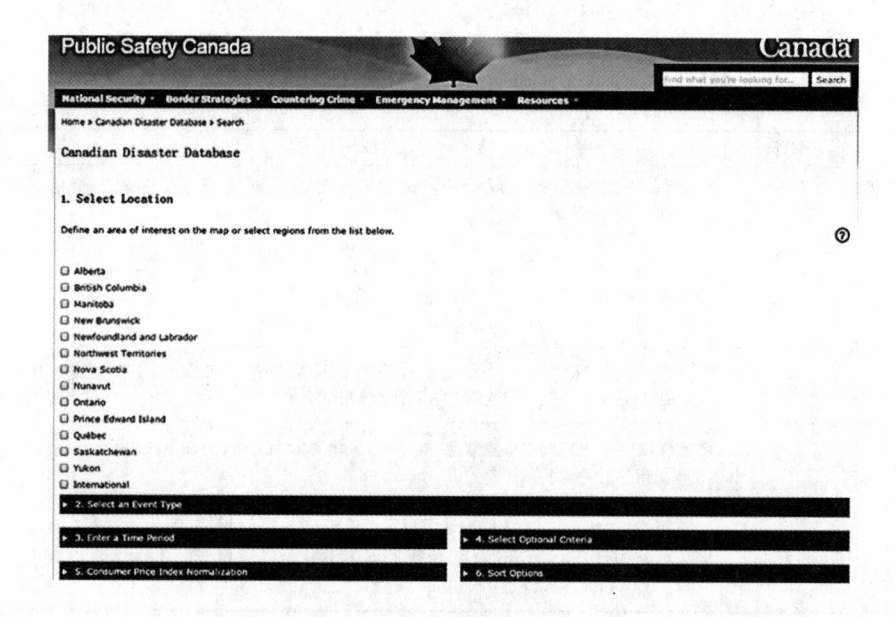

图1-6 加拿大公共安全网站灾害数据库检索界面[①]

综合来说，加拿大在突发事件应急管理信息收集、发布和共享使用方面均有诸多成功的实践经验供国内相关工作的开展参考借鉴。

---

① 《加拿大公共安全网站》，2016年7月16日，http://www.publicsafety.gc.ca/index-en.aspx。

（五）英国

英国受其气候和地理位置影响，频繁遭受大雾、洪涝、风暴、高温、火山和地震等自然灾害的侵袭，加上英国是一个工业高速发展、多民族、国际人口流动量大的国家，各种事故灾难、社会安全事件和公共卫生事件等突发事件经常发生，这使得应急管理在英国得到高度重视，特别是以2012年伦敦奥运会为契机，英国政府着力打造快捷、有效的应急管理体系，为突发事件的应对和处置积累了丰富的实践经验。英国政府应急管理体制经历了长时间的建设与发展，早期的应急管理起源于民防，1948年英国政府颁布《民防法》（*The Civil Defense Act*），规定民政大臣有权制定影响地方政府职能及处理保卫民众有关事务的法规，对中央政府、地方组织与机构在应急管理活动中的关系和作用等作了规定。此后，英国政府出台一系列相关法律法规，使各种应急法律法规相互协调、自成一体，逐渐形成具有英国特点的应急管理法律框架，这些代表性法规如《地方政府法》（1972年）、《重大工业事故控制法》（1984年）、《和平时期民防法案》（1986年）、《民防拨款条例》（1987年）、《重大事故危害控制》（1999年）、《国内应急法》（2004年）等。在英国，突发事件发生后一般由当地政府负责处置，突发事件应对和处置会涉及警察、消防、医院、非政府组织和其他地方政府等相关部门，中央政府一般不直接参与处置；当遇到恐怖袭击和全国性重大突发事件时，则由中央政府直接负责，主要核心部门包括首相和内阁紧急应变小组、公共紧急事务秘书处等。

在突发事件应急管理信息共享方面，英国《国民紧急事务法》指出，突发事件应急管理的各相关主体之间充分的信息沟通是应急管理的关键要素，各主体均有分享信息的义务。良好的信息沟通与共享，是突发事件风险评估、应急管理业务规划、业务持续管理等应急管理工作具体环节的重要基础。为此，英国政府部门、私营部门（交通运输部、公用事业）等部门都将自己的规章制度、活动和经营状况等信息公开与共享。[①]

---

① 洪凯：《应急管理体制跨国比较》，暨南大学出版社2012年版，第170页。

在突发事件应急管理信息发布方面,一是确立准确及时、教育公众、有效应对、建立信任、减少损失、增强信心和避免恐慌的应急信息发布目标。为确保应急信息发布的及时准确,英国政府通过《信息自由法》(2000年)、《重大工业事故控制法》(1984年)等法律制度进行了规定;并从"建立团队和网络、确定所要达到的目标、确定利益相关者、决定协商形式、推动利益相关者的介入和参与、监测和评估战略计划、保持政策沟通"等方面提出应急信息发布的战略保障措施。二是注重应急信息发布的及时性、准确性和权威性。英国政府非常注重应急信息发布的及时性,能在事件发生后最短的时间内对社会公众发表声明、表明政府信息和最新动态,阻止谣言的产生和扩散,树立良好的政府形象;在应急信息准确性方面,英国政府强调不能"信出多门",提出"统一口径、强调保密、固定人员和及时更正"等方面的要求;在应急信息权威性方面,英国政府通常采用安排有关部门高层发布信息增加可信度、注重依靠专家发言获得公众信任等措施增强发布信息的权威性。三是建立专门的信息发布机构。突发事件发生后,英国政府"内阁办公室沟通小组"会立即启动"联合信息发布中心"统一协调突发事件应急信息的发布工作。此外,英国政府还非常注重应急信息受众的划分(如直接受众和潜在受众、当地群众、朋友和亲戚、其他受众等)、应急信息发布指南制定(对新闻发布的通信设备、出席人员、统一口径、新闻时间等均有详细的指导)、应急信息发布媒体的引导与管理(媒体信息发布规范、举办媒体应急论坛、强调媒体自律等)和应急信息发布的培训(对象包括应急信息发布官员、应急信息受众等)等方面应急信息工作。[①]

(六)德国

德国地处西欧海洋性和东欧大陆性气候过渡区间,虽然气候条件和地理位置比较优越,但仍常有暴雨、飓风、大雪、洪灾、滑坡等自然灾害发生,同时德国事故灾害、公共卫生和公共安全类突发事件也经常发

---

① 何任叔:《突发事件应对法学习读本》,首都师范大学出版社2008年版,第202—212页。

生。德国政府非常重视突发事件的应对和处理，将防灾救灾、保护公众生命财产安全和维护公共安全作为最重要的任务之一。从德国应急管理发展历程来看，大致经历了"二战"后的起步阶段（1946—1956年）、以民防为主的阶段（1957—2001年）、民防和应急整合阶段（2001年至今）。新时期德国的应急管理组织体系由政府组织（如警察、消防、医疗、军队等部门）和民间组织（如志愿者组织、红十字会等）共同构成，所有组织成员都经过心理、知识、技术和组织等方面的应急救援培训，为突发事件的应对和处置提供了坚实的组织保障。[①]

德国在早期阶段并没有设立专门的应急管理机构或部门，而是在2001年美国"9·11"事件和2002年德国重大洪灾后，联邦政府才深刻认识到加强合作与协调来应对和处置重大灾害的重要性，在2004年设立联邦公民保护与灾害救助局（简称联邦公民保护局，BBK）。联邦公民保护局归内政部领导，将公民保护与灾害预防有效结合，以联邦政府和各州共同承担责任、共同应对和处置突发事件为主导思想，主要负责自然灾害、事故灾害、公共卫生事件等重大突发事件的综合协调与管理工作，具体包括制定和实施预防灾害的规划，协调联邦政府部门和各州的紧急事务，收集、汇总和交流灾害信息，开展应急管理的预警、培训和宣传等[②]，联邦公民保护局网站如图1-7所示。

从应急信息管理方面而言，联邦公民保护局下设危机管理中心，建设有联邦和各州的共同报告和情况中心（GMLZ）、德国危机预防信息系统（DENIS）、卫星预警系统（SatWas）、德国报警系统、居民信息服务等信息中心或机构。

德国的"共同报告与情况中心"（或称"情况通报联合中心"，如图1-8所示），是突发事件应急管理的中枢，其主要职责包括：一是负责优化跨州和跨组织的信息资源管理，包括突发事件事前、事发、事中和事后各种相关信息的持续监测跟踪、搜集、分析、处理、报送和协调突

[①] 沈蓉华：《国外防灾救灾应急管理体制》，中国社会出版社2008年版，第82页。
[②] 张学栋、刘杰：《政府应急管理体制与机制创新》，社会科学文献出版社2012年版，第14页。

图1-7　德国公民保护与灾害救助局网站①

发事件各种相关信息，组织专家评估突发事件的灾害损失等具体工作。二是协调联邦各部门之间、联邦与各州之间的关系，为突发事件应对和处置相关部门提供灾害信息；以及加强各国际组织间在灾害预防领域的合作与协调，交流灾害信息和获得必要的国际支持等。②

"德国危机预防信息系统"（German Emergency Planning Information System，DENIS），针对公众和应急决策者的不同需求，建立了DENIS Ⅰ和DENIS Ⅱ两个版本的信息系统。DENIS Ⅰ是德国危机预防信息系统的第一个版本，DENIS Ⅰ的主要目的是在互联网上建设一个面向全社会开放共享，并为国际机构间合作提供支持的信息支撑平台（www.denis.bund.de），用以集中收集互联网上所有紧急预防相关的主题数据库，包含突发事件的性质、危机预防方法、应急所需人财物资源、应急反应、民

---

① 《德国公民保护与灾害救助局》，2016年7月16日，http://www.bbk.bund.de/DE/Home/home_node.html。
② 钟开斌：《中外政府应急管理比较》，国家行政学院出版社2012年版，第247页。

第一章　应急管理与情报工作　◆◆◆

图 1-8　德国共同报告和情况中心①

防和危机预防等重要信息，以及大量紧急预防信息链接（超过 3000 个）。使用者可通过该系统快速获得突发事件的爆发背景、演变动态、预防措施和灾害救援等信息。DENIS Ⅱ作为 DENIS Ⅰ的升级版系统，主要是建立民事保护与灾难防护的内部信息网络，用于支持联邦、州和地方的应急决策者在突发事件发生时快速进行信息分析和沟通。DENIS Ⅱ的重要功能是将与突发事件应急管理相关的地理信息、健康信息、气象信息、航空数据和危险源等信息都能在一个交互式动态图中标记和显示出来，通过系统设定的相应按键可以实现不同的交互式动态信息显示图。如结合地理数据，即可实现地理信息数据库本身的放大缩小、搜索和观察等基本功能，还可通过"传达"按键在紧急情况下统一向系统关联的用户发送邮件信息；又如结合健康资源信息，通过"信息"按键可以显

---

① 《德国共同报告和情况中心》，2016 年 7 月 16 日，http://www.bbk.bund.de/DE/AufgabenundAusstattung/Krisenmanagement/GMLZ/GMLZ_node.html。

示被标记存储在数据库中相关的健康资源位置等。① 综合来说，DENIS Ⅱ将各部门和各系统分散的信息收集整合到一个信息平台，结合地理信息、可视化等技术实现交互式动态图示等方面的功能，有效地将联邦政府及各州成员联系起来，为突发事件应急决策者提供了强大的信息支撑和保障。

（七）新加坡

新加坡国土面积和人口数量虽然不大，地理位置优越，自然灾害较少，但作为一个融华人、马来人、印度人及其他少数民族为一体的多民族国家，社会安全事件、事故灾难等突发事件仍时有发生。新加坡的应急管理大致经历了以下历程：一是学习国外经验，建立严密和强大的防卫力量，培养公民的忧患意识和责任意识阶段（1946—1983年）；二是出台"全面防卫"政策，增强每位国民对国家的责任心和认同感，动员全社会力量和资源来防范和处置外来入侵、恐怖袭击、自然灾害和金融危机等突发事件阶段（1984—2001年）；三是加强反恐为核心的应急管理阶段（2001年至今）。在突发事件应对和处置的过程中，新加坡逐渐建立了以国家应急系统（NEST）为依托，以国家应急委员会为最高决策机构，由内政部牵头负责，相关部门和机构协同配合，覆盖从高层的内阁到基层的社区、从政府部门到社会各行各业的应急管理体制。②

在应急信息监测预警方面，2005年，由新加坡国家安全统筹部及相关单位负责建设，将内政部、国防部、决策与情报等部门联合起来着手建立一套风险评估与侦测系统。建立该系统的主要目的是全面收集、分析和处理各种自然灾害、卫生事件、事故灾难和社会安全（含战争、恐怖袭击）等各种突发事件的灾害情报及预测，最大限度地防范突发事件的产生与发展。同时，新加坡针对不同类型的风险隐患建立了专业化的信息监测系统，如新加坡政府在特别行动指挥、控制系统中设立了危险化学物质事件管理系统和化学运输车辆追踪系统，可利用全球卫星定位

---

① Ingo Bumer：《德国的危机预防信息系统》，邵瑜编译，《信息化建设》2005年第8期。
② 钟开斌：《中外政府应急管理比较》，国家行政学院出版社2012年版，第198页。

系统（GPS）对化学运输车辆进行追踪、控制和有效管理，防止事故灾难和恐怖袭击等突发事件的产生。①

在应急信息共享使用方面，新加坡建立有突发事件公共信息中心（Emergency Public Information Center，EPIC）。该中心由新加坡内政部组建并负责，负责突发事件相关信息的收集、分析和发布，是一个灾害信息共享和发布系统，实现了新加坡警察部队、民防部队、卫生部、国家环境局和陆交局等不同部门、不同层级政府间的信息共享沟通，既满足新加坡政府官方对各类自然灾害、事故灾难和社会安全事故等突发事件的信息需求，又为社会公众获得突发事件相关信息提供了重要窗口。同时，完备的应急信息网络体系，实现了民防指挥中心与各相关部门的互联互通和信息调用，为新加坡政府各部门在紧急状态下实现应急信息的共享和使用提供了重要保障。②

在应急信息发布和披露方面，新加坡也非常注重媒体的引导和社会公众的正面引导。在突发事件发生时坚持"告诉公众真相、及早告诉公众真相、尽可能详细地告诉公众真相"的信息透明三原则；在突发事件处理的过程中及时向媒体和社会公众沟通最新动态，发布权威信息，让公众了解政府在处理和应对突发事件中已采取的措施、最新处理状况和事件演变状况；在应急信息发布时同样注重发言人的选用，派出较高级别的负责人到达现场进行处理，指定专人"只有一个声音"地面向公众发布应急信息等。③

此外，2009年新加坡政府拨款2700万元在未来5年发展全国地理空间信息库（Singapore Geospatial Collaborative Environment，SG-SPACE），由新加坡土地管理局与资讯通信发展管理局等部门合作开发。该数据库整合了分布在各部门的建筑结构图、气象预测数据、交通路线图等重要的地理空间信息，在统一的框架和数据标准下实现空间地理数据共享，建立了数据采集和共享的标准、中央数据交换中心和提供搭建定制常见

---

① 《新加坡内政部》，2016年7月16日，https://www.mha.gov.sg。
② 钟开斌：《中外政府应急管理比较》，国家行政学院出版社2012年版，第259页。
③ 洪凯：《应急管理体制跨国比较》，暨南大学出版社2012年版，第291页。

工具和服务。该数据库的建设与使用，可以大大减少地理空间信息搜索时间，避免各机构重复建设，一旦有突发事件发生，应急管理相关部门即可通过该平台快速获取事件发生的地理位置、空间信息等，实现快速响应。① 图 1-9 为该数据库的代表性成果（新加坡首个智慧地图平台 OneMap），该平台结合了以往由不同政府机构各自管理的地理信息，如国家古籍信息、无线上网热点、骨痛热症黑区和垃圾回收箱位置等各种类型的地理空间信息，为政府各部门和公众提供了准确及时的空间地理信息，并提供 API 开放接口供用户根据自己的需求搭建新应用等。②

图 1-9　新加坡 SG-SPACE 的 OneMap 智慧地图平台③

---

① 《新加坡将耗资 2700 万元发展地理空间信息库》，2016 年 7 月 16 日，http：//www.sb-sm.gov.cn/article/mtbd/200908/20090800055796.shtml。
② 《新加坡 SG-SPACE 及 OneMap 智慧地图平台》，《数字城市专刊》2011 年第 3 期。
③ 《新加坡 OneMap 智慧地图平台》，2016 年 7 月 16 日，https：//www.onemap.sg/index.html。

（八）小结

综合来看，美国等发达国家十分重视突发事件应急管理情报体系建设和应急信息管理工作，其先进经验可供国内借鉴。如"9·11"事件后，美国很快进行了一系列的情报机构改革，建立多层次的突发事件应急信息管理机构，重视情报和信息共享核心能力建设、加强现场形势评估能力建设、建立和完善"国家突发事件管理系统"，注重配套政策法规的制定，注重社会参与、跨部门协作和多手段支持等。又如以"情报立国"的日本是一个公认的灾害多发国家，但其完善和有效的灾害情报系统使得日本并未受到很大的损失，权威统一的情报机构、纵横交错的情报管理组织、发达先进的情报技术系统为日本在灾害突发事件应对方面提供了高效的情报支撑。再如德国联邦公民保护局下设危机管理中心，建设有联邦和各州的共同报告和情况中心、德国危机预防信息系统、卫星预警系统、德国报警系统、居民信息服务等信息中心或机构，在突发事件的应对和处置过程中的经验与方法甚多。加拿大建立有相关部门或机构负责灾害信息的收集、分析和发布工作，建立有政府门户网站应急管理信息发布专栏，也建立有应急管理相关的专门网站或数据库。英国在突发事件应急管理信息共享、信息发布等方面具有明确的要求、规章制度。新加坡在应急信息共享使用方面建立有突发事件公共信息中心，注重媒体应急信息的发布和披露管理，建设新加坡地理空间信息库为突发事件应急管理体系提供快速响应支撑。此外，还有诸多国家的应急管理情报体系和信息工作实践经验未能逐一阐述，本书仅选取部分代表性国家进行梳理和总结。

二 国内应急管理的情报工作历程与现状

从国内而言，在突发事件应急管理方面，至2003年"非典"事件以来，我国的应急管理实践取得了长足的进步与发展，从国家到地方、从总体到专项的各级各类应急预案、应急管理体制和应急管理办法建设成效颇丰。从2007年11月1日全国人民代表大会批准实施《中华人民共和国突发事件应对法》以来，目前涉及突发事件应对的法律、法规、部门规章及相关文件总计上百件。面向突发事件的应急预案从国家层面的总体应急预案、省级层面的地方性总体预案，以及面向各具体领域突发事件的专项应急预案、部门处置与应对预案等，均取得了良好的建设成效。在这一系列应急预案中，情报与信息的作用在"一案三制"特定环节得到强调，突发事件的应急信息管理实践也取得了较大的进展。如形成突发事件信息报送机制、信息监测与发布机制、灾害通信联络机制等；各部门构建了各类应对突发事件的信息系统与平台，如"公安大情报系统""地震应急快速响应信息系统""国家突发事件预警信息发布系统"和"国家公共卫生信息系统"等，为我国突发事件应急管理的情报理论研究与情报体系构建奠定了坚实的基础。

为进一步梳理和掌握国内突发事件应急管理中的情报工作现状及问题，我们选取了近年来爆发的代表性突发事件，通过召开专家座谈会、专家访谈、应急管理部门访谈等方式，进行我国突发事件应急管理中的情报、信息工作现状调研分析。选取的突发事件部门涉及省、市应急管理相关部门，如卫生应急办公室、防疫检疫局、武警中队、防震减灾局、矿山救护中队、信息科技公司、档案局（馆）等；调研分析的内容包含突发事件中涉及的情报资源、情报流程、情报法规和情报人才队伍建设等问题。

在此基础上，结合政府信息门户网站等公开渠道查阅突发事件应急管理的相关文件、办法、通知与报道等，以及学界已有的相关论著成果数据，我们对全国层面的省市地区、典型突发事件在处置和应对过程中情报工作的相关法律法规、管理办法、报送方式，以及相关典型事件的情报工作问题、经验分析等进行调查分析，以助于了解相关省市和地区在突发事件应急管理的情报工作现状。

需要说明的是，情报、信息和数据在概念和内容实质上有区别，但在实践工作中以"信息"称谓为主，但其中部分行为实为情报工作行为。为更好地了解和分析实践工作中的情报现状，在调查时仍以实际工作契合度较高的"信息"为主关键词，在进一步分析阐述时再予以区别。

综上而言，我国现阶段突发事件应急管理中的情报工作实践取得了一系列进展，但仍存在诸多问题有待进一步完善优化，概要总结如下：

(一) 情报工作的法规制度方面

从国家到各省市地区尚无专门的突发事件应对与处置有关情报工作的法规制度，但在相关法规制度中可查到有部分规定和条例可供参考。在国家法规制度层面，如《中华人民共和国突发事件应对法》共计七十条，其中有十条的内容涉及突发事件的信息处理工作。包括"建立全国统一的突发事件信息系统（第三十七条）、多途径收集突发事件信息（第三十八条）、突发事件信息报送要求（第三十九条）、突发事件信息评估分析（第四十四条）、突发事件及其处置信息的发布（五十三条）、突发事件信息的法律责任（第六十三条）等"[1]。在地方法规制度层面，各省市地方政府出台的地方性突发事件应对办法对突发事件的信息报送、信息收集、数据库建设和信息发布也有相应的规定，如《四川省突发事件应对办法》共计60条，其中亦有10余条对突发事件的信息工作做出了相关规定与要求，如"做好乡镇街道区域内突发事件的信息报告（第三条）、突发事件的信息发布要求（第九条）、建立信息数据库（第十七条）、突发事件的信息处理过程（第三十三条）、突发事件迟报、谎报、瞒报和漏报等情况的法律责任（第五十八条）等"[2]；与此类似，在广东、江苏、上海、贵州等地方相应的突发事件应对法或应急预案中，对突发事件中信息收集、信息发布、信息共享、信息报送要求、信息失误的法律责任等均做出了相关规定和要求，可以说取得了可喜的成绩。但总体而言，信息不同于情报，同时信息工作建设中也存在一些问题，从法规制度而言，大致问题可总结如下：

1. 法律法规中尚未明确情报的概念

通常而言，情报源于信息，但又高于信息。情报是为解决某一特定问题所需要的经过分析加工的信息，对使用者的直接影响和作用更为直接和有效。[3] 突发事件应急决策需要的是经过提炼、加工和可供决策参

---

[1] 《中华人民共和国突发事件应对法》，《中华人民共和国国务院公报》2007年第30期。
[2] 《四川省突发事件应对办法》，2014年9月30日，http://www.sc.gov.cn/10462/10883/11066/2012/5/24/10211227.shtml。
[3] 兰德：《论信息与情报的区别》，《科研管理》1986年第4期。

考的信息，这一部分信息是情报的重要组成部分。从这个意义上而言，现有的突发事件应急预案、应急管理办法中对应急信息的监测、报送、发布以及数据库的建设等规定与要求，可以说为突发事件应急决策的情报体系建设奠定了坚实的基础，积累了实践经验。然而，信息≠情报，目前的相关法律法规中尚未明确使用突发事件的情报概念，而以"信息"为主要名词，这将导致应急管理部门及相关机构对情报、信息的概念认识不清、混用或替代，进而导致情报体系建设效率降低，不能发挥应有的作用。从专家访谈结果可知，目前仅在军队系统（武警）比较明确地使用"情报"一词，其他相关的应急部门大多使用的为"信息"；在国家、各省市及地方的法规文件、应急管理报告中同样很少出现"情报"这个专有名词。总的来说，这与信息社会的发展不可分割，但"情报"的作用也因此被忽略和弱化，缺乏法规制度方面的指导性文件，是制约突发事件应急管理情报体系建设的重要因素，只有从法规制度层面予以界定，才能更好地推动和指导应急管理情报体系建设实践。

2. 法律法规中情报制度尚不完善

从国家突发事件应对法及各省市级地方的突发事件应对办法的调查分析可知，对突发事件应对和处置过程中的信息相关规定所占比例非常大（一般均有10余条），内容也涉及信息的报送、信息的监测、信息的发布和数据库建设、信息报送要求及法律责任等方面。但其问题在于，一是针对应对法中提及的具体内容尚缺乏进一步的实施办法、管理条例予以明确和细化；二是情报视角（凸显信息的分析、加工、提炼和智能化服务）的规定缺乏。如C市出台的《关于突发事件信息报告范围的实施意见》《突发事件信息报送工作考核办法》等，在突发事件信息管理中的信息报送内容、报送范围、报送流程、报送时限等方面进行了规定，突发事件中信息的快速获取、信息的全面性保障具有重要作用；但对于突发事件中信息的甄别、筛选、处理、分析和提供利用等方面的办法、指南则处于空白状态，突发事件中信息的质量、准确性方面的保障尚显不足。总体而言，突发事件应急决策中的情报制度、具体的实施办法和管理条例有待进一步细化完善。

3. 法律法规的补充完善需进一步加强

从突发事件应急管理而言，伴随着社会的进步，自然环境的变化、社会经济的发展、社会矛盾的演变、新的智能技术变革等，突发事件的产生与发展变得更为复杂，同时应对和处置的方法、技术也随之更新。与此同时，突发事件相关的法律法规，对突发事件过程中的信息工作（情报工作）规定也需因时而异、因事而变，需要不断地汲取新经验、吸取新教训、学习新技术，予以修订和完善，并进一步细化至各省市地区的管理办法、规定，深入到各领域具体的突发事件，才能对症下药，进一步发挥法律法规的指导作用。目前而言，我国各地区、各类突发事件的法律法规，以及对应的信息（情报）法律法规、信息的技术规范等尚需进一步优化改进。

（二）情报工作的人才队伍方面

情报人员作为应急管理情报体系建设中的能动要素，是整个情报体系得以高效运转和发挥决策辅助作用的主体。某种意义上而言，突发事件应急管理的实质即突发事件的情报（信息）收集、分析、传递和利用过程，这一过程也是情报人员能动过程。根据访谈调研情况来看，目前突发事件应急管理过程中有关情报人员大致可以分为收集类、分析类、传播类和决策类等，如表1-2所示：

表1-2　　　　　　　**突发事件应急管理的情报人员分类**

情报人员类别	职能描述
情报收集人员	根据相关规章制度及决策者的需求，对与突发事件相关的各类信息进行收集汇总。
情报分析人员	在纷繁复杂的信息环境中快速提取决策者需要的情报，必须保证提取情报的速率与效能，是情报活动的专家。
情报传播人员	在恰当的时间、地点把情报传递给需要情报的部门和决策人员。
决策人员	利用获取的情报及过去的经验、知识制定应急决策。

具体而言，在情报人员发挥能动性过程中，以C市某区疾病预防控制中心为例，公共卫生类突发事件的信息收集主要包括"卫生系统各直

属机构信息系统、卫生机构相关的各部门信息报送员、广大社会群众"。其中卫生系统各直属机构即预防控制机构本部、下属医疗机构、乡镇与社区卫生服务站；相关部门包括社区卫生院、学校医务室等。在这一网络过程中自下而上形成了一套"人际网络"情报源，逐级上报和形成可供公共卫生突发事件监测预防的情报。同样，我们在卫生、地震、公安等系统的调研中发现，突发事件信息的收集、分析、传递和利用已形成一定流程、经验和人员匹配系统，但在实际运行过程中，情报人员尚存在不足的地方：

1. 应急管理人员情报意识不足

由于对突发事件应急管理的"情报和信息"概念的模糊性认识，以及实践工作中以"信息"为主导的情况，突发事件应急管理中参与者大多缺乏对"情报"的认识和重视，在大数据时代，缺的不是信息和发掘信息的技术，而是缺乏过滤信息、甄别信息和处理信息的"情报"意识。从情报收集参与者而言，当前突发事件信息安全员、报送人员更多的是完成自己职责内的信息传递，而在"情报"的时效性、质量和完整性等方面需要进一步培养。从情报分析人员而言，当前突发事件收集的信息、数据分析以各自需求部门分头进行，而未进行各部门信息、数据的统一协调和交由专业化的情报分析人员进行统筹分析、发掘有价值的情报，其产生的后果是各部门均有情报分析人员，但分析出的产品则会出现碎片化、时滞等问题。从情报利用者而言，据专家访谈调查分析可知，在突发事件应急管理的实践中，大多数决策者依赖于现有经验、智囊团和个人风格，而对情报分析和支撑比较弱化，当然这与决策时间的紧迫性、情报收集分析的不对称性有关，但这也说明了当前大多数应急决策者对情报的利用不充分，这对科学化决策有很大的制约。

2. 应急管理参与者缺乏必要的情报培训

突发事件的处置和应对是全员参与的活动，其预防也是常规化的事情，因此加强突发事件应急演练和相关技能培训也是日常化的工作，特别是对于直接参与应急救援和处置的部门、人员而言。从我国当前现状而言，从国家层面到各省市地方层面，都非常重视突发事件应急预案和应急培训等准备工作,但从应急培训的内容而言,在突发事件应急处置与应对过程中的情报意识、情报分析、情报收集和情报利用等方面的培训尚比较缺乏。据调研可知,目前在卫生、地震、消防等应急管理相关的部门中,应急管理能力培训是一项常规化工作,有各部门应急参与人员、应急决策人员和社会民众共同参与的突发事件应急演练与技能培训。在信息工作方面,则有突发事件应对法提及的信息报送范围、信息流程和信息报送要求等方面的培训,但对于情报视角的信息、数据分析和利用则比较匮乏。缺乏必要的情报意识、情报分析和利用技能培训,则会导致大量信息积压而不知如何分析、利用,徒留大量无用信息和数据,而仍沿用经验决策等情况的出现。

3. 应急管理参与者情报利用能力参差不齐

突发事件的应急管理是一个涉及政府领导机构、办事机构、专家学者、社会组织、志愿者等多元组织的共同体,对于突发事件的情报利用也是多方位多视角。这些多元主体在提出决策参考意见时,会依据现有的情报、信息进行,但由于各应急决策参与主体的背景知识、工作经验、情报意识等存在差异,对于情报和信息的利用效果显然不同。从调研的C市某区疾病预防控制中心而言,其相关的某区疾病预防控制中心及其他部门均建立起了案例库,但案例库的作用发挥不足和利用率比较低,案例库是突发事件应急管理过程中重要的情报资源基础,是应急决策赖以支撑的重要来源,更是应急管理实践部门自身人员应充分学习和利用的资源。

(三)情报工作的情报资源方面

情报资源是突发事件应急管理的情报体系内核,缺乏情报资源的情报体系就宛如一个空壳而无法发挥作用。情报资源的建设、维护是情报体系得以有效运转的重要保障,是发挥情报决策支撑作用之源。

从实践部门的调研总结而言,我们可以将突发事件应急管理过程中的情报资源划分为"基础信息资源"和"事件情报资源"两大类:基础信息资源,指的是突发事件应急决策所需的有关地理、人口、经济、交通、卫生、医疗、气象、水文和各类基础设施等基础信息,这些信息通常由各领域的职能部门掌握，可以通过这些基础信息资源的汇集整合为突发事件提供基础信息资源保障。事件情报资源，是突发事件从发生前、发生中到发生后的整个生命周期中的基础情报、实时情报、衍生情报和经验情报等，这些情报完整地记录反映着整个突发事件的生命周期，事件情报资源的质量、效益直接影响着突发事件应急决策的质量和效果。

2000 年以来，国家和政府都非常重视基础信息资源、数据库的建设，在相关数据库平台建设上投入力度非常大，为我国突发事件应急决策的情报体系建设提供了基础性保障，但从情报体系运转而言，情报资源的建设仍存在很多不足：

1. 基础数据库共享性、持续性不强

从相关部门实际调研可知，政府各部门（地震部门、卫生部门、武警系统等）均建设有相应的基础数据库，这些基础数据库多存储在本部门搭建的系统中。如果涉及数据调用，就需要部门与部门之间的协调交换，数据日常共享程度不高。同时，各基础数据库的建设与维护缺乏持续化的更新，在建设过程中往往重硬轻软，系统和平台建设得很好，但后期数据的收集、存储和利用则缺乏持续性。如在山东"11·22"输油管道泄漏爆炸特别重大事故处置过程中，有人员通过附近的电线杆编号信息向 120 急救中心呼叫求救，然而电线杆编号这类基础数据没能共享给 120 急救中心，致使 120 急救中心无法快速准确获取求救的位置信息；又如调研的 C 市某科技公司与部分省市合作开发了综合性的突发事件应急指挥平台和应急信息系统，功能比较齐全，但由于缺乏完整的基础信息资源支撑和基础数据的更新维护，而未能在应急决策中真正发挥作用。

2. 情报资源的格式、标准不统一

从现有应急管理平台、基础数据库建设情况分析可知，相关突发事件的信息报送、采集、存储和利用的格式多种多样，有电话口头报送、纸质版报送、电子版报送，采集的信息有图片、视频或数据条目等，在传递流程上也有比较明确的规定与要求。但从各部门数据库分析可以看出，各系统之间的情报资源存储格式各异、标引和检索字段不同、软件开发版本和兼容性不同，这些要素给突发事件应急决策的情报资源快速聚合与分析造成了困难，加大了各系统之间的情报资源共享、分析和利用的成本。此外，据相关部门调研分析，就目前突发事件应急决策的情报资源内容而言，相关突发事件形成的情报资源存在分散保存、内容不全面等情况，如对突发事件的事后恢复的总结、评估及案例库建设方面，各部门均有相关的总结评估报告，但各总结评估报告因职能不同而侧重点不同，其内容分析模板不一，数据甚至有出入，这对于突发事件情报资源的二次整合利用造成了不便，阻碍了情报资源增值利用效率。

3. 情报资源的指向性和应用性不强

从我国业已形成的"一案三制"应急管理体系而言，我国在突发事件的应急预防、预案建设方面已取得可喜成绩，但在应急预案和管理体系的具体细化实施过程中，尚需进一步落实。如在突发事件应急预案中，对突发事件的信息监测、报送、数据库建设、报送要求和法律责任等有宏观的指导性规定，但对于各具体的内容则缺少配套的实施办法、管理条例和细则。在情报资源的收集、分析、传递和提供利用的过程中，情报资源的具体要求和规定不明，这导致各部门在情报资源收集过程中，存在着重收集而轻分析利用、重视事发前的战略情报规划而轻事发中的战术情报利用等情况，收集到的情报资源针对具体的事件指向性不明确，使得各部门及相关人员在收集中对情报资源的把握处于宏观粗略状态，也使得情报容量大而应用不足的情况存在。

（四）情报工作的情报网络方面

情报网络在突发事件应急管理的情报体系建设中承担着传递、共享与交流的重要角色，从各实践部门访谈分析可知，目前情报网络主要由人际情报网络、应急管理信息系统或平台等构成。

其中，人际情报网络为最传统，也是在突发事件爆发后比较稳定的联络系统，但其缺点是传递的过程需要一定时限和易受到人为因素的干扰，如有专家指出，在军队情报信息来源有五个方面，分别是武警

(Armed)、警察（police）、政府部门（government）、专家和工程师（engineering and experts）和公民（People），简称 APGEP。在五个情报来源中，公民通过电话和网络等方式传来相关的信息，是第五级情报的来源，情报级别最低；专家和工程师往往能发现一些潜在的隐患信息，是第四级情报的来源；乡镇级政府在走访或处理其他工作时可以收集到一些问题的信息，是第三级情报的来源；警察在承担民事保障的过程中会收集到相关的重要信息，是第二级情报的来源；军队驻地和武警反馈过来的信息，是第一级情报的来源，情报级别最高。目前在各相关部门的突发事件情报传递中，这种依托传统人际情报网络现象比较普遍。

而依托信息技术、网络技术和计算机技术的应急管理信息系统，也是国家高度重视的建设内容，从国家层面的突发事件应对法到各省市地方突发事件应对办法，都对建设各地区统一的应急管理信息系统、加强各区域和部门间的信息交流与共享、加强信息资源的收集、数据库建设等方面进行了具体的规定。与此同时，也建成了如"中国疾病预防控制信息系统""国家自然灾害灾情报送系统""国家突发事件预警服务平台"等；又如四川省建设的省级综合减灾救灾应急指挥体系，覆盖全省21个市（州）、181个县（市、区）的203个应急指挥平台，运用电子政务内网、互联网和无线网络构建了省市县乡四级灾情信息网络，实现了省市县乡四级互联互通，并与国家减灾中心、减灾委成员单位互联互通。① 情报系统的建设实践及其成果在突发事件的应对和处置过程中，发挥着重要的支撑作用，但各系统之间以及情报网络的应用效率等方面，仍存在较多需要完善的地方：

1. 应急管理信息平台间的互联互通不强

从调研访谈分析可知，目前国内各领域和系统（如卫生系统、地震系统、公安系统、民政部门等）针对各自业务需求，已初步建成相关的基础数据库和应用平台，从纵向而言，国家—省—市—县基本可

---

① 四川省减灾中心：《四川省综合减灾救灾应急指挥体系建设实践》，《中国减灾》2013年第17期。

以实现基础数据和相关信息业务的上传下达。遇到突发事件应对和处置的公共事件，则需要横向调用各系统、部门间的基础数据、实时信息。然而由于不同的应急管理信息系统、应急管理平台之间的开发语言、功能模块、数据标准和业务管理等不同，各业务领域的应急信息平台、数据库之间互联互通性不足，突发事件相关的信息、数据、情报资源横向覆盖和调用比较困难，也形成了"信息孤岛"和重复建设等情况。

2. 应急信息传递利用的时效性有待加强

突发事件的发生与演变具有突发性、不确定性，应急决策需要"高速度、高质量和高效用"的情报资源予以支撑。倘若情报、信息和数据出现迟报、谎报和瞒报等情况，则会贻误决策时机，导致更大的损失。在突发事件应急信息传递利用方面，我国各应急职能部门已建立比较完善的传递渠道和途径，如前文所述，有的依托传统人际情报网络、有的依托应急信息管理平台。应急信息传递的途径包括口头传递、电话沟通、网络传播、APP应用程序等多种形式，各种形式的传递方式优缺点不同，但在目前的应急信息传递中主要以传统加密电话和内部网络为沟通渠道，在时效性方面有一定时滞，在未来需要进一步吸收和引入新技术提高时效性。

如从我国突发公共卫生事件的信息传递而言，全国100%的县级以上疾病预防控制机构、98%的县级以上医疗机构、94%的乡镇卫生院和社区卫生服务中心实现了法定传染病网络直报，公众以及相关责任报告单位可以将信息上报到县（区）级疾病预防控制中心。在县级层面的疾病预防控制中心、市级层面和省级层面的相关部门间均有信息传递和报送的方式、内容、分析研判及最终的信息公开细则。总体而言，在疾病预防控制信息的传递中体系和流程比较明确。另外，从我国疾病预防控制信息传递过程来看，其上传下达的环节众多，这离不开我国行政管理体制的影响。这种传递模式在信息审核、质量把控方面有优势，但同时也阻碍了信息传递的时效性，特别是在突发事件爆发及其演变过程中，事件瞬息万变，更需要高效率的信息传递模式和流程予以匹配。如

图 1-10 所示：

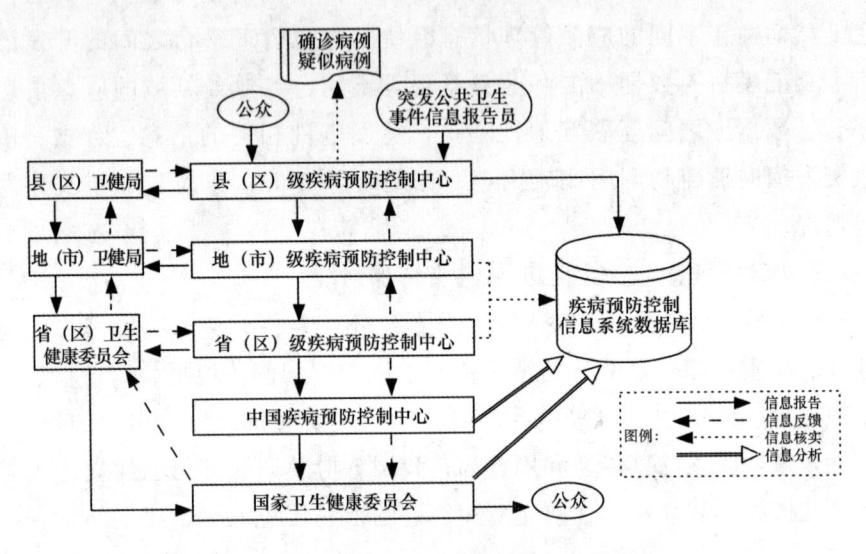

图 1-10 突发公共卫生事件信息传递流程

资料来源：某省突发公共卫生事件信息报告员培训材料。

3. 应急管理的情报网络尚缺乏专业情报机构支撑

突发事件的应对与处置是全员参与的活动，其中不乏专业的情报和信息服务机构，如图书馆、文献情报中心、信息技术公司、方志办、档案馆等。从目前应急管理实践调查分析可知，我国的专业情报和信息服务机构虽然积极参与到应急救援活动，但主要是"救人为第一要务"，这本是应急救援的首要目标，但在不冲突的情况下，更应发挥专业情报机构的专业特长，积极参与到突发事件应急信息的收集、分析和提供利用服务，为应急决策提供情报服务支撑。这些机构在突发事件的信息分析、信息收集、信息传递和信息存储等方面具有专业特长。图书馆可以提供大量相关突发事件处置和应对的理论参考知识、文献情报中心可以对相关数据进行综合分析预测、档案馆可以提供相关突发事件的历史档案信息资源、互联网公司可以提供信息传递和公开支持等，在未来需要通过突发事件应对相关的法律法规，将专业情报机构的支撑服务工作纳入情报服务网络，为突发事件应急管理提供专业化视角的情报分析与服务支撑。

（五）小结

综合来看，国内政府应急管理部门在近十来年，从各自职能角度建立了各类应急管理信息系统，在应对和处理突发事件的实践工作中发挥了积极作用，在突发事件应对和处置实践工作中的情报工作也取得了较大的进展。但仍存在诸多有待进一步解决的理论与实践问题，如现有法律法规不健全、情报人才队伍不完善、情报资源建设分散、情报网络不畅等问题。这些问题的存在，导致应急管理信息系统往往不能解决突发事件全过程管理中的决策情报支持问题，没有对各种信息进行深度挖掘和分析，不能快速提炼出有效的情报资源，为应急决策的快速响应提供情报支持；现有应急管理系统存在资源分散和重复建设的现象，突发事件一旦发生，往往很难实现快速的情报资源互通共享等。因此，有必要借鉴国外应急决策的情报实践工作灵活、权威、统一、共建共享和快速响应等方面的先进经验，加强突发事件应急决策的情报流程、情报资源组织与共享等方面的研究与探讨，构建一个情报人员素质高、情报技术支撑标准化、情报运行机制流程、情报资源丰富的突发事件应急管理的情报体系，为构建突发事件应急管理情报体系提供理论支撑和实践保障。

第三节 应急管理情报体系的现实需求

一 应急管理情报体系的理论构建

本研究旨在构建应急管理情报学理论体系、推进面向突发事件应急管理的多学科交叉研究。

（一）构建面向突发事件的应急管理情报学理论体系

传统的情报工作主要面向国家安全情报、军事情报、科技情报和企业竞争情报等领域，而面向突发事件应急管理的情报学理论研究则比较欠缺。在调研突发事件应急管理、情报理论研究文献的基础上，本书梳理了应急管理情报体系的本征机理，进而从应急管理情报体系的情报资源建设、技术谱系结构、协同运行机制等方面深入研究，共同构成了应急管理情报体系的理论框架，提出适应社会发展需要、面向突发事件应急管理的跨学科综合集成的情报体系构建方案与对策建议。

（二）推进面向突发事件应急管理的多学科交叉研究

由于突发事件应急管理本身的复杂性与综合性，决定了本研究需要综合运用情报学、管理学、信息技术等多学科的研究方法。本书以情报学为核心，综合采取物理—事理—人理系统方法论、技术范式、多学科综合集成方法，推进面向突发事件应急管理的理论研究，拓展应急管理的多学科交叉研究领域。

二 应急管理情报体系的实践应用

本研究的实践应用可为构建跨部门应急管理情报服务体系提供参考依据，为突发事件应急管理的系统工程提供情报学视域的对策建议。

（一）推进政府主导的突发事件跨部门情报共享与无障碍利用，为构建贯穿应急管理全过程的情报服务体系提供解决方案与应用参考

突发事件应急管理是一个高度不确定的动态决策过程，具有决策时间短、决策难度大、多级跨部门、事件控制成本高等特点，因此在短时间内为决策部门或人员提供快速、准确和全面的情报，是一个极具挑战的难题。2018年，国家成立应急管理部，构建应急管理情报体系，符合国家成立应急管理部的需求，也是有效解决突发事件应急决策难度大、信息少、时间短等难题的有效措施和必然要求。本书试图解决当前应急管理中重点关注的突发事件应急决策的情报保障问题，为突发事件预防、应对处置、应急决策提供情报沟通无障碍和嵌入应急管理全过程的情报体系的构建框架与应用解决方案。

（二）为突发事件应急管理情报体系建设的系统工程提供对策建议

面向突发事件应急管理的情报体系构建是一项复杂的系统工程，涉及多学科、多技术、多部门、多系统、多事件等方面的整合与集成。本书围绕应急管理情报体系的顶层设计、情报资源、技术谱系结构和协同运行机制等开展，结合实证分析与理论研究进行综合集成，提出政策建

议和发展趋势，为应急管理情报体系建设的具体实践提供参考与方向。

（三）丰富国家信息基础设施建设内容，为突发事件应急管理提供保障

促进完善突发事件应急管理体系、促进社会稳定与和谐社会发展。应急管理情报体系的构建，是面向突发事件应急管理的综合集成信息平台建设的核心组成要素，也是纳入到国家信息基础设施的有机组成部分。本书将有助于突发事件应急管理的"信息高速公路"蓝图设计，顺应国家成立应急管理部的改革与发展趋势。

（四）促进社会稳定与和谐发展

突发事件往往会造成巨大的生命财产损失、社会动荡，倘若处理不当、控制不及时，将会产生更多的衍生灾害，造成社会恐慌、灾后腐败、疾病传播等问题，进而产生更大的损失，破坏社会的和谐与稳定。应急管理情报体系的建设与完善，有助于处在转型期的中国社会稳定与经济发展，促进小康社会宏伟目标的实现，为构建美好家园与和谐社会的中国梦的实现做出贡献。

第二章 应急管理情报体系的跨学科理论与综合集成框架

第一节 应急管理研究的多学科参与

一 传播学视角的突发事件应急信息沟通研究

突发事件中的应急信息行为是指在突发事件应对与处置过程中信息获取、信息交流和利用的人类行为。传播学视角的有关研究主要集中在应急信息沟通交流等方面。

（一）应急信息沟通的多元内涵

应急信息的高效、及时沟通，有利于突发事件的快速应对和处置，沟通交流涉及不同区域、部门和人群。有代表性的研究成果如：K. C. Allen 等对美国蒙大拿州和亚拉巴马州的社会公众危机信息沟通获取行为等进行了调查，利用卡方分析方法，对危机信息获取途径（电视、无线电、互联网、纸质、邻居和其他）和人口特征（应急准备、教育、性别、收入、国家）进行分析验证，指出在灾难或紧急情况发生时：准备不足的家庭使用电视、无线电为主；收入较高的人群使用互联网、无线电为主；大学毕业的人以互联网为主要途径、高中及以下教育水平的更多通过广播获取信息；老年人则主要使用电视或收音机获取信息。[①] C. Kloyber 等研究了危机和灾害中的人群沟通、信息和任务问题，指出目前灾难发生时的沟通办法主要是使用公共媒体预警

[①] Allen K., "Prevention of Post-disaster Sequelae Through Efficient Communication Planning: Analysis of Information-seeking Behaviors in Montana and Alabama", 142nd APHA Annual Meeting and Exposition (November 15-November 19, 2014). APHA, 2014.

和提供基本信息,而超出预警阶段应考虑的信息沟通一致性需求等仍非常缺乏,并提出应急信息沟通的改进方式,以提高信息沟通的一致性和社会公众防范能力。① M. Ipe 等从公共卫生部门的视角探讨了公共部门与信息中介机构在突发事件应急决策中信息沟通问题,及其相互信任、相互协调和信息共享等问题。② 综合而言,突发事件中应急信息的获取行为受到获取方式、时间、主体等多方面的影响,应急管理人员需要对不同目标主体的危机信息获取途径、沟通方式进行了解,才能更好地进行应急信息沟通,从而更好地为突发事件的应对和处置提供信息保障。

(二) 应急信息沟通案例分析

研究者结合了较多的突发事件案例分析应急信息沟通的经验与教训。代表性成果如:I. Lopatovska 等以桑迪飓风为案例研究了危机管理中的信息行为模型,以 2012 年 10 月纽约市地区飓风过程(灾害前、灾害中和灾害后)中作者个人日记所记录的经验和意见为数据源,通过内容分析技术,对相关的信息需求和行为进行了分析,结合危机信息学提出了危机期间信息分类需求、信息来源和信息行为的框架模型,该模型揭示了当时信息基础设施的优缺点,有助于增强危机情况下对信息需求、沟通和交流等行为的理解。③ J. M. Day 等通过"卡特里娜飓风"案例研究分析了赈灾供应链中的信息流障碍,指出"交通不便、数据和信息格式不一致、信息流不足、信息源识别难和存储介质不可靠"等是信息流障碍的重要因素,并提出了降低或减轻应急信息流障碍的方案及原则。④

---

① Kloyber C., Glanzer M., Foitik G., Neubauer G., "Communication, Information and Tasking with and of the Population in Case of Crisis and Disasters", 22nd Interdisciplinary Information Management Talks (IDIMT) Conference, 2014, pp. 205 – 211.

② Ipe M., Raghu T. S., Vinze A., "Information Intermediaries for Emergency Preparedness and Response: A Case Study from Public Health", *Information Systems Frontiers*, Vol. 12, No. 1, 2010, pp. 67 – 79.

③ Lopatovska I., Smiley B., "Proposed Model of Information Behaviour in Crisis: the Case of Hurricane Sandy", *Information Research: An International Electronic Journal*, Vol. 19, No. 1, 2013, pp. 1 – 13.

④ Day J. M., Junglas I., Silva L., "Information Flow Impediments in Disaster Relief Supply Chains", *Journal of the Association for Information Systems*, Vol. 10, No. 8, 2009, p. 637.

B. Dearstyne 等分析了纽约市消防局在"9·11事件"处理和应对中的应急信息的问题和教训,主要表现在"协调和沟通不利、指挥员缺乏可靠消息、信息矛盾和不一致和虚假信息混乱"等。① A. Thatcher 等以福岛第一核电站灾难事故作为个案,通过福岛核事故四大报告从不同视角对信息行为失误的影响因素进行了调查分析,同时分析了灾难事故中信息行为的情感负荷理论、面对威胁论和"核安全神话"升级思想等问题,揭示出信息回避行为是福岛第一核电站灾难事故的主要因素。② 综合来看,研究者通过案例分析,指出信息意识不足、信息沟通不畅是导致突发事件应急决策失误或受阻的重要原因。

(三) 社交媒体与应急信息沟通

从社交媒体应用而言,P. Currion 等研究了开源软件在灾害应急管理中的应用,评估和分析了"印度洋海啸"发生后萨哈娜灾害信息系统协调不同机构和技术资源的情况。③ C. Yates 等研究了自然灾害时期公民使用社交媒体的信息体验问题,指出社交媒体是灾害和危机时期的重要信息来源,针对当前研究集中在自然灾害应急人员、军人、医疗和其他专业人士使用社交媒体的现状,通过澳大利亚的25位公民使用社交媒体在自然灾害时期信息体验实验,从关系、健康、应对、新闻、帮助、经纪、补充和特点等八个主题描述参与者信息,并进行相关的深度访谈和数据收集,表明自然灾害时期公民使用社交媒体获取信息,有助于挖掘社交媒体的潜在价值和提高社区抗灾能力。④ 从社交媒体传播的信息而言,O. Oh 等指出近年来的极端事件表明 Twitter 等社交媒体正在成为社会危

---

① Dearstyne B. , "The FDNY on 9/11: Information and Decision Making in Crisis", *Government Information Quarterly*, Vol. 24, No. 1, 2007, pp. 29 – 46.

② Thatcher A. , Vasconcelos A. C. , Ellis D. , "An Investigation into the Impact of Information Behaviour on Information Failure: the Fukushima Daiichi Nuclear Power Disaster", *International Journal of Information Management*, Vol. 35, No. 1, 2015, pp. 57 – 63.

③ Currion P. , Silva C. , Van de Walle B. , "Open Source Software for Disaster Management", *Communications of the ACM*, Vol. 50, No. 3, 2007, pp. 61 – 65.

④ Yates C. , Partridge H. , "Citizens and Social Media in Times of Natural Disaster: Exploring Information Experience", *Information Research*, Vol. 20, No. 1, 2015, p. 659.

机中传播信息的主要工具,以 2008 年孟买恐怖袭击事件、2010 年丰田召回事件和 2012 年西雅图枪击事件的 Tweets 数据为案例,研究了社会危机中 Tweets 的谣言理论、危机问题解决和信息处理等问题。① 综合来看,社交媒体作为突发事件信息的传播、产生和再传播的重要媒介,在突发事件应急信息管理中是一把"双刃剑",既要充分发挥社交媒体在应急信息收集、传播和沟通等方面的功能,又要注重对社交媒体中负面信息的处理。

二 信息系统视角的突发事件应急信息管理系统研究

面对突发事件,需要建设一个快速响应和有效的应急决策支持系统,以实现迅速处理和应对不同的突发事件,进而缩短时滞、提高应急决策的速度与质量。② 相关文献对突发事件应急信息系统建设的必要性、概念、作用功能、流程、框架模型、技术方法和系统开放共享等方面进行了探讨,其重点内容包括如下方面:

(一) 突发事件的应急信息管理框架模型

信息管理的框架模型研究对突发事件应急信息系统建设工作具有宏观的规范、指导作用。代表性成果如:A. R. Pradhan 等研究了灾害管理信息系统基础设施的框架要求,提出灵活性强、解决问题能力高的灾难管理系统需满足"标准化的数据格式、中间件服务和支持 Web 分布式计算"等方面的要求。③ J. P. Bardet 等研究了地震灾后侦察信息与虚拟地震模型,指出灾后信息资源有助于建立可视化的虚拟地震模型,帮助人们更好地理解和认识地震。④ G. Preece 等提出利用可行系统模型(VSM)

---

① Oh O., Agrawal M., Rao H. R., "Community Intelligence and Social Media Services: A Rumor Theoretic Analysis of Tweets During Social Crises", *Mis Quarterly*, Vol. 37, No. 2, 2013, pp. 407 – 426.

② Bahha D. A., *Emergency Software System: Quick Response Styles and Techniques*, Outskirts Press, 2011, pp. 10 – 18.

③ Pradhan A. R., Laefer D. F., Rasdorf W. J., "Infrastructure Management Information System Framework Requirements for Disasters", *Journal of computing in civil engineering*, Vol. 21, No. 2, 2007, pp. 90 – 101.

④ Bardet J. P., Liu F., "Towards Virtual Earthquakes: Using Post-earthquake Reconnaissance Information", *Online Information Review*, Vol. 34, No. 1, 2010, pp. 59 – 74.

的方法来分析处理灾害快速响应过程中所需的复杂信息,该模型有助于加快信息处理的速度、提高信息分析处理的质量。① B. L. Schooley 等研究了紧急情况下及时控制信息共享系统框架,提出了信息资源快速访问与共享的访问控制模型,有助于实现在自然灾害或紧急情况下,快速满足应急管理对信息共享的要求。②

(二) 突发事件的应急信息管理技术与方法

计算机、数据库、互联网、地理信息和人机交互等信息技术与方法,是突发事件应急信息系统及相关研究的重点领域之一。代表性成果如:S. Nishida 等研究了信息过滤方法在应急管理中的应用,提出通过专用的信息过滤系统处理紧急情况下的信息资源管理问题。③ R. R. Rao 等指出灾害管理中的信息技术应包括互联网技术、无线网络技术、遥感分析技术、GIS 地理信息技术、决策支持系统、监测预警系统、灾害分析与模拟技术等。④ L. Carver 等研究了"人机交互"技术在应急信息管理系统的应用,指出人和计算机应作为一个整体和团队来处理和应对突发事件。⑤ I. Aedo 等研究了应急信息系统建设的关键因素,提出以应急事件的管理效率为中心,并以绩效指标作为评估应急联动信息系统的重要方法与标杆。⑥ D. A. Troy 等研究了加强社区防灾能力的信息技术,社区

---

① Preece G., Shaw D., Hayashi H., "Using the Viable System Model (VSM) to Structure Information Processing Complexity in Disaster Response", *European Journal of Operational Research*, Vol. 224, No. 1, 2013, pp. 209 – 218.

② Carminati B., Ferrari E., Guglielmi M., "A System for Timely and Controlled Information Sharing in Emergency Situations", *IEEE Transactions on Dependable and Secure Computing*, Vol. 10, No. 3, 2013, pp. 129 – 142.

③ Nishida S., Nakatani M., Koiso T., et al., "Information Filtering for Emergency Management", *Cybernetics & Systems*, Vol. 34, No. 3, 2003, pp. 193 – 206.

④ Rao, Ramesh R., Jon Eisenberg, Ted Schmitt, et al., *Improving Disaster Management: The Role of IT in Mitigation, Preparedness, Response, and Recovery*, National Academies Press, 2007.

⑤ Carver L., Turoff M., "Human-computer Interaction: the Human and Computer as a Team in Emergency Management Information Systems", *Communications of the ACM*, Vol. 50, No. 3, 2007, pp. 33 – 38.

⑥ Aedo I., Díaz P., Carroll J. M., et al., "End-user Oriented Strategies to Facilitate Multi-organizational Adoption of Emergency Management Information Systems", *Information Processing & Management*, Vol. 46, No. 1, 2010, pp. 11 – 21.

第二章　应急管理情报体系的跨学科理论与综合集成框架 ◆ ◆ ◆

是本地灾害应急信息资源和人力资源重要的来源保障，作者介绍了一个以社区为基础的资源数据库，该数据库可以实现互联网在线和离线使用，通过信息技术和协作可以加强社区组织与非政府组织等之间的相互关系，提高社区防灾能力。① B. Reeder 等研究了情景分析法在公共卫生行动和应急管理中的应用，采用基于情景的方式来设计、创建和验证信息系统。② S. L. Pan 等研究了危机应对信息网络，指出信息流和网络管理是应对危机的关键，从"信息流的强度和网络密度"两方面提出了四种典型的危机信息应对网络，并提出了应对危机信息网络的建设与部署建议。③ L. Palen 等指出在人类和自然灾害事件发生后，越来越多的研究注重"灾情技术开发"，通过灾情技术的研究能够有效地减少大规模紧急事件或灾害的危害及影响。④

（三）突发事件的应急信息管理系统共建共享

突发事件作为全社会共同参与和关注的事情，在应对和处置中必然会涉及不同区域、不同级别、不同类型的机构和部门协调问题，信息系统的协同共享是加强应急协同联动能力建设的重要条件，相关研究成果丰富。代表性成果如：G. Mears 等研究了应急管理信息资源数据库的构建问题，提出了建立跨部门信息资源共享的数据库技术框架。⑤ B. L. Schooley 等研究了应急医疗组织间信息资源的共享和集成，指出通过信息资源的共享和集成，可以在时间紧迫、信息有限的情况下进行更

---

① Troy D. A., Carson A., Vanderbeek J., et al., "Enhancing Community-based Disaster Preparedness with Information Technology", *Disasters*, Vol. 32, No. 1, 2008, pp. 149 – 165.

② Reeder B., Turner A. M., "Scenario-based Design: A Method for Connecting Information System Design with Public Health Operations and Emergency Management", *Journal of Biomedical Informatics*, Vol. 44, No. 6, 2011, pp. 978 – 988.

③ Pan S. L., Pan G., Leidner D. E., "Crisis Response Information Networks", *Journal of the Association for Information Systems*, Vol. 13, No. 1, 2012, p. 31.

④ Palen L., Anderson K. M., Mark G., et al., "A Vision for Technology-mediated Support for Public Participation & Assistance in Mass Emergencies & Disasters", Proceedings of the 2010 ACM-BCS Visions of Computer Science Conference. British Computer Society, 2010, p. 8.

⑤ Mears G., Ornato J. P., Dawson D. E., "Emergency Medical Services Information Systems and a Future EMS National Database", *Prehospital Emergency Care*, Vol. 6, No. 1, 2002, pp. 123 – 130.

好的决策。① F. Marincioni 等研究了文化背景对信息技术和灾害知识共享的重要作用,指出新的信息技术以前所未有的速度和效率促进了灾害信息的快速传播和交换,但固有的组织和社区文化背景仍然阻碍着灾害知识的共享,指出技术、情境、文化和互动等是灾害信息和知识共享交换的关键要素。② R. Chen 等指出应急管理相关组织及内部之间的流畅运行有赖于高效的信息供应链,而当前的信息供应链因缺乏统一的数据标准导致问题的存在,结合大量化学事故文档资料,研究了应急信息管理系统的数据标准(语义和内部结构)、基于 XML 的应急数据模型,有助于更好地解决组织与部门间信息互操作的难题。③ G. Trecarichi 等研究了开放知识系统(Open Knowledge)在应急响应中实现信息资源搜集的模式,通过知识开放系统可以实现不同领域信息资源在紧急情况下互通操作。④ N. Bharosa 等通过实地演习过程分析了多个机构在救灾中信息资源共享和协调的挑战与障碍。⑤ I. Aedo 等提出最终用户导向的战略,以促进多组织采纳应急管理信息系统,指出现有实践中的协调合作仍存在"信息共享不良、通信不流畅和缺少协调"的问题,通过实证研究,提出通过"参与式设计、吸收认知和实践的最终用户群体"共同构建应急管理信息系统的建议。⑥ Y. A. Lai 等研究了基于链接开放数据的虚拟灾害管理信

---

① Schooley B. L., Horan T. A., "Towards End-to-End Government Performance Management: Case Study of Interorganizational Information Integration in Emergency Medical Services (EMS)", *Government Information Quarterly*, Vol. 24, No. 4, 2007, pp. 755 – 784.

② Marincioni F., "Information Technologies and the Sharing of Disaster Knowledge: the Critical Role of Professional Culture", *Disasters*, Vol. 31, No. 4, 2007, pp. 459 – 476.

③ Chen R., Sharman R., Chakravarti N., et al., "Emergency Response Information System Interoperability: Development of Chemical Incident Response Data Model", *Journal of the Association for Information Systems*, Vol. 9, No. 3, 2008, p. 7.

④ Trecarichi G., Rizzi V., Marchese M., et al., "Enabling Information Gathering Patterns for Emergency Response with the Open Knowledge System", *Computing and Informatics*, Vol. 29, No. 4, 2012, pp. 537 – 555.

⑤ Bharosa N., Lee J., Janssen M., "Challenges and Obstacles in Sharing and Coordinating Information During Multi-agency Disaster Response: Propositions from Field Exercises", *Information Systems Frontiers*, Vol. 12, No. 1, 2010, pp. 49 – 65.

⑥ Aedo I., Díaz P., Carroll J. M., et al., "End-user Oriented Strategies to Facilitate Multi-organizational Adoption of Emergency Management Information Systems", *Information Processing & Management*, Vol. 46, No. 1, 2010, pp. 11 – 21.

息库与应用，指出备灾和应急决策所需要的数据和信息资源，不仅存在于本地政府建设的数据库，还存在于其他政府、企事业单位、社会媒体等机构，利用链接开放及相关技术实现虚拟存储库的灾害信息资源管理，有助于提高应急决策的效率。① A. Amaye 等从学科协同和技术协同的角度探讨了应急管理信息系统，认为应急管理是一个侧重于管理灾害的动态的、跨学科的研究领域和领导实践科学，应急管理面临着多机构协调的复杂性、不同系统和过程的互操作及所需功能等独特的问题和挑战，应急管理系统的出现为应急管理提供了专业信息和通信技术保障，为决策者提供了支持系统和工具，作者提出了应急管理系统的概念模型、重点功能和结构，为应急管理系统的开发和评估提供参考。②

三 地理学视角的突发事件地理信息研究

地理信息在突发事件应急决策中作为基础数据源，在突发事件的预案制定、早期预警、交通分析、事中地形分析和灾后地图更新等方面发挥着重要的作用。代表性成果如：M. P. Kwan 等研究了"9·11"事件之后，三维地理信息系统在微空间环境的快速响应能力。③ A. Rocha 等研究了可互操作的地理信息服务在危机管理中的应用。④ E. Klien 等研究了灾

---

① Lai Y. A., Ou Y. Z., Su J., et al., "Virtual Disaster Management Information Repository and Applications Based on Linked Open Data", 2012 Fifth IEEE International Conference on Service-Oriented Computing and Applications (SOCA). IEEE, 2012, pp. 1 – 5.

② Amaye A., Neville K., Pope A., "Collaborative Disciplines, Collaborative Technologies: A Primer for Emergency Management Information Systems", ECIME2015-9th European Conference on IS Management and Evaluation: ECIME 2015. Academic Conferences and publishing limited, 2015, pp. 11 – 20.

③ Kwan M. P., Lee J., "Emergency Response after 9/11: the Potential of Real-time 3D GIS for Quick Emergency Response in Micro-spatial Environments", Computers, Environment and Urban Systems, Vol. 29, No. 2, 2005, pp. 93 – 113.

④ Rocha A., Cestnik B., Oliveira M. A., "Interoperable Geographic Information Services to Support Crisis Management", International Workshop on Web and Wireless Geographical Information Systems. Springer Berlin Heidelberg, 2005, pp. 246 – 255.

害管理中基于本体技术的地理信息服务，通过风暴灾害结合"本体的元数据、知识表示语言和基于本体的搜索"进行了案例分析。① M. F. Goodchild 等研究了灾害响应的众源地理数据，指出众源地理数据是由大量非专业的地理信息采集人员获取并通过互联网向社会大众提供的一种开放型地理数据，众源地理数据在灾害响应中可用于应急空间地图分析、早期预警、应急交通分析、灾后地图更新等。② H. Makino 等研究了基于 GIS 的应急救援信息分类、系统配置和实验结果，指出快速响应必须具备相应的手段来传达重要的情报和信息，研究和开发"网络地理信息系统"平台（Web-GIS-BASED）目的是灾难发生时，快速地实现精确定位和信息的获取，尽可能快地了解灾害情况、传播病人数据和资料等。③ J. P. D. Albuquerque 等研究了基于社交媒体和权威数据相结合提取灾害管理有用信息的地理学方法，认为社交媒体是提高危机管理的潜在资源，早期相关研究将社交媒体作为一个独立的灾害管理信息源，但没有与其他信息资源相结合进行探索，为此作者提出一种将社交媒体信息和权威数据（如传感器数据、水文数据和数字高程模型等）相结合来提高识别用于灾害管理的有用信息，并以 2013 年德国易北河洪水灾害过程中 Tweets 等社交媒体产生的信息、地理空间数据与自然灾害已有知识、数据等相结合进行案例，论证了社交媒体信息和权威数据相结合的地理学方法，在灾害管理的危机应对和监测预防中具有可行性。④

---

① Klien E., Lutz M., Kuhn W., "Ontology-based Discovery of Geographic Information Services—An Application in Disaster Management", *Computers, Environment and Urban Systems*, Vol. 30, No. 1, 2006, pp. 102 – 123.

② Goodchild M. F., Glennon J. A., "Crowdsourcing Geographic Information for Disaster Response: a Research Frontier", *International Journal of Digital Earth*, Vol. 3, No. 3, 2010, pp. 231 – 241.

③ Makino H., Hatanaka M., Abe S., et al., "Web-GIS-based Emergency Rescue to Track Triage Information—System Configuration and Experimental Results", *Ubiquitous Positioning, Indoor Navigation, and Location Based Service (UPINLBS)*, 2012. IEEE, 2012, pp. 1 – 4.

④ Albuquerque J. P. D., Herfort B., Brenning A., et al., "A Geographic Approach for Combining Social Media and Authoritative Data Towards Identifying Useful Information for Disaster Management", *International Journal of Geographical Information Science*, Vol. 29, No. 4, 2015, pp. 667 – 689.

四 人口学角度的突发事件人口信息和公共灾害经验研究

（一）人口信息与应急管理研究

人作为突发事件应急决策中考虑的核心与关键要素，分析灾害中人口信息及相关经验，制定针对性的决策对受灾人口的救援具有重要意义。代表性成果如：Z. Zhang 等研究了灾害管理中人口信息脆弱性分析的模糊多属性决策模型，运用模糊多属性决策的方法，以芬兰的赫尔辛基地区为例分析灾害管理中人口信息的脆弱性，结合原有人口信息密度图和灾难发生时人口信息密度图，使用模糊精度评价和救援专家实践经验进行验证，通过模糊建模实现脆弱地区数目降低到合理规模，对救援规划和应对过程中的资源优化具有重要作用。[1] I. Park 等研究了灾害经验与医院信息系统的有关问题，分析了个人灾害经历和经验如何影响其对社会技术安全因素（风险、信息安全和应变能力）和医院信息系统的感知有用性的看法，从受严重雪灾的三甲医院中选取两组医院员工（一组有灾难经验，另一组无灾难经验），进行现场实验和对比研究，结果表明灾难经验的变化会影响感知有用性的感性因素之间的关系，没有灾害经验的人往往对感知有用性风险影响认知不足，有灾害经验的人认为感知系统风险和感知有用性之间为强烈的互相关关系。[2]

（二）健康信息与应急管理

健康信息是公共卫生突发事件应急决策的重要来源和依据。代表性成果如：J. J. James 等研究了灾害和突发公共卫生事件中个人健康信息系统的使用问题，安全、动态和标准化的个人健康信息系统（包含医疗保健机构、国家卫生部门和人口基础数据等）可以更好地在灾难或突发公共卫生事件时更好地访问关键数据、动态监控和趋势掌握，而最大限度

---

[1] Zhang Z., Demsar U., Rantala J., Virrantaus K., "A Fuzzy Multiple-attribute Decision-making Modelling for Vulnerability Analysis on the Basis of Population Information for Disaster Management", *International Journal of Geographical Information Science*, Vol. 28, No. 9, 2014, pp. 1922 – 1939.

[2] Park I., Sharman R., Rao H. R., "Disaster Experience and Hospital Information Systems: An Examination of Perceived Information Assurance, Risk, Resilience, and HIS Usefulness", *Mis Quarterly*, Vol. 39, No. 2, 2015, pp. 317 – 344.

地减少高危人群的发病率、死亡率等。① A. Clarke 等研究了基于智能手机的公共卫生信息系统,指出智能手机所连接的传感器或可穿戴设备普遍使用为公共健康数据收集提供了可能,针对当前学术研究和商业探索集中在通过传感器为个人健康和保健采集健康数据(主要为体力活动,如特定路线、一周或一个月消耗热量数据等),作者探讨了一种基于智能手机和传感器的新型公共卫生信息系统,在充分维护个人隐私的基础上,实现总人口健康数据采集和公共卫生干预措施能力的提高。②

五 食品安全学角度的公共卫生突发事件研究

食品安全中的信息系统、信息沟通和传播等是公共卫生类突发事件研究的一个热点问题。代表性成果如:T. A. Mcmeekin 等研究了食品安全管理信息系统的相关问题,指出信息系统(数据采集、存储、分析和检索)有助于食品安全管理实现快速决策,如与微生物有关的食源性病原体信息数据库对于食品安全管理具有重要的保障作用,通过这样的数据库可以实现食品病原体的快速确定与调查、建模预测病原体增长等,结合专家系统数据库对微生物的特点、食品成分等进行匹配和处理。通过媒体、网站等对食源性疾病信息、原因和事件后果等信息的快速传播,可使全球更多的食品安全管理受益。③ C. Ferreira 等研究了食品安全信息环境问题,指出为更好地了解消费者对食品安全与风险沟通的反应,应更加重视受损食品的信息环境,以"风险信息"的形式制作受损食品的新信息及其食品环境信息,而不仅限于食品风险信息内容本身,才有助

---

① James J. J., Lyznicki J. M., Irmiter C., et al., "Secure Personal Health Information System for Use in Disasters and Public Health Emergencies", Internet-based Intelligence in Public Health Emergencies: Early Detection and Response in Disease Outbreak Crises, 2013, pp. 113 – 125.

② Clarke A., Steele R., "Smartphone-based Public Health Information Systems: Anonymity, Privacy and Intervention", Journal of the Association for Information Science and Technology, Vol. 66, No. 12, 2015, pp. 2596 – 2608.

③ Mcmeekin T. A., Baranyi J., Bowman J., et al., "Information Systems in Food Safety Management", International Journal of Food Microbiology, Vol. 112, No. 3, 2006, pp. 181 – 194.

于更好地理解和促进食品安全信息沟通,进一步做出选择与决策。①
M. Kuttschreuter 等以 2011 年大肠杆菌污染危机事件及其后续研究为背景,通过欧洲 8 个国家的 1264 位参与者调查分析指出,社交媒体是社会公众作为传统或网络媒体获取食品安全与风险信息的重要补充方式,社交媒体在食品安全信息沟通获取方面更加灵通、敏感。② P. Rutsaert 等指出互联网已成为与消费者进行食品安全风险信息沟通日益重要的途径,可以促使消费者、企业、团体和个人间更为直接的信息交流,但同时农民、商人、宣传团体和消费者个人等不同主体同时呈现在互联网上的食品安全信息又使得消费者选择可信任的信息源变得困难③,需要对可用信息进行更为深入的评估。此外,研究者较多的关注点包括食品安全中信息不对称、食品安全信息评估、食品安全信息预测与建模等。

六 情报学参与突发事件应急管理研究

情报学近些年积极参与到突发事件应急管理研究,主要涉及应急管理的情报基础理论、情报过程、情报研究、情报体系等方面。

(一) 应急管理的情报概念研究

从目前情报学专业领域看,较少有研究对突发事件应急管理的情报概念明确界定。情报源于信息,应急管理情报体系研究的基础是突发事件中的应急信息。

从应急信息内容性质而言,M. Mcknight 指出自然灾害事件应对与处置中相关信息包括"历史信息、地理信息、气象数据、受灾和基础设施信息"等类型④;地理信息(GIS)、人口基础数据、健康数据、社交媒

---

① Ferreira C., "Food Information Environments: Risk Communication and Advertising Imagery", *Journal of Risk Research*, Vol. 8, No. 8, 2006, pp. 851 – 868.

② Kuttschreuter M., Rutsaert P., Hilverda F., et al., "Seeking Information about Food-related Risks: The Contribution of Social Media", *Food Quality and Preference*, No. 37, 2014, pp. 10 – 18.

③ Rutsaert P., Pieniak Z., Regan A., et al., "Social Media as a Useful Tool in Food Risk and Benefit Communication? A Strategic Orientation Approach", *Food Policy*, No. 46, 2014, pp. 84 – 93.

④ Mcknight M., "Health Sciences Librarians' Reference Services During a Disaster: More than Just Collection Protection", *Medical Reference Services Quarterly*, Vol. 25, No. 3, 2006, pp. 1 – 12.

体信息等是国外研究者关注较多的类型。

从应急信息的来源途径而言，E. J. Sommerfeldt 指出震后人们获取灾害信息的主要来源包括"广播、电视、教会和口头"等类型的传统方式，以及"报纸、互联网、短消息、广告牌和国家警察"等类型的新型方式①；K. C. Allen 等对美国蒙大拿州和亚拉巴马州的社会公众危机信息获取行为进行了调查，将公众获取危机信息来源方式划分为"电视、无线电、互联网、纸质、邻居和其他"等②；M. Kornelis 等将食品安全信息来源划分为"食品中心、政府、农业部、卫生部、食品检验部门、研究所、营养学家/家庭医生、公开信息、消费者协会、科学家、邻居、朋友和熟人、专栏作家、零售商和产品标签"等类型③。

从应急信息分布或领域而言，L. Zach 指出图书馆是应急管理信息的重要来源④；P. Reynolds 等指出医学图书馆是灾害应对中相关学科文献、事件发生及其评估报告等方面重要信息来源⑤；Y. A. Lai 等指出备灾和应急决策所需的数据和信息资源，不仅存在于本地政府建设的数据库，还存在于其他政府、企事业单位、社交媒体等地方。⑥综合来看，突发事件中的应急信息分布和来源于不同领域、不同部门和不同载体形式，需要对不同类型的应急信息进行针对性分析利用。

---

① Sommerfeldt E. J., "Disasters and Information Source Repertoires: Information Seeking and Information Sufficiency in Post-earthquake Haiti", *Journal of Applied Communication Research*, Vol. 43, No. 1, 2015, pp. 1 – 22.

② Allen K., "Prevention of Post-disaster Sequelae Through Efficient Communication Planning: Analysis of Information-seeking Behaviors in Montana and Alabama", 142nd APHA Annual Meeting and Exposition (November 15-November 19, 2014). APHA, 2014.

③ Kornelis M., De Jonge J., Frewer L., et al., "Consumer Selection of Food-safety Information Sources", *Risk Analysis*, Vol. 27, No. 2, 2007, pp. 327 – 335.

④ Zach L., "What Do I Do in an Emergency? The Role of Public Zach L. Libraries in Providing Information During Times of Crisis", *Science & Technology Libraries*, Vol. 30, No. 4, 2011, pp. 404 – 413.

⑤ Reynolds P., Tamanaha I., "Disaster Information Specialist Pilot Project: NLM/DIMRC", *Medical Reference Services Quarterly*, Vol. 29, No. 4, 2010, pp. 394 – 404.

⑥ Lai Y. A., Ou Yz, Su J., et al., "Virtual Disaster Management Information Repository and Applications Based on Linked Open Data", 2012 Fifth IEEE International Conference on Service-Oriented Computing and Applications (SOCA). IEEE, 2012, pp. 1 – 5.

第二章　应急管理情报体系的跨学科理论与综合集成框架

突发事件中的应急信息作为一种非常规的信息，对于各方面的要求则具有特殊性。如 D. C. Glik 指出"信息的一致性、信息的准确性、信息的充分性（完整性）"对于突发事件的预防、反应和采取行动非常重要。其中，一致性指随着事件演变与发展时间的推移而不断更新和改变，以及不同来源和载体信息之间的相似性；准确性即信息的清晰明确而不被误解；充分性即更详细和明确的事件信息、指导信息和可供采取行动的信息（如事件的类型、时间、状况、持续时间及具体区域位置等）。[1] S. Lamb 等指出有效的应急疏散信息应该"准确、简单、清晰和权威"，官方应急疏散信息应该由一个权威较高的人统一发布和提交。[2] J. H. Sorensen 通过文献回顾指出"信息的特殊性、信息的一致性、信息的确定性、来源的可信度和熟悉度"是灾害预警信息被重点强调的特征。[3] 综合来看，研究者非常强调突发事件中应急信息的一致性、准确性、完整性等特征。

信息不对称往往会导致突发事件应急决策延迟或失误，应急信息在突发事件应对和处置过程中发挥着重要的决策参考作用。如 Z. Zhang 等以芬兰赫尔辛基地区为例，分析了人口信息在灾害"准备、响应、重建、缓解"四个阶段发挥的具体作用，如灾害准备阶段有助于确定人口密集区位置、应急设施应存放位置和不同灾害对人群的影响等；灾害响应阶段则有助于确定受灾人群位置、最佳疏散路线、优先救援地区和救援资源输送等；灾害重建阶段有助于确定恢复重建的有效方法、将基础设施建设得更加有弹性、公民灾害知识宣传教育等；缓解阶段有助于确定人口脆弱性的空间变化、分析人类活动与灾害风险关系等问题。[4]

---

[1] Glik D. C., "Risk Communication for Public Health Emergencies", *Annu. Rev. Public Health*, No. 28, 2007, pp. 33–54.

[2] Lamb S., Walton D., Mora K., et al., "Effect of Authoritative Information and Message Characteristics on Evacuation and Shadow Evacuation in a Simulated Flood Event", *Natural Hazards Review*, Vol. 13, No. 4, 2011, pp. 272–282.

[3] Sorensen J. H., "Hazard Warning Systems: Review of 20 Years of Progress", *Natural Hazards Review*, Vol. 1, No. 2, 2000, pp. 119–125.

[4] Zhang Z., Demšar U., Rantala J., Virrantaus K., "A Fuzzy Multiple-attribute Decision-making Modelling for Vulnerability Analysis on the Basis of Population Information for Disaster Management", *International Journal of Geographical Information Science*, Vol. 28, No. 9, 2014, pp. 1922–1939.

P. Reynolds 指出应急信息在突发事件应对与处置过程中（准备期、响应期和恢复期）发挥着重要的支撑服务作用。① G. Owen 等指出良好的信息沟通是火灾管理决策中成功预测的关键，不同类型的信息共享有利于国家、区域和地方之间的火灾管理者沟通与对话，火灾季节的到来做好合作与应对策略的规划，进而实现火灾事件的有效预防与应对。② 综合来看，应急信息在突发事件事前、事发、事中和事后的监测预警、应急响应、应对处置和恢复重建的决策过程中，发挥着重要的支撑与保障作用。

周玲认为，危机中情报指"经过识别被确认为合适的信息，经由搜集、核实，且在特殊目的的环境中被翻译、通过分析、分类后最终传递给决策者，用来维护国家的持续发展与繁荣"③；王克平认为，危机情报指"在危机过程中由组织的情报人员收集、整理和分析后传递给决策部门用于辅助危机决策的那部分特定的知识"④。综合来看，突发事件应急决策的情报是指经过收集、处理、加工和激活，为应急决策者提供辅助和支撑的信息、知识，源于信息和知识，但又高于信息和知识。

根据突发事件的演变周期阶段的不同划分，可将突发事件应急管理的情报划分为不同的类型。代表性观点如：范炜等从突发事件事前、事发、事中和事后四阶段将情报类型概括为基础情报、实时情报、衍生情报和经验情报等。⑤ 叶光辉等从突发事件潜伏期、爆发期和恢复期三阶段将情报类型概括为预警监测信息、接处警信息和突发事件信息等。⑥ 此外，有研究者将突发事件应急决策的情报类型概括为基础信息资源和

---

① Reynolds P., Tamanaha I., "Disaster Information Specialist Pilot Project: NLM/DIMRC", *Medical Reference Services Quarterly*, Vol. 29, No. 4, 2010, pp. 394 – 404.
② Owen G., Mcleod J. D., Kolden C. A., et al., "Wildfire Management and Forecasting Fire Potential: the Roles of Climate Information and Social Networks in the Southwest United States", *Weather, Climate, and Society*, Vol. 4, No. 2, 2012, pp. 90 – 102.
③ 周玲：《危机管理七法则中情报功能》，《情报科学》2005 年第 4 期。
④ 王克平：《基于危机生命周期的情报保障探析》，《情报理论与实践》2009 年第 2 期。
⑤ 范炜、胡康林：《面向突发事件应急决策的情报支撑作用研究》，《图书情报工作》2014 年第 23 期。
⑥ 叶光辉、李纲：《多阶段多决策主体应急情报需求及其作用机理分析——以城市应急管理为背景》，《情报杂志》2015 年第 6 期。

事件情报资源、静态情报资源和动态情报资源等。

突发事件应急管理所面临的问题和环境具有非常规性、复杂性和不确定性等特点，致使所需情报存在一些非常规情报的特征。代表性成果如：周玲认为，危机情报具有"所获信息的不可靠或不完备；情报价值的中立性，交流沟通极度困难，情报的持续性、周期性和阶段性；情报产生过程的非程序化"等特征①；范炜等认为，支撑应急决策的情报具有相对性、转换性和时效性等特征②；叶光辉等指出，应急决策的情报有"潜伏期的信息采集目的性不强，但采集面广，内容多且杂；爆发期的信息获取时间压力大；恢复期突发事件信息被全面揭示，信息量不断衰减"等特征。③综合来看，突发事件应急决策的情报过程具有不对称、阶段性、非程序化等特征，情报内容具有价值中立性、相对性、转换性和时效性等特征。

情报作用是突发事件应急管理的情报工作价值的集中体现，是检验情报工作质量和效率的重要方式，研究文献对突发事件应急管理的情报作用内涵、关系和模式等进行了探讨。代表性成果如：周玲指出，危机情报具有"指示和预警情报、对事件和环境的反馈、识别和告知危机中可能出现的机会"等作用。④王克平指出，情报在危机管理中具有"危机发生前的预警、危机发生时的决策支持与沟通、危机结束后的评估和学习"等作用。⑤范炜等提出以人为主体，联系情报与决策的"情—人—策"作用模式，分析了情报与应急决策的相互作用关系。⑥姚乐野等指出，突发事件应急管理中的情报作用机理包括"情报先导、情报可

---

① 周玲：《危机管理过程中情报组织工作流程新范式研究》，《情报杂志》2007年第6期。
② 范炜、胡康林：《面向突发事件应急决策的情报支撑作用研究》，《图书情报工作》2014年第23期。
③ 叶光辉、李纲：《多阶段多决策主体应急情报需求及其作用机理分析——以城市应急管理为背景》，《情报杂志》2015年第6期。
④ 周玲：《危机管理七法则中情报功能》，《情报科学》2005年第4期。
⑤ 王克平：《基于危机生命周期的情报保障探析》，《情报理论与实践》2009年第2期。
⑥ 范炜、胡康林：《面向突发事件应急决策的情报支撑作用研究》，《图书情报工作》2014年第23期。

靠、情报聚合、情报预测、情报管网"等方面。① 储节旺等指出,"广泛及时的情报（信息）采集、有序的情报（信息）组织和存储、在深度聚合基础上的情报（信息）分析、及时规范的情报（信息）发布、持续的情报（信息）更新整理"是发挥应急决策情报支持作用的关键方面,并提出从大数据背景下的情报分析、应急决策中知识因素的导入和应急决策的快速响应情报体系建立（技术、平台、资源）等方面推进情报在应急决策中的支持作用。② 综合来看,研究文献已对突发事件应急决策的情报作用内涵（不同阶段）、作用关系、作用模式、作用要素和实现方法等方面进行了多角度分析。

把握突发事件应急管理的情报工作实践现状及问题,是进一步研究的基础。代表性成果如:林曦等从突发事件应急管理的情报工作法律法规保障（情报定位不明确、情报制度不完善、相关法律法规更新缓慢）、情报人才队伍（应急管理参与者情报意识薄弱、缺乏必要的情报培训、利用情报能力不一）、情报资源体系（公共基础数据不完整且缺乏共享、应急管理业务信息缺乏标准、应急管理情报资源精准度不高）、情报网络（应急管理信息系统间无法互联互通、信息传递流程明确但时效性不强、专业情报机构尚未纳入应急管理情报网）等方面剖析了我国突发事件应急管理的情报工作现状与问题。③ 姚乐野等认为突发事件应急管理中的情报主要存在情报传递滞后、情报失真、情报供给不到位（情报失效）三类问题。④ 综合来看,目前仅有少量的研究文献对我国突发事件应急决策的情报工作实践现状及问题进行总结梳理。

（二）应急管理的情报过程研究

情报过程是连接情报工作者与应急决策情报用户的桥梁,其出发点

---

① 姚乐野、范炜:《突发事件应急管理中的情报本征机理研究》,《图书情报工作》2014年第23期。

② 储节旺、郭春侠:《突发事件应急决策的情报支持作用研究》,《情报理论与实践》2015年第11期。

③ 林曦、姚乐野:《我国突发事件应急管理的情报工作现状与问题分析》,《图书情报工作》2014年第23期。

④ 姚乐野、范炜:《突发事件应急管理中的情报本征机理研究》,《图书情报工作》2014年第23期。

是应急决策情报用户需求，传递内容是情报资源及服务，这一过程可以划分成若干个环节和任务。代表性成果如：周玲在分析危机中传统情报生产过程（规划、搜集、分析、生产、传播等）变化的基础上，融入组织所处的环境、情报生产者与使用者互动等要素，提出新的危机管理过程中情报生产过程范式。① 姚乐野等指出突发事件应急管理中的情报过程包括"情报本源、情报需求感知与变化规律、情报扩散、情报加工、情报供给"等要素。② 李纲等指出突发事件应急决策中的情报效用实现过程包括"收集、分析、评估与利用"等要素。③ 综合来看，突发事件应急决策的情报过程要素同传统意义上的情报过程要素一样，均包括"情报规划、情报搜集、情报处理、情报分析、情报传递和情报利用"等环节，其不同点是应急决策的情报过程表现为非程序性、非线性，需要情报过程随着应急决策过程动态化、循环往复地推进。

情报收集是应急决策情报工作的基础性工作，代表性研究成果如：李琦等从危机管理情报的要素和特征入手，研究了危机情报搜集的渠道、步骤、内容，以及搜集过程中需要注意假情报和危机情报给社会带来的危机等问题。④ 王渤从理论依据、实践依据和空间依据三个维度，研究了公开途径搜集反恐情报的相关问题。⑤ 程元栋分析了传统突发事件情报搜集的不足，并指出物联网在突发事件情报搜集中的技术与方法。⑥ 尹贻娜研究了网站数据库、参考咨询工具、专业软件、搜索引擎和网上侦控等网络情报信息的搜集方法。⑦ 黄兰秋等研究了面向社会预警的情

---

① 周玲：《危机管理过程中情报组织工作流程新范式研究》，《情报杂志》2007年第6期。
② 姚乐野、范炜：《突发事件应急管理中的情报本征机理研究》，《图书情报工作》2014年第23期。
③ 李纲、李阳：《情报视角下的突发事件应急决策研究》，《情报理论与实践》2015年第8期。
④ 李琦、朱庆华、李强、池建新：《危机管理过程中的情报搜集》，《情报资料工作》2005年第6期。
⑤ 王渤：《公开途径反恐情报的搜集》，《法学杂志》2006年第6期。
⑥ 程元栋：《基于物联网的非常规突发事件的情报搜集》，《南阳理工学院学报》2013年第5期。
⑦ 尹贻娜：《基于网络群体性事件的公安情报信息收集》，《法制博览》（中旬刊）2014年第4期。

报收集过程中的情报行为与情报收集过程的关系、情报行为设计理念（系统设计理念、需求导向理念、人机交互理念、认知心理理念）、设计方法（情景式设计、参与式设计）及模型构建等问题。① 陈祖琴从分类、分级、分期三个维度研究了面向应急情报采集与组织的突发事件特征词典编制问题。② 综合来看，在突发事件应急决策的情报收集源、收集渠道、收集方法和技术、收集行为、收集标准等方面已有较多的研究。

情报处理与分析是对收集到的情报进行整理、融合、比较、评价以及形成情报产品的过程。代表性成果如：袁莉等研究了应急管理中的"数据—资源—应用"情报融合模式，认为应急管理中的情报必须满足多主体协同、资源优化配置、适应动态变化等方面的要求，从数据级融合、资源级融合、应用级融合三个层次分析了基于 Web 的应急管理情报融合模式。③ 徐绪堪等以药品安全性突发事件情报分析为中心，从组织机构、业务流程和信息流程三个层次系统角度分析药品安全性突发事件处理全过程，构建药品安全性突发事件情报分析框架。④ 徐绪堪等指出城市水灾害突发事件情报分析组成要素包括情报提供方、情报接收方、情报分析和处理、水灾害专家知识资源、协作机制和情报分析情景等五类，并从城市水灾害突发事件的数据采集与清洗、初步关联、情报融合层面提出其情报分析框架。⑤ 徐绪堪等将情报分析定位为突发事件应急决策快速响应的智能决策中心和大脑，提出情报分析的方法和工具、提供方、突发事件和知识资源、突发事件接收方、协作机制和情报分析情景五大组成要素，并从组织机构、业务流程和信息流程三方面分析了突

---

① 黄兰秋、姚伟、刘建准：《面向社会预警的情报收集过程中的情报行为模型构建》，《图书情报工作》2014 年第 7 期。
② 陈祖琴：《面向应急情报采集与组织的突发事件特征词典编制》，《图书与情报》2015 年第 3 期。
③ 袁莉、姚乐野：《应急管理中的"数据—资源—应用"情报融合模式探索》，《图书情报工作》2014 年第 23 期。
④ 徐绪堪、房道伟、魏建香：《药品安全性突发事件情报分析框架构建》，《情报杂志》2014 年第 12 期。
⑤ 徐绪堪、赵毅、王京等：《城市水灾害突发事件情报分析框架构建》，《情报杂志》2015 年第 8 期。

发事件的信息采集、处理、组织、分析过程与框架。① 综合来看，目前以情报处理与分析为研究主题的文献甚少，仅有部分成果结合相关领域的突发事件提出情报分析处理框架或模式。

应急预警是在整个突发事件应对过程中重要的环节，充分发挥情报在应急预警中的先导作用对于有效预防突发事件具有重要意义，代表性成果如：彭知辉研究了情报信息在群体性事件中的预警作用（监测、预测和辅助决策）、预警应用（收集、研判、发布和应用），以及情报信息工作的建设方法（建立完善灵敏的情报网络、整合情报信息资源、健全情报信息工作制度和加强社会舆情信息的汇集分析）。② 孙路等研究了危机潜伏阶段的情报预警的特点（前瞻性、主动性、长期性、综合性）、基本原则（现象与本质相结合、内因与外因相结合、必然性与偶然性相结合）、情报预警系统的组成（预警监控系统、预警评估系统、预警预报系统）以及提高危机情报预警有效性的途径（全面、客观、持续地进行监控，定性、定量、定时地进行分析，准确、迅速、安全地发布预警）等内容。③ 廖建军等研究了垂直搜索引擎技术和 Web 挖掘技术在网络监督情报预警中的应用，并给出了网络监督生命周期图、应用流程图以及技术架构图，对网络监督情报预警系统的实现进行了分析。④ 靳娟娟研究了普通情报在事件危机预控中的运用，认为普通情报是一种能为各专业领域情报收集活动提供最基本、最共同的情报来源（包括人体情报源、媒体情报源、实事情报源、实物情报源），是事件危机预测的前提、危机决策的基础、危机预警的依据，并提出"提高普通情报收集的质量、加强对普通情报的处理、提高情报人员的情报能力"等措施。⑤

---

① 徐绪堪、钟宇翀、魏建香等：《基于组织—流程—信息的突发事件情报分析框架构建》，《情报理论与实践》2015 年第 4 期。
② 彭知辉：《论情报信息与群体性事件预警》，《广东行政学院学报》2010 年第 1 期。
③ 孙路、刘波：《情报预警：危机潜伏阶段的有效途径探析》，《世界经济与政治论坛》2010 年第 5 期。
④ 廖建军、郭秋萍、李筱宁：《基于垂直搜索的网络监督情报预警系统研究》，《情报理论与实践》2010 年第 6 期。
⑤ 靳娟娟：《普通情报在事件危机预控中的运用研究》，《情报理论与实践》2010 年第 3 期。

沈文哲等研究了突发事件网络舆论的情报对策，强调情报的先行官、精准性和效用性、日常协作管理等方面的作用，并提出了构建情报引导模式的框架、挑战及建议等。①樊博等从物联网视角研究了公共突发事件应急预警中情报挖掘的问题，指出通过物联网采集突发事件地点周边的空间关系信息，集成空间关系信息与事件属性信息，构建有效的城市突发事件应急预警体系。②唐超从开源情报的视角研究风险"监测—预警—决策"系统的构建问题，分析了风险管理中开源情报的类型（人物情报源、出版物情报源、媒体情报源、机构情报源）、挖掘内容（风险行为相关情报、风险卷入方情报、风险旁观者情报、风险环境扫描）、系统构建（信息采集与整合、信息挖掘、风险监测、风险预警、风险决策等子系统）及保障机制。③王沙骋从情报立法、情报机构建设、情报人力建设和情报合作等方面，研究了情报在突发事件网络舆论中的分析和引导对策。④李纲等从情报视角研究了突发事件的监测与识别问题，提出了一个目标（为应急决策情报体系服务）、两个侧重（过程与方法）、三个原则（全源情报、实时情报、精准情报）和三个步骤（情报收集、情报分析、情报评估与利用）的突发事件监测与识别基本框架。⑤王兰成从情报规划、情报获取（舆情采集）、情报处理（舆情分析）、情报加工（舆情服务）、情报分发五方面提出网络舆情情报支援系统的功能，并以"4·20"雅安地震网络舆情数据做案例分析。⑥

情报失察和失误会严重制约应急决策的效果和情报作用的发挥，代表性成果如：周玲从交流问题（环境限制、条块分割、保护机密、信息

---

① 沈文哲、张晓玮：《突发事件中网络舆论的情报引导模式》，《网络安全技术与应用》2012年第11期。
② 樊博、洪佳玉：《物联网区域监控中的应急预警情报挖掘研究》，《情报科学》2012年第12期。
③ 唐超：《基于开源情报的风险监测—预警—决策系统构建》，《情报杂志》2013年第1期。
④ 王沙骋：《突发事件网络舆论的情报对策研究》，《情报杂志》2013年第12期。
⑤ 李纲、李阳：《情报视角下的突发事件监测与识别研究》，《图书情报工作》2014年第24期。
⑥ 王兰成：《基于网络舆情分析的突发事件情报支援研究》，《情报理论与实践》2015年第7期。

超载问题)、官僚政治问题(政治和基金竞争、官僚化的问题处理程序、情报机构位置设置)、心理障碍意识形态和政治的障碍等方面分析了危机管理中导致情报失误的因素。① 李纲等介绍了突发事件情报失察的概念,从情报主体的认知偏差、突发事件信息系统的缺陷和协同问题、突发事件情报文化的影响三方面分析情报失察的原因,并提出提高情报主体认知能力、构建突发事件多信息系统的协同框架、强化政府主导与多元主体的协调沟通三方面的对策。② 李纲等从"信源—信道—信宿"模式阐述了情报视角下突发事件应急决策的障碍问题,信源问题如突发事件本身信息的模糊,故意瞒报、漏报或者研判、分析不准导致的模糊;信道问题如信息传递的软硬件受损和多渠道杂乱;信宿问题如决策者不相信情报或其他缘故做出的错误决策,出现情报失察等。③ 次雨桐等研究了应急决策活动中的情报监督问题。④ 综合来看,研究文献对应急决策中情报失察问题的概念、原因,以及情报监督和解决对策均有相关研究。

(三) 应急管理的情报体系研究

面向突发事件应急管理的情报体系是一个复杂的系统工程,涉及突发事件情报工作的方方面面,代表性成果如:朱晓峰等认为,面向突发事件的情报体系"是指为了应对突发事件应急管理与决策的情报需求,围绕情报搜集、分析、整理、传递、利用而存在的情报人员、机构、方法、工具等因素的有机整体",提出了面向突发事件的情报体系模型,从事发前、事发中和事发后分析了情报体系的"预警、处理和管理"功能,并提出通过情报即时服务平台和信息可视化实现突发事件应急决策快速反应。⑤ 姚乐野等提出突发事件应急决策的快速响应情报体系的

---

① 周玲:《危机管理中导致情报失误的因素》,《情报杂志》2005 年第 3 期。
② 李纲、李阳:《关于突发事件情报失察的若干探讨》,《情报理论与实践》2015 年第 7 期。
③ 李纲、李阳:《情报视角下的突发事件应急决策研究》,《情报理论与实践》2015 年第 8 期。
④ 次雨桐、李阳、李纲:《应急决策活动中的情报监督问题思考》,《情报杂志》2017 年第 12 期。
⑤ 朱晓峰、冯雪艳、王东波:《面向突发事件的情报体系研究》,《情报理论与实践》2014 年第 4 期。

"人—事—物"构成机理(即情报资源、方法、信息技术、机制、人员等要素),并从"以跨学科理论方法与技术集成为支撑、加强情景应对方法的深度应用"等方面提出突发事件应急管理中情报工作快速响应的建议。① 袁莉等指出面向突发事件应急预案的快速响应情报体系应该是一个多元主体、协同联动、快速响应、融入突发事件应急决策全过程的复杂巨系统,分析了"人、资源和技术"有效整合的各主体、协同机理、运行环境及协同联动机制的流程优化问题。② 李纲等指出情报视角下应急决策的目标是"着眼于突发事件事实,基于情景分析,从情报学的角度提炼出不同类型突发事件的具体特征,并将其凝练成典型的有限目标,力求设计出共同的快速响应情报体系和结构(涉及人、组织、信息系统等的有机整体),以服务于应急决策理论与实践";并指出构建应急决策情报体系应考虑"如何将多源异构数据(信息)进行序化、转化、融合,如何使情报资源在快速响应的管理体系中有效流动"两方面的关键问题。③ 李纲等从智慧之"源"(情报)、智慧之"核"(技术与人文)、智慧之"刃"(快速响应与协同联动)等三个"智慧"层面阐述了智慧城市应急决策情报体系的要素。④ 综合来看,研究者普遍认为,情报体系的研究应包括人员、技术、系统、资源、机制、方法及各要素相互关系等问题。

(四)情报学重点参与的突发事件领域

社会安全事件是国家和社会都非常关注的突发事件,相关研究代表性成果如:魏中许等从情报信息融合的视角研究了民航空防安全威胁预警机制问题,提出从"曝点"到"态势"的双层动态威胁评估模型,以及实现"专项响应"和"系统响应"相结合的双重互补预警机制。⑤ 王

---

① 姚乐野、范炜:《突发事件应急管理中的情报本征机理研究》,《图书情报工作》2014年第23期。
② 袁莉、杨巧云:《重特大灾害应急决策的快速响应情报体系协同联动机制研究》,《四川大学学报》(哲学社会科学版)2014年第3期。
③ 李纲、李阳:《情报视角下的突发事件应急决策研究》,《情报理论与实践》2015年第8期。
④ 李纲、李阳:《关于智慧城市与城市应急决策情报体系》,《图书情报工作》2015年第4期。
⑤ 魏中许、刘慧娟、贺元骅:《民航空防安全威胁预警机制创新——基于情报信息融合视角》,《中国软科学》2013年第9期。

第二章　应急管理情报体系的跨学科理论与综合集成框架 ◆◆◆

沙骋指出，有效的情报反恐需要借鉴国外经验进行反恐情报立法、构建全民反恐信息共享环境和增强情报反恐软实力。树立正确的情报反恐观念（情报反恐要融入国防战略、情报反恐是科技强军/强警的重要内容、情报反恐是形成主动型反恐模式的必由之路、情报反恐是当好政府的参谋与尖兵的重要前提）、把握好情报反恐改革的原则（反恐信息共享原则、情报主导反恐原则、反恐信息效率原则、反恐信息控制原则）和重点（标准先行），提出"统一标准，构建本地特色的情报反恐系统；着眼全局，分步实现全民反恐信息共享环境；完善法规，稳步提升情报反恐软实力"三方面的情报反恐改革措施。[①] 魏海亮等研究了我国安全形势与反恐情报战略构建问题，提出了国家反恐情报战略的创建原则及内容模式，并从战略构建的体制、机制和技术三个角度分别阐述了组建国家情报中心、完善跨部门情报协同机制和关键技术保障等路径选择。[②] 综合来看，社会安全突发事件中反恐的情报作用、情报原则、情报标准规范和情报战略等问题研究和关注度高。

公共卫生突发事件领域的情报工作从"非典"事件以来，受到了长期的关注和研究，代表性成果如：郑力等研究了突发公共卫生事件的情报咨询问题，认为突发公共卫生事件的情报咨询是以相关委托用户为服务对象、以翔实准确的信息为依据、以情报研究为技术手段、以决策实施效果为目标的咨询服务，包括即时性情报咨询和常规性情报咨询两类服务。[③] 毛汉文研究了突发公共卫生事件的情报服务问题，指出医学情报服务必须向信息产业靠拢、树立大情报观念、注重情报人才建设、重视情报预测和信息资源配置，才能更好地为突发公共卫生事件服务。[④] 董时军等从基层情报机构的情报实际工作出发，研究传染病突发公共卫生事件预防和控制情报工作，分析其存在的主要问题（信息搜集、情报

[①] 王沙骋：《我国面临的恐怖主义及情报反恐研究》，《中国软科学》2014年第2期。
[②] 魏海亮、王振华：《我国安全形势与反恐情报战略构建——基于国际恐怖主义的视角》，《情报杂志》2015年第4期。
[③] 郑力、白云、吴曙霞：《突发公共卫生事件的情报咨询》，《预防医学情报杂志》2005年第6期。
[④] 毛汉文：《对突发公共卫生事件开展情报服务的探索》，《医学信息学杂志》2009年第2期。

研究、信息预测、医学情报研究中的误区等），并提出应对措施（注重信息收集的全面深入、注重信息资源的正确分析与利用、为临床和科研提供查新检索和咨询服务、为决策制定提供信息保障等）。① 赵晶从信息网络建设滞后、医学情报意识敏感性差、信息监管机制不完善、疫情预警能力不足、信息管理手段落后等方面分析了目前突发公共卫生事件中医学情报建设的不足。② 综上可知，情报服务（咨询）、情报工作现状及问题等是公共卫生突发事件领域情报研究的重点。

第二节 应急管理情报体系研究的多学科交叉融合

一 应急管理情报体系的主要支撑学科

各类突发事件通常涉及的方面广、要素多。围绕突发事件的预防、应对、处置与决策等一系列应急管理问题研究，已经不是一门学科可以独立解决的，需要多学科的交叉、融合与集成。

范维澄院士在《国家突发公共事件应急管理中科学问题的思考和建议》中指出，突发事件的应急管理体系从某种程度上可以看成一个复杂的巨系统，包含丰富而深刻的复杂性科学问题；对这类科学问题的研究与突破，需要综合管理科学、信息科学、社会学、工程科学、经济学、历史学和心理学等跨学科、多理论共同参与解决、交叉创新和协同攻克。③ 从情报工作视角而言，突发事件的应对与处置过程即情报活动过程，范维澄院士谈到的信息获取、挖掘、处理、检测、传播、扩散等问题都是突发事件情报体系研究的重要活动内容。

刘奕等总结非常规突发事件应急管理关键科学问题时指出④，反映

---

① 董时军、胡玫、卢福昱等：《传染病突发公共卫生事件预防和控制情报研究及其实践》，《医学信息学杂志》2011年第4期。
② 赵晶：《新形势下突发公共卫生事件中的医学情报工作》，《中国预防医学杂志》2014年第6期。
③ 范维澄：《国家突发公共事件应急管理中科学问题的思考和建议》，《中国科学基金》2007年第2期。
④ 刘奕、刘艺、张辉：《非常规突发事件应急管理关键科学问题与跨学科集成方法研究》，《中国应急管理》2014年第1期。

应急状态的信息资源随突发事件的进展而动态变化,对数据集成技术提出了更高要求,如何实现跨行业部门、多层次与多粒度的应急资源、数据的有效融合,成为当前突发事件应急信息处理领域的难题。另外,从综合集成层面提出了面向"情景—心理—决策"的非常规突发事件应急管理跨学科、跨领域、跨时空开放总集成平台框架。

多学科参与突发事件应急情报相关的研究非常明显,涉及公共管理、灾害学、计算机科学、信息科学与技术、地理科学、传播学、行为科学和医学等多学科交叉的研究领域。信息作为该研究领域的核心要素与纽带,不断融合到灾害管理和应急决策研究,并逐渐深入细化到突发事件应急决策的地理信息、人口信息、健康信息、社交媒体应用等具体领域。国内对自然灾害、社会安全和公共卫生等领域突发事件中的信息(情报)管理已有较多的跨领域宏观研究,但需进一步加强各类突发事件(如地震、火灾、洪灾、食品安全、矿难、交通事故等)的基础信息(人口信息、地理信息、经济信息、物资信息、案例库等)和事件实时信息等方面微观细化研究。

在突发事件应急管理中以信息与情报为中心的学科参与中,除了情报学本位学科之外,当前更多的是在系统科学、公共管理学(应急管理)、信息技术科学、数据科学等相关学科共同作用下来推进。

(一)系统科学

系统思想是普适的科学元认知。系统科学理论在以钱学森等学者为代表的大力发展下,成为当今自然科学与社会科学共同适用的跨学科研究方法论。在突发事件应急管理中,对于突发事件本身的发生、发展与演化需要运用系统科学中复杂理论、控制论、博弈论、决策论、系统动力学、运筹学等进行系统全面化研究。系统科学在指导突发事件应急管理中的情报工作也具有非常重要的方法论意义,情报工作流、情报资源、情报技术系统、情报用户、情报利用等多环节都需要系统思维与方法的介入。

(二)公共管理学(应急管理)

在公共管理学科中关于突发事件应急管理已有大量理论与实践研究

成果，对应急管理的阶段也有充分论述，例如《美国危机与应急管理手册》提出的减除、预防、反应和恢复四阶段，[①] 也有学者提出危机预防、危机准备、危机处理和危机总结四阶段等，其他有关过程的研究类似。在突发事件应急管理的信息分析框架和理论研究方面，代表性成果如沙勇忠等提出的公共危机信息管理分析框架（EPMFS），该分析框架对突发事件应急管理中的信息管理要素、信息过程、信息功能作用以及方法技术等均有阐述分析[②]，对于突发事件应急决策中的情报体系构建具有重要参考价值。进一步而言，在突发事件应急管理理论分析框架下，加强情报业务的分析，促进情报服务进一步贴合应急决策活动，为突发事件的应急管理和决策部门形成系统化、持续化和动态化的情报服务，是公共管理学科和情报学要深入探讨的切合点与突破口。

（三）信息技术科学

信息技术相关专业领域为当前各个领域的业务创新与管理手段革新带来了前所未有的促进和推动作用。突发事件中信息技术相关的应用更是得到了长足的发展，突发事件有关的应急信息平台、应急管理数据库和应急通信网络等方面的建设取得了显著的成效。信息技术科学是一项包含内容、技术甚广的学科，而计算机科学、网络技术、地理信息技术（GIS）等，为突发事件应急决策的情报体系建设提供了实现手段与平台，为情报体系的构建提供了技术支撑和保障。

（四）数据科学

大数据概念引爆了整个科学界与IT行业，孕育而生的数据科学则是围绕数据的采集、数据的分析、数据的处理和数据智能化服务等方面的系列理论、方法与技术新学科，面对"信息爆炸""大数据时代""云计算""智慧数据"等新业态，数据科学所凸显的作用与价值日趋显著。有人将数据科学称为"21世纪最性感的职业"，从一个侧面说明其广阔的职业发展前景。

---

① 罗伯特希斯：《危机管理》，王成、宋炳辉、金瑛译，中信出版社2001年版，第30—31页。
② 沙勇忠、李文娟：《公共危机信息管理EPMFS分析框架》，《图书与情报》2012年第6期。

第二章 应急管理情报体系的跨学科理论与综合集成框架

面对数据量的激增、数据异构与质量参差不齐等问题，如何有效管理成为各个行业领域所面对的实际数据管理难题。数据科学作为一个新兴学科，综合了数学、统计学、数据库、数据挖掘、机器学习、可视化技术等多方面专业知识，旨在透过大量数据，寻找数据所蕴含的模式、意义与知识。突发事件应急管理的不同阶段都会涉及大量数据信息，如何去有效管理、分析与利用这些数据信息，使其在特定场景下被激活、转化为情报，这是数据科学能够为情报体系提供资源工具手段的关键。

综合而言，突发事件应急决策的情报体系研究与构建涉及学科门类众多、理论基础覆盖面宽，突发事件中有效的情报工作开展需要坚实的情报学理论基础与众多相关学科集成作为有力支撑，以上仅为相关度和重要程度较高的部分。我国著名学者钱学森提出的系统科学理论中，情报学为横向层面的科学，需要融合交叉相关专业领域，为具体的实践领域提供服务。突发事件及其应对和处置是一项复杂的科学问题，同样需要跨学科、多理论共同营造，情报学要发挥所长则必须融入到多学科交叉、集成创新态势中，为突发事件的应对与处置建言献策，提供情报服务支撑。结合现代科学技术语境，突发事件应急管理研究涉及的相关学科集成结构指导思想如图2-1所示，图中箭头展示不同学科之间的作用与关联集成。从情报学而言，是突发事件应急管理情报体系构建与研究的中心学科，通过情报分析技术与方法为突发事件的应急管理提供本位学科支撑；从平台学科而言，公共管理（应急管理）及相关的理论为情报学应用和实践的具体领域，是直接实现跨学科交叉创新的大平台、大背景学科；从工具和方法学科而言，数据科学、信息技术科学等是实现平台学科与情报学科交叉融合与集成创新的支撑手段，系统科学、决策科学等则是思想层面和指导方向的方法论。这里单列决策学是面向突发事件应急决策，情报体系能够快速响应并支撑应急管理的重要性体现。信息技术科学是情报学的技术手段学科。数据科学是情报学的资源工具学科。

突发事件应急管理现有研究与实践中已经明确了信息/情报工作问题和大力倡导跨学科交叉的综合集成指导思路，围绕快速响应情报体系构

```
系统科学        决策科学     方法论
      ↘        ↙
       情报学              本位学科
      ↗        ↖
数据科学        信息技术科学  工具和方法学科
         ↓
       应急管理              平台学科
```

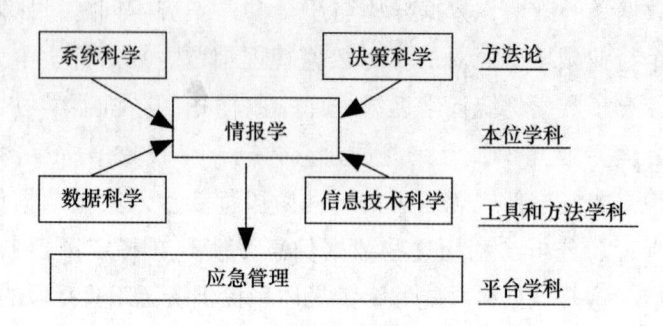

图2-1 应急管理情报体系的跨学科理论集成

建的跨学科集成研究思路逐渐清晰。

二 应急管理情报体系的综合集成思路

从情报学理论分析和情报实践工作视角，应急管理情报体系是多学科参与、交叉，进一步综合集成的产物。

著名科学家钱学森院士是我国载人航天和"两弹一星"事业的奠基人，他在晚年时期为解决开放复杂巨系统问题提出的综合集成重要思想，具有广泛而深远的现代意义和影响。钱学森认为开放复杂巨系统具有开放性、多层次性、涌现性和巨大性等特征属性，在20世纪70年代末，他提出利用将还原论方法与整体论方法辩证统一起来的系统论方法来研究复杂巨系统，这个系统论思想后来发展成为他的综合集成思想。80年代末到90年代初，钱学森发表了《一个科学新领域——开放的复杂巨系统及其方法论》一文，引领我国科学家在系统科学和系统复杂性研究领域的新发展，他提出了定性到定量的综合集成理论研究方法以及综合集成研讨厅，最终形成了一套可以操作的行之有效的方法体系和实践方式。综合集成是以人为主体，人—机—网结合的，围绕信息处理、知识增值与高度智能化的综合体。这套系统拥有综合优势、整体优势和智能优势。[①] 综合集成思想在现代科学技术既高度分化又高度综合的发展趋势

---
① 于景元：《钱学森综合集成体系》，《西安交通大学学报》（社会科学版）2006年第6期。

下,对于不同学科、不同领域之间的相辅相成、交叉融合有着重要的意义和应用价值。

综合集成方法是以思维科学为基础的,今天计算机科学技术的发展,使得计算机在逻辑思维方面大大提高,甚至在某些方面可以替代人脑处理很多事情。2016年谷歌公司AlphaGo(一款围棋人工智能程序)以4∶1的成绩打败了世界围棋冠军李世石的"人脑大战"事件,再次见证了计算机在计算能力和逻辑能力方面的强大潜力。人的左脑逻辑有可能在未来被计算机所超越取代,但计算机却无法取代人类右脑的形象思维,而这些形象思维恰恰是创造力的来源。人类基于逻辑思维和形象思维的结合,即定量分析和定性分析的结合,形成了创造性的思维模式。如果能将在逻辑思维方面具有优势的计算机与在形象思维方面具有优势的人进行结合,以人为主,必将使人变得更加聪明,使机器变得更加智能。这种人机结合、以人为主的思维范式就具有更强的创造性和认识客观事物的能力,如图2-2所示。① 基于思维科学的综合集成思想,必将能产生"1+1>2"的研究和解决问题的整体效果。

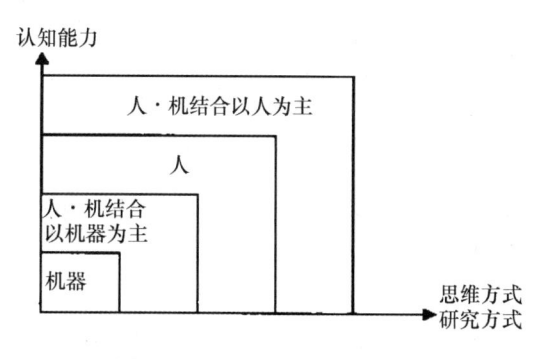

图2-2 思维方式与认知能力

从实践层面上看,钱学森提出的"从定性到定量综合集成的研讨厅",其实质综合了知识体系、机器体系和专家体系三部分,目标是打

---

① 于景元、周晓纪:《从综合集成思想到综合集成实践——方法、理论、技术、工程》,《管理学报》2005年第1期。

造高度智能化的复杂人机系统。其中,知识体系包括复杂巨系统问题相关的领域信息与知识;机器体系由为专家体系提供数据运算和逻辑运算的计算机软硬件和服务器构成,主要是发挥快速运行计算功能;专家体系是以研讨为联系平台的专家团队,他们是集成研讨厅的活动主体,负责复杂任务的求解,而专家体系中专家所具备的"性智"是复杂性问题解决的关键所在。[①] 综合集成思想所具有的整合优势、智能优势、综合优势和集成优势,将机器的逻辑思维和人的形象思维、将机器的数据信息与人的经验智慧实现定性定量的有效统一,它的理论与应用价值在分化与融合的科学实践中产生了重大价值。

应急管理情报体系是一个融合应急管理中物、事、人等多要素的综合体系,因此,"懂物理、明事理、通人理"的系统结构是构建一个有效的快速响应的应急管理情报体系的逻辑起点和基本落脚点。"物理—事理—人理"(Wuli-Shili-Renli System Approach,WSR)的系统方法论最早是由顾基发与朱志昌共同提出,又被称为东方系统方法论,将复杂问题的求解分维度化解,通过一些原则与道理指导人们如何更好地应对复杂问题。"物理—事理—人理"系统方法作为一种软科学研究方法,在复杂问题研究方面有着广泛应用。

钱学森的综合集成思想对于情报学理论研究有着重要作用。例如,王琳从研究对象、研究目标和学科性质几个方面进行比较,认为理论成熟、体系完善的综合集成思想可以为情报学理论构建提供学科方法论与框架指导。综合集成思想特征和情报学学科属性具有相通性,钱学森以人为主、人机(网)结合、从定性到定量的综合集成思想为实现情报学革命性转变提供了可能的方法和思路。[②] 钟丽萍和冷伏海认为,复杂性与系统性是情报研究的基本属性,指出作为解决复杂问题的情报研究,综合集成是情报研究的主要内涵体现。因此,可以考虑将综合集成论作

[①] 戴汝为、李耀东:《基于综合集成的研讨厅体系与系统复杂性》,《复杂系统与复杂性科学》2004年第4期。

[②] 王琳:《基于钱学森综合集成思想的情报学中知识理论的三维架构》,《情报科学》2015年第2期。

第二章 应急管理情报体系的跨学科理论与综合集成框架

为情报研究重要理论基础。①

钱学森的综合集成思想不仅促进了我国情报学理论研究,同时对于深化情报服务实践工作也将具有重要的现实指导意义。例如在竞争情报方面,可以通过构建一个基于信息融合和综合集成研讨厅混合的竞争情报系统,提高竞争情报源质量,以此增强企业战略决策的精度和有效性②;在国家反恐方面,搭建由研讨中心、信息中心、数据中心和利用中心构成的反恐情报分析体系③;在应急警务方面,基于 Cyberspace 提供研讨管理模块、研讨过程支持模块、研讨方式模块、资源集成管理模块的综合集成研讨厅,可保证应急警务情报研判的准确性。④ 因此有理由相信,钱学森的综合集成思想对于应急管理部门建设面向突发事件应急决策的快速响应情报体系,推动情报学参与业务部门应用,也具有重要的应用价值。

WSR 方法论为应急管理情报体系提供了构建思路与设计方法,通过物—事—人三个主要方面,将复杂的情报系统问题进行有效拆解,确立了情报体系构建在信息基础设施之上,在突发事件应急管理全流程中提供支撑服务,面向应急决策的目标诉求。有意识地提高情报体系的作用与地位,在基础信息业务层次避免低水平重复,应加强面向应急决策的情报工作重心。应急管理情报体系的构建总体来说,要强调情报工作与业务领域深度融合,分清主次,有所为有所不为,凸显情报工作的主体能动性。

在分析了突发事件应急管理的情报是什么,以及情报支撑应急决策基础之上,运用综合集成方法论,以情报工作与情报学为主线,构建了

---

① 钟丽萍、冷伏海:《基于综合集成论的情报研究理论阐释》,《情报理论与实践》2012 年第 6 期。

② 宋新平、吴晓伟、刘竞:《基于信息融合和综合集成研讨厅混合的企业竞争情报系统》,《图书情报工作》2009 年第 22 期。

③ 付文达、戴艳梅、王一帆:《基于综合集成方法的反恐全源情报分析体系研究》,《情报杂志》2015 年第 12 期。

④ 邵祖峰、梁小华、徐宗海:《基于综合集成研讨厅的应急警务情报研判》,《湖北警官学院学报》2009 年第 4 期。

跨学科集成的应急管理情报体系框架。作为一个完整的理论框架，应急管理情报体系主要由过程机理、构成机理与作用机理三部分组成，三者的综合集成结果即是情报体系的理论框架，如图2-3所示。

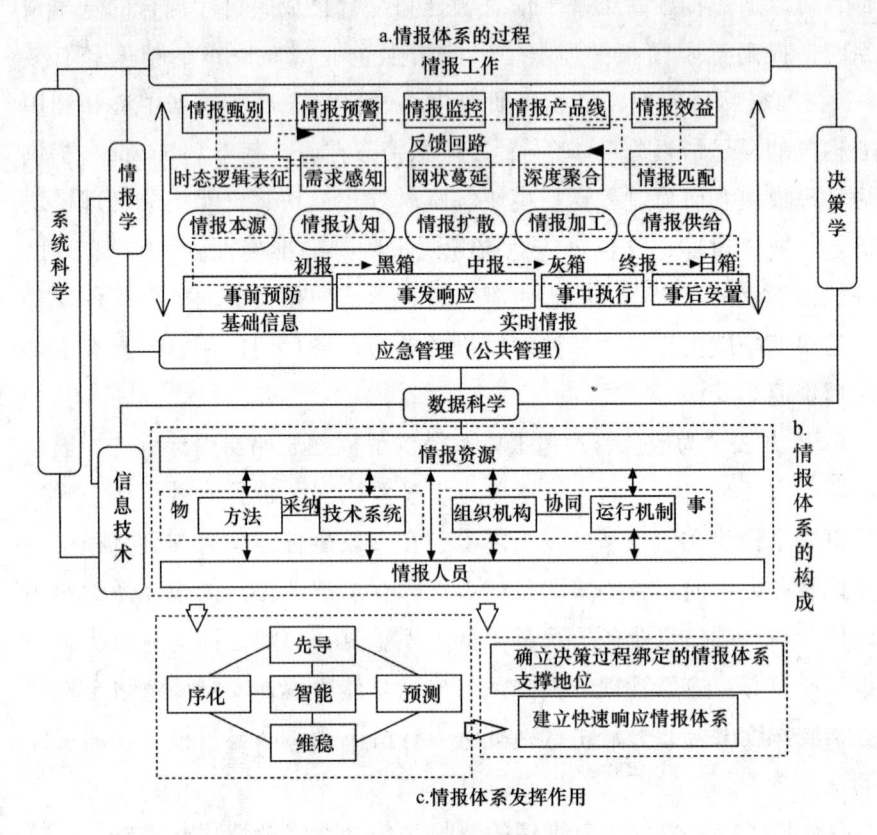

图2-3 多学科参与的应急管理情报体系理论框架

情报学研究的出发点是在业务流程各环节中研究所需的情报工作，强调的是贴近业务领域与工作流程的实务研究。过程机理是从突发事件应急管理的具体业务领域出发，研究情报工作的第一步。在明确了情报工作的过程机理之上，以情报为核心要素，在突发事件应急管理过程中，识别出构建情报体系所需的各个组成部分。情报不是静止意义上的存在，它是随突发事件演变过程不断变化，它需要与突发事件中涉及的各类资源要素产生关联与作用影响。因此,情报体系是通过情报与相关资源要素的动态关联与相互作用下形成的,这就是构成机理的主要内涵。在明确了情报体系的构成之后,情报体系如何发挥作用,即作用机理的研究,打通反馈与回路,也就是情报体系真正发挥作用的最终目标导向。

多学科参与的应急管理情报体系理论框架,系统化展示了突发事件应急管理中的情报运行全貌,这是环环相扣、层层相依的复杂巨系统。在情报体系理论框架中以情报学为本位学科,应急管理为平台学科,系统科学为方法论学科,决策学、信息技术学科群以及新兴的数据科学等作为支撑手段融入到情报体系理论框架中,多学科参与交叉融合态势明显。

三 跨学科集成的应急管理情报体系运行机理

(一) 应急管理情报体系的过程机理

在突发事件的应急管理工作过程基础上,系统化研究与之匹配贴合的情报工作流。将情报工作的各个环节与突发事件应急管理过程(事前—事发—事中—事后)进行匹配,融入突发事件快速响应的情报本征。过程机理大致可分为5个模块:

1. 突发事件中的情报本源

情报本源主要关注真伪与速度两个方面。通过情报网络与情报甄别手段对情报的真伪进行判断。情报是处于运动与变化中的,速度的考量是对情报本源的运动属性的体现。因情报滞后导致的决策研判影响,对情报本源中的"迟报""谎报""瞒报""漏报"等各类情报问题进行对应分析。

2. 突发事件应急管理中的情报需求及其动态变化

在QRC模式中一直强调以人为中心,情报用户及其对应的情报需求满足是情报体系的重要方面。在突发事件发生发展过程中,情报需求存在差异性与动态变化性。通过情报预警和快报机制来满足基础的过程情报需求。突发事件发生过程中的情报报道可大致划分为以下几个阶段:初报在突发事件事态尚不明朗的黑箱阶段进行;中报在突发事件发展态势逐渐清晰并有所控盘的灰箱阶段进行；终报在突发事件局面处在控制之中的白箱阶段进行。突发事件应对不同阶段的情报需求存在较大差异，根据实际情况，情报报道要做到针对性与动态化跟进。

3. 突发事件过程中的情报扩散

由于突发事件本身的复杂多元化属性，突发事件有关的情报传播模式呈现网状扩散态势。突发事件应对中的情报要进行有效的管控，让情报扩散做到目的性导流，让情报及时、恰当地传递给正需要的用户。

4. 面向突发事件应对的情报产品加工

情报产品加工是情报工作的重要业务技能之一，也是高质量情报产品输出的保障。复杂多变的突发事件问题带来的是大量数据的处理挑战，在此基础上，情报资源的有序化、规模化与聚合关联化是情报加工的重要目标。另外，情报产品加工在处理速度和响应速度上提出一定要求，需要保证情报能够及时有效产出。

5. 突发事件情报有效供给

情报服务提供的情报要做到有效供给，主要从动、静两方面考虑。所谓"动"，在突发事件应对过程中，需要根据突发事件所处情景进行对位匹配相关情报，能够支持各种决策场景需要。所谓"静"，在突发事件应对结束，事件平息后，要进行全面的事件经验总结，扩充建设突发事件应急知识库，为未来可能发生的突发事件做准备。在突发事件发生时，将已有的经验知识进行快速地情报转化，用以辅助决策与行动部署。

（二）应急管理情报体系的构成机理

突发事件应急管理中的情报是基础元素，除了情报本身之外，还包括各种资源要素，由此上升到情报体系层面。以 WSR 系统方法论为纲，突发事件情报体系构成的研究集成如图 2-4 所示，即情报体系的构成中物、事、人三方面缺一不可，它们相互关联与作用。以下分别从三方面进行分析。

1. "物"是实物型成果与手段的统称

以突发事件情报为核心要素，涵盖情报资源的建设、情报加工与服务方式手段、信息技术系统基础设施等,即"物"。物理上的有效支撑和保障,是应急管理情报体系质量性、先进性和快速响应的基础提速要求。

2. "事"是突发事件应对中协调与联动做事的方式方法的统称

在突发事件应对过程中,应急办牵头、各职能部门联动配合,即"事"。事理运行机制的研究是提高情报体系在做事方式方法、运行效率方面的快速响应进阶提速要求。

3. "人"是突发事件应对过程中的所有主体责任人员及相关人员的统称

突发事件应急管理参与人员包括一线抢险人员、领导决策人员、指挥行动人员、专家智能团队、情报服务人员以及受灾民众等,即"人"。明确主要人物角色,有针对性地开展人理研究,目标是服务于特定用户的情报传递、供给、决策、执行与联动等。

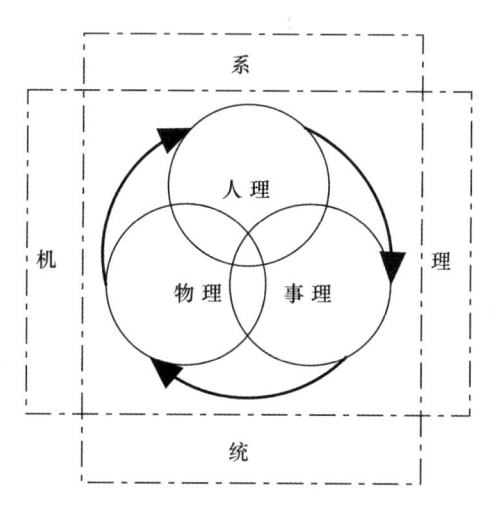

图 2-4　WSR 系统方法论的集成图示

(三) 应急管理情报体系的作用机理

情报体系的建设最终是要发挥其应有的作用,面向突发事件快速响应的情报体系所能发挥的作用从过程机理、构成机理中去聚焦定位。此处的作用机理是在全流程视域下联动响应的情报体系作用的系统集成。

在突发事件应对中，情报体系在全面发挥参与和支撑作用的前提下，要达到快速响应的目标与要求，主要体现为五个作用方面：

（1）未行先知。开展情报先导工作，在突发事件事前做好预防与准备工作，在事发时能快速进行先期部署，做好提前决策。

（2）在突发事件事发过程中，始终保持情报会商制度，在情报可靠、局面维稳、响应畅通方面提供情报保障，做好实时决策。

（3）根据突发事件应对的各类问题与情报需求，对繁杂无头绪的情报线索和基础信息进行快速序化，形成有价值的情报产品，辅助灵活决策。

（4）为应急决策提供有用、全面的情报。

（5）通过智能化管控的情报手段，控制突发事件发展势态，尽可能减少损失和伤害，以情报驱动随需应变的快速响应目标。

第三节 综合集成的应急管理情报工作流程框架

突发事件应急管理的情报资源需要通过一定的流程才能实现数据、信息和知识向情报资源的转变，突发事件应急管理与决策具有非常规性和非程序性，这也要求情报资源提供随需而变，但作为情报资源工作流程而言，其基本环节同常规情报工作是相同的，大致包括突发事件应急管理的"情报规划、情报收集、情报处理、情报分析、情报传递和情报利用"等主要环节。

一 应急管理的情报规划

情报规划是一个确定和评估情报需求，并制订情报服务方案的过程。

（一）情报需求评估

情报需求评估是应急管理情报规划工作的重点，通过情报需求评估，可以更好地明确应急管理情报需求内容。应急管理的不同处理阶段所需情报不一样，情报工作者需要根据应急管理在"监测预警、事发响应、事中应对和事后处置"不同阶段的情报需求开展调查、进一步明确"基础情报、实时情报、衍生情报和经验情报"所需要的情报内容，确定应急管理情报需求表，继而为情报的收集指明方向和提出内容需求。

（二）情报方案制订

情报方案是应急管理情报服务工作的重要保障，根据情报需求和目标，制订保障情报工作进一步开展的方案。包括对应急管理情报工作开展的机构、人力和资源等方面的组织方案，开展情报收集的方法、渠道和技术等方面的技术方案，以及保障情报加工、分析、处理、传递和利用等环节的法规标准方案。应急管理情报方案的制订需要兼顾突发事件不同种类的特点和应急管理过程中情报需求的变化，突发事件应急管理是一个长期性的工程，需要有长效性的情报方案作为保障和依据。

二 应急管理的情报收集

情报收集是一个通过一定的方法和途径将分布在不同出处的情报收集汇总的过程。

（一）情报源的识别

情报源是情报的出处，是判断情报质量和效用的重要依据。从现实世界来看，各种情报源十分丰富，划分依据也不一而足，如"公开情报源与秘密情报源、文献情报源与非文献情报源、外部情报源与内部情报源、现有情报源和实时情报源"等①，应急管理的情报源识别要根据突发事件爆发的不同类型和阶段锁定相应的情报源。如在突发事件潜伏期，要重视公开情报来源的使用，公开情报来源是一种"物美价廉"的情报源，包括公开出版的图书、报纸、杂志、新闻和网络数据库等，其获取成本低廉，但却容易被人们忽视，社会安全突发事件的一些潜在隐患和风险信息往往可以从公开情报来源中挖掘和分析出来，美国"9·11"事件的爆发显示出了对"公开情报来源"的识别不足。而在突发事件爆发后，要将情报源锁定在与突发事件紧密相关的实时情报源，如现场报

---

① ［美］罗伯特·克拉克：《情报分析 以目标为中心的方法》，马忠元译，金城出版社2013年版，第117—120页。

告、专家报告、新闻媒体报道等,以获取实时情报。

(二) 情报收集的方法

选择合适的情报收集方法与途径,有助于提高情报收集的效率。"平战结合"是应急管理情报服务的一个重要原则,具体到应急管理情报收集方法而言,一是平时情报收集要有一些固定的方法和途径,保障基础情报的持续动态更新,如"调查法、观察法、追踪法和人际关系法"等直接方法,以及"购买法、交换法、网络法、检索法、委托咨询法"等间接方法。如成都某部队在平时的情报收集工作中,有固定的五种渠道作为基础情报的重要保障,分别是武警(Armed)、警察(Police)、政府部门(Government)、专家和工程师(Engineering and experts)和公民(People),其级别和可靠性逐级降低,简称 APGEP。二是战时情报收集则需要采用一些特殊的方法和途径,保障实时情报和衍生情报的快速收集与获取,如图像和光谱传感法、雷达收集法、遥感测绘法和生物测量技术法等。① 芦山地震发生后,遥感地球所使用遥感测绘法,快速获取了灾区的遥感数据,第一时间向应急管理部门提供了灾区最新的地质地貌受损图,在应急管理中发挥了显著效用。

三 应急管理的情报处理

情报处理是对收集到的处于零散、孤立状态的情报进行整理、甄别和存储,达到去伪存真、去粗存精的目的,以便于进一步分析的过程。

(一) 情报甄别

虽然在情报收集过程中,情报收集人员会根据已有经验和知识,对一些虚假情报和不相关的情报进行过滤,但对于最终收集起来的情报还需要做进一步筛选和优化,剔除无关情报、筛出虚假情报,使得收集起来的情报更符合应急管理"高速度、高质量和高效用"的情报原则。目前对情报的甄别方法主要有两方面,一是情报源是否可靠,包括该渠道过去提供信息的质量、该渠道提供信息的动因、该渠道是否拥有该信息

---

① 包昌火、李艳、王秀玲:《竞争情报导论》,清华大学出版社 2011 年版,第 207 页。

和渠道的可信度四个考察要素；二是情报内容本身是否可靠，一般通过"同一问题的多种信息聚合在一起进行交叉验证或者在分析过程中逐步确定"等方法进行鉴别。① 我们访谈的应急部门的专家指出，目前用于甄别突发事件情报的方法主要包括"情报来源级别甄别法（如 APGEP 五种情报来源渠道的级别）、技术手段甄别法（如卫星定位法、手机芯片技术法等）和信息聚合自然甄别法（即多种来源、多种类型的信息汇聚到一起可分辨出真伪）"等。

（二）情报整理

情报整理是将收集和经初步甄别后的情报进行序化、分类和重组加工的过程，达到情报结构化的目的过程，继而为后续情报服务工作奠定基础。整理的基本方法有"分类整序、主题整序、名称整序、号码整序、时间整序和地区整序"等。应急管理的情报整理可以根据突发事件的不同种类、不同级别的特征进行整理，使各种不同类型和不同级别的突发事件情报得以序化和归入相应的存储平台。

四 应急管理的情报分析

情报分析是根据应急管理需要将整理后的情报，进行综合、比较、评价以及形成情报产品的过程。情报分析的方法多种多样，代表性分析法如图 2-5 所示。一般分析法如"对比分析法、分析综合法和专家咨询法（德尔菲法）"等②；专门分析法如"军事情报分析法、专利情报分析法和犯罪情报分析法"等；新的分析法如"数据挖掘分析法、情景分析法和战略组合分析法"等③。

面向突发事件应急管理的情报具有自身的特点，需要根据突发事件的特点和应急管理的需求，选择一种或多种情报分析法，同时加强应急管理的情报实践工作总结，形成一套突发事件情报分析的专门情报分析法。

---

① 包昌火、李艳、王秀玲：《竞争情报导论》，清华大学出版社 2011 年版，第 207 页。
② 严怡民：《情报学基础》，武汉大学出版社 1987 年版，第 225—237 页。
③ 徐芳：《情报分析方法研究进展》，《情报理论与实践》2009 年第 8 期。

```
                    情报分析方法体系
                           │
        ┌──────────────────┼──────────────────┐
        │                  │                  │
    一般情报分析法      专门情报分析法       新的情报分析法

    对比分析法          专利情报分析法       数据挖掘分析法
    分析综合法          军事情报分析法       战略组合分析法
    专家咨询法          犯罪情报分析法       领域分析法
    趋势分析法          海关情报分析法       情景分析法
```

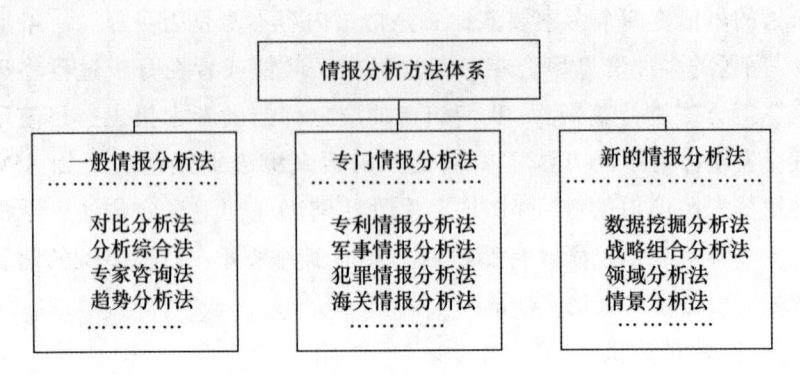

图 2-5 情报分析方法体系

五 应急管理的情报传递

情报传递是将情报产品以适宜的方式传递给用户，最大限度地发挥情报效用的过程，有"情"不"报"、不"传"不能成其为情报，在情报传递的过程中，要做到及时、规范、准确，避免迟报、谎报、瞒报和漏报等现象。

（一）传递内容

情报传递的内容指的是被加工分析后的"情报产品"，传递的情报产品，一是要注重时效性，保障情报传递及时和适时，突发事件的爆发和演变是瞬间之事，服务于应急管理的情报产品若不能保障时效性，便跟不上突发事件的节奏，那么要掌握和控制事态的发展就会受到极大的约束。二是要注重准确明了性，被传递的情报产品应是经过处理和分析后的浓缩品，容易被决策者所理解和接受，才利于应急管理者快速有效地进行决策。

（二）传递对象

情报传递的对象是指参与突发事件应急管理的相关部门或用户，在情报传递前要明确所传递的对象。不同的突发事件具有不同的传递对象，传递对象又分主送对象和相关对象。选择传递对象时，一是要注重情报传递对象的针对性，如公共卫生突发事件的情报，主送对象应是卫生类应急部门；而地震灾害的情报，主送对象应是地震类应急部门，而卫生部门、消防部门和军队都是相关对象，均需要传递。二是要注重情报传递对象的分布和接收条件，特别是在突发事件爆发后，往往伴随着交通阻塞和网络中断等状态，或者接收者软硬件设备落后，不能接收或识别不到情报，需要情报传递者选择适当的方法。

（三）传递途径

情报传递有多种不同的渠道和途径，口头传递、书面传递和邮递传递是人类早期常用的传递途径，随着人类社会的发展和科技的进步，通信传递（如电报、电话和传真）、网络传递（如互联网、无线网和内部专网）和拷贝传递等途径得到了广泛的应用。应急管理的情报传递途径的选择要以"速度和畅通"为依据，使得情报产品在最短的时间内完整准确地传递到应急管理的相关部门和人员手中。此外，情报的传递途径要兼顾到"上传下达"和"横向覆盖"："上传"即向上级部门上报；"下达"即向下级直属部门发报；"横向覆盖"即横向部门的实时通报，以保障情报传递的覆盖面。

六　应急管理的情报利用

情报利用是情报价值的集中体现阶段，具体到突发事件应急管理的情报利用而言，主要体现在"事发前的监测和预警、事发时和事发中的决策支撑，以及事发后的推动应急管理研究"等方面。

（一）监测和预警突发事件

事发前的突发事件情报（基础情报），主要作用在于实时监测和预警所关注的对象，为应急管理提供事前情报和基础情报。在突发事件未爆发时，预测发现处于酝酿阶段和萌芽状态的突发事件，实时向应急部门和决策者提供监测情报，积极采取防御措施，将突发事件消灭在爆发前，维护社会的稳定与和谐发展。在突发事件的爆发已无法避免时，需要快速向应急部门和决策者发出预警，帮助其快速启动应急预案、进入备战状态，通过准确应对将突发事件的危害降到最小。

（二）直接服务于应急决策

事发时和事发中的突发事件情报（实时情报和衍生情报），主要作用在于直接服务于应急决策，为应急决策提供实时情报和衍生情报。在突发事件发生时，快速监测突发事件的爆发原因、爆发速度、爆发动态和爆发目标等，让决策者及时了解突发事件的状态，并进行快速响应，迅速决策和控制事态的发展。在突发事件发展过程中，跟踪发现有关突发事件环境状态的变化，以及新情况和事件的产生，了解事前的预防措施漏洞和事发时应急处置效果，让决策者据此快速调整应急方案和应对策略，做出正确的应急决策和行动。

（三）推动应急管理的研究

事发后的突发事件情报（经验情报），主要作用在于推动应急管理的学习和研究，为突发事件的应对与决策提供经验情报。对于各种新型突发事件，人们往往缺乏应对经验，这便需要情报工作者在事发中不断收集、获取以往同类事件的经验情报，以便高效应对和处理突发事件。在事件发后，突发事件情报又可推动该类型突发事件的进一步科学研究，使应急管理者更好地掌握该类突发事件发生的规律与特点，据此做好同类型突发事件的监测、预防和快速应对。

第三章 应急管理情报体系的顶层设计

突发事件应对中,情报体系是实现应急管理快速响应的基础。系统全面地认识情报体系将有助于发挥情报体系在应急管理中的能动作用,为应急管理政策制定与决策执行的科学性和民主性提供支撑。现有情报体系较为关注情报技术在应急管理中的应用,但完整的情报体系还应包含哪些要素?如何将其与决策环境中情报主体的情报需求有机融合?为回答这些问题,本章从顶层设计的全局视角出发,借鉴总体架构(Enterprise Architecture)理论对情报体系进行了顶层设计和整体规划,也为后续对情报体系的整体研究提供了思路和框架。

近几年,围绕应急管理情报体系的构建,姚乐野等在对应急管理情报本征的研究中分析了情报体系的构成、运行和作用机理,指出情报本身及围绕情报运行所涉及的人、事、物构成了情报体系[①];柯丹倩认为,情报是决策所需的知识和智慧,情报活动是决策活动的关键环节,情报人才是支持情报体系有效服务的重要因素。[②] 关于如何构建应急管理情报体系,储节旺等认为应从情报技术、情报平台和情报资源三个方面入手,[③] 李纲等从对"智慧"的解读出发,认为智慧城市应急管理情报体系应立足于情报本征和情报要素,通过对技术理性与人文价值的整合提

---

① 姚乐野、范炜:《突发事件应急管理中的情报本征机理研究》,《图书情报工作》2014年第23期。
② 柯丹倩:《国内外突发事件驱动的应急决策情报研究现状及展望》,《现代情报》2015年第8期。
③ 储节旺、郭春侠:《突发事件应急决策的情报支持作用研究》,《情报理论与实践》2015年第11期。

供情报的有效输出，再通过协同联动的机制实现情报的流动与共享；[①]袁莉等认为，有效的应急情报体系是调用各种信息技术，对相关组织机构和人员进行协调，通过情报资源的整合与共享，实现高效快捷的情报输出。[②]

相关学者都认同情报体系应通过对情报资源的整合和情报技术的利用来实现人员和组织在应急决策中的协同联动，而如何实现情报资源、情报技术对应急管理协同联动的支撑，林甫在对专利情报服务体系的研究中，尝试从顶层设计的角度出发分析专利情报服务体系的总体架构，较好地厘清了构成专利情报体系的参与主体、服务对象、服务功能和实施方法四个要素及相互关系问题[③]。目前，应急管理情报体系的重要性已逐渐明确，但对其构成要素及相互关系尚没有准确界定，一些情报体系构建者和使用者无法清楚认识到情报体系的定位和目标，单纯地将情报体系看作是情报信息和IT在应急决策中的应用[④]，无法从整体的和跨机构的视角来看待其构建和发展，去适应业务流程和开放系统的要求，去识别利益相关者的情报需求。[⑤] 为此，本书试图通过顶层设计对应急管理情报体系进行整体规划，对其构成要素及相互关系问题进行重点探讨。

第一节　应急管理情报体系顶层设计概述

一　情报体系顶层设计的内涵

顶层设计是从全局考虑问题，进行整体设计的一种理念和方法，它

---

① 李纲、李阳：《关于智慧城市与城市应急决策情报体系》，《图书情报工作》2015年第4期。
② 袁莉、杨巧云：《重特大灾害应急决策的快速响应情报体系协同联动机制研究》，《四川大学学报》（哲学社会科学版）2014年第3期。
③ 林甫：《专利情报服务体系的顶层设计研究》，《情报理论与实践》2014年第6期。
④ Tambouris E., Kaliva E., Liaros M., Tarabanis K., "A Reference Requirements Set for Public Service Provision Enterprise Architectures", *Software & Systems Modeling*, Vol. 13, No. 3, 2014, pp. 991–1013.
⑤ Jonkers H., Lankhorst M., et al., "Enterprise Architecture: Management Tool and Blueprint for the Organization", *Information Systems Frontiers*, Vol. 8, No. 2, 2006, pp. 63–66.

较早应用于工程、建筑、艺术等领域，其实质是站在战略高度、俯瞰全局、绘制蓝图，通过总揽全局，从最高层次寻求问题的解决之道、进行整体规划，再通过具体的手段将规划与项目对接、实现资源共享、信息互通，最终使整体规划落地实施。其特征可归纳如下[1][2]：

一是整体战略性，顶层设计强调从整体出发，围绕全局目标考虑各利益相关者关注的问题，明确影响整体的各个要素及要素间的关联、匹配与衔接；

二是顶层决定性，顶层并非凭空构建而是来源于实践并对其进行的理性提升，顶层设计的核心理念和目标源于顶层，通过自上而下的方法绘制出一张可控的、清晰的"蓝图"，再通过设计和实现回到实践；

三是实际可操作性，顶层设计绘制的蓝图，需要进一步的准确执行和落实到位，这就要求设计成果表述简洁明确，注重各个细节，具备实践可行性，能够指导实施和操作。

构建满足突发事件快速响应要求的应急管理情报体系，需要围绕应急管理战略目标要求，对情报体系进行全面规划和部署，而顶层设计是从战略高度对情报体系的构成要素进行准确识别，对其关系进行清楚梳理，并提供情报体系有效运行的路径和方法，使之共同作用于应急管理战略目标的实现。

二 情报体系顶层设计的定位

作为支撑应急管理战略的应急管理情报体系，在各地实践中呈现参差不齐的状况，情报体系的发展从最初的零星数据采集和应用逐渐发展到以应急服务为核心的融情报资源建设和情报技术应用为一体的大规模建设阶段，但在这一发展过程中，由于缺乏对应急情报体系的整体规划和全局部署，出现了部门分割、重"硬"轻"软"、信息孤岛、主体单一等问题，这些问题严重阻碍了应急情报体系建设的步伐。问题的出路

---

[1] 陆小敏、陈杰、袁伟：《关于智慧城市顶层设计的思考》，《电子政务》2014年第1期。
[2] 《政府信息化的顶层设计理念》，2015年6月16日，http://www.ciotimes.com/egov/dc-sj/80762.html。

在哪里？出路在于对情报体系进行整体规划设计，即情报体系顶层设计，这既是政府治理现代化的需要，也是推动政策执行与公共服务的基础保障。① 目前情报体系顶层设计的工作重点在于，围绕应急管理的改革方向，确定应急管理情报战略，进而在此基础上开展应急管理情报体系顶层设计，制定应急管理情报体系的发展规划和"蓝图"，使情报体系建设在明确的价值取向指导下，理顺业务、资源和技术等各方面的关系，形成一个有机的整体。

情报体系的规划设计及构建除了需要宏观的方向性指导，更需要中观的战略与实施的衔接以及微观的操作性指南，但现有应急情报体系的建设规划大多属于原则性、目标性、战略层的规划，缺乏情报体系宏观战略到情报资源、情报系统等微观项目之间的映射，也很少涉及对情报体系建设和实施的具体指导。各个部门在情报体系建设中缺乏统一规划和操作指南，只能参照一些零散的规范和目录来开展工作。

应急管理是一个跨领域、跨系统、跨部门的复杂问题，其决策通常需要从多元主体协调、资源优化布局和动态博弈等诸多方面进行考虑②③，情报体系有助于描绘整个事件全貌、指导应急管理的响应、生成知识并提供解决方案④，但地方利益格局、标准化缺失和部门林立造成了应急管理中"碎片化"问题严重，阻碍了情报体系的有效运行，致使当前应急管理和决策中面临着两个难题：

一是"决策无依据"，在决策过程中，由于应急管理情报体系组织架构不完善，责权分配不明，制度规范缺乏，导致应急决策者得不到情报体系的支撑，无法通过突发事件的第一手数据和后台资料来评估方案的合理性和必要性，无法及时有效做出决策。

二是"管控无工具"，一旦应急决策进入执行阶段，管理和控制又

---

① 孙迎春：《澳大利亚整体政府信息化治理》，《中国行政管理》2014 年第 9 期。
② 彭金梅：《基于复杂系统理论的突发事件应急管理研究评述》，《价值工程》2013 年第 32 期。
③ 范维澄：《国家突发公共事件应急管理中科学问题的思考和建议》，《中国科学基金》2007 年第 2 期。
④ 钟开斌：《信息与应急决策：一个解释框架》，《中国行政管理》2013 年第 8 期。

成为新的问题。执行的方案是否满足应急管理各阶段需求？如何保证情报资源能够在各个部门进行交流和共享？如何规范地集成和整合情报系统及数据？由于没有一套工具和方法，整个决策执行的过程无法得到有效评估和管控。

应急管理决策和管理控制中呈现的问题，一方面反映了政府应急管理中缺乏应急管理战略与情报战略的协同，另一方面反映了执行和服务水平的差距，顶层设计正是从全局视角来分析和解决存在的问题。

顶层设计定位于整体规划和设计，从全局视角对情报体系中涉及的人、事、物等要素及其关系进行全面梳理，使之相互配合为应急管理战略提供支持；同时，通过顶层设计，能够将应急管理战略、情报战略与具体执行进行对接、为执行过程提供有效的管理控制规范和工具，使战略能够落地。

三　情报体系顶层设计的目标

在《国家电子政务"十三五"规划》和《"十三五"国家政务信息化工程建设规划》中，多次提到要强化信息化顶层设计、加强规划指导，应急管理作为政府的主要业务之一，同样也需要对其情报体系进行顶层设计，通过顶层设计将情报资源和情报技术与协调、整合的整体性政府治理策略结合，解决当前政府治理中的碎片化问题。

为此，应急管理情报体系的顶层设计目标是：

第一，构建具有顶层设计整体性战略思想的情报体系。因为顶层设计能站在整体的角度、全局的高度，对业务协作、情报资源和情报技术等不同层面现存的问题进行梳理，以公民需求为出发点对组织结构和内部流程进行重新设计，对部门机构、信息资源、公共服务进行重新整合。应急管理作为一项典型的以综合协调为主、多业务部门共同参与的复杂业务，必须有这样一种全局观，通过俯视整个情报体系中的各个层面，全面反映情报体系需要考虑的问题，使政府应急管理能够灵活地对公民需求和问题做出实时回应。

第二，贯彻顶层设计自上而下设计理念的情报体系。顶层设计遵循系统论的思想，对应急管理情报体系进行总体构想和规划设计，对其结构、功能、层次、标准等进行清晰界定和统筹规划。同时，顶层设计注重如何从理想转化为现实，强调执行、重视各环节互动，因此，顶层设计为如何从理想转变为现实绘制出精确可控的"蓝图"，将应急管理战略—情报体系架构有机联系起来，而非"头痛医头、脚痛医脚"，顾此失彼地去建设单个项目、解决单个问题，使情报体系跳出盲目投资和建设而效果甚微的怪圈，最终有效解决应急管理中的真正问题。

第三，遵循顶层设计制度化、规范化和标准化服务的情报体系。顶层设计除了对结构、功能、层次和标准进行全盘考虑之外，还十分强调能够将顶层设计"落地"，制定出应急管理情报体系的"蓝图"是顶层设计的目标，但同时为了将情报资源和情报技术真正融入到政府应急管理的流程和运作中，顶层设计还会制定标准和指南去指导情报体系的运行，以情报资源和技术充分支持改造和优化后的应急管理业务流程，通过协调一致的情报体系改变以往分散的、碎片化的公共服务，使公众能够通过数字化窗口获得"一站式"服务。

四 情报体系顶层设计的意义

顶层设计突破了以往在情报体系中人们对情报资源和情报系统本身的关注，而将对象延伸到与应急管理协同联动有关的应急业务、情报资源和情报技术等各个方面。正如信息化顶层设计的鼻祖扎科曼（Zachman）所描述的，修房子需要有设计图纸对建筑的结构、材料、功能等信息进行详细描述，情报体系也同样需要在实施前进行详细的规划和描述，力求通过一个整体架构将每一个利益相关者关注的问题都关注到。

情报体系顶层设计能够让政府部门在总体战略发展目标的指导下，提出情报体系的发展目标，确定发展方向，制定与之相应的情报战略目标和具体内容，完成人员、组织、信息和软硬件的配套和实施，使情报资源和技术围绕应急业务需求为应急管理总体战略目标服务。

情报体系顶层设计解决的是从战略规划到项目实施的映射，它从全局视角出发，站在整体高度，全面分析组织各项业务，建立与之匹配的业务模型和信息模型，通过技术加以实现，并提供保障这一过程的管理体制和运行机制。自上而下的顶层设计如图3-1所示，它梳理应急管理情报体系的各个要素及相互关系，通过整合与集成，解决当前情报体系的碎片化问题。

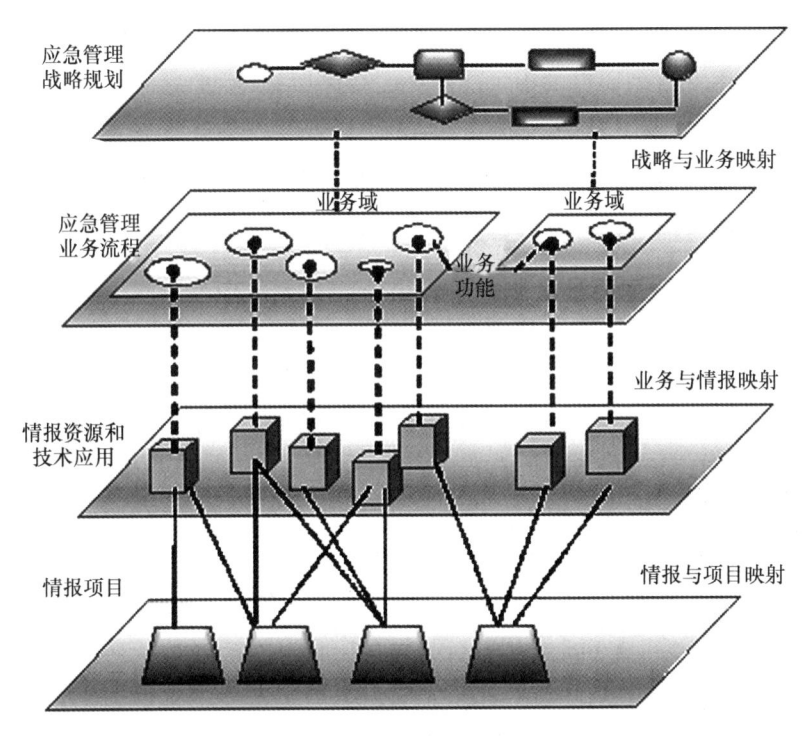

图3-1 自上而下的应急管理情报体系顶层设计

这样的一种顶层设计思维对于应急管理情报体系来说，能够帮助政府审视应急管理中不同利益相关者所关注的问题，并将这些问题整合到一个统一的框架中来。这一整体性整合的思想是从战略高度对情报体系中的各个要素进行整合，是当前政府基于数字化变革、以公共利益为导向实现整体性整合的具体实现，也是对当前应急管理情报体系中存在的多元协作及制度规范碎片化、情报资源配置碎片化和情报技术及系统应用碎片化等问题做出的有力回应。

第二节　应急管理情报体系顶层设计的方法和步骤

一　顶层设计的有效方法——总体架构（EA）

应急管理情报体系是应急管理战略、应急管理业务流程以及情报流程的有机结合，但如何将它们有效组织和连接起来去指导具体的应急管理情报工作？这需要借助于顶层设计的总体架构方法。

扎科曼在1987年首次提出总体架构（Enterprise Architecture，EA）的概念，这一概念强调在信息系统构建中，应通过一个整体框架，描述不同主体从不同视角对信息系统的关注，以形成对信息系统的全面认识，这里的"Enterprise"泛指具有共同目标的单一部门或组织集合体，对于情报体系来讲，情报过程伴随着应急管理的全过程，因此，应急管理的多元主体及专门的情报机构都被包含在内；"Architecture"是指系统的构成元素、元素间的关系以及设计和进化所遵循的原则，对于情报体系来讲，即是指构成情报体系的要素及相互关系，以及推动应急管理多元主体协同联动的规则和制度。[1]

"顶层设计是一种自上而下科学、系统的设计方法，而顶层设计的方法论就是总体架构（EA）"[2]，总体架构在欧美各国的电子政务顶层设计中应用较为普遍。Bellman和Rausch在其研究中指出，总体架构通过将组织战略目标与信息化总体目标进行映射，绘制其蓝图，找出现实与目标的差距并实施改进。[3] 赖茂生认为总体架构最为本质的特点是"使一个组织的信息、流程和技术与该组织的战略相连接"[4]。在各国电子政务的顶层设计中，美国联邦政府总体架构（Federal EnterpriseArchitecture，FEA）是其中的典范，它按照EA的理念将电子政务所涉及的要

---

[1] ISO/IEC/IEEE 42010：2011 - Systems and software engineering-Architecture description，[2015 - 06 - 16]. https：//www.iso.org/obp/ui/#iso：std：iso - iec - ieee：42010：ed - 1：v1：en.

[2] 高大伟:《信息化顶层设计的理性思考》,《中国建设信息》2014年第1期。

[3] Bellman B., Rausch F., "Enterprise Architecture for e-Government", *Electronic Government*, No. 3183, 2004, pp. 48 - 56.

[4] 赖茂生:《EA、制度与顶层设计》,《电子政务》2010年第8期。

素划分为绩效、业务、信息、应用、数据和安全,并为各要素提供了详细描述和操作指南,用以指导各联邦机构对本单位的电子政务进行详细设计。

EA 能够提供情报体系战略的整体性视图,围绕情报体系的战略规划和目标,通过清晰描述其构成要素及相互关联,使之共同作用于情报体系总体战略的实现,并将应急情报战略目标所提出的抽象、复杂问题分解为多个逻辑层次和逻辑模块进行处理,从而将战略目标转化为具体的、单个的系统设计与实现的要求,并提供操作指南和方法。

总体架构能够通过分层架构帮助我们清楚认识应急管理情报体系中的多主体协同、情报资源和情报技术之间的关系,进而协调、监督、控制和高效使用投资和资源,增强政府应急管理能力。如果没有情报体系顶层设计,则没有一张"蓝图"去指导应急管理业务与情报体系支撑的匹配,无法通过情报项目来满足应急管理的协同联动需求,承接应急管理的情报战略,进而实现政府应急管理的总体战略。

情报体系顶层设计在战略与项目之间的作用如图 3-2 所示。

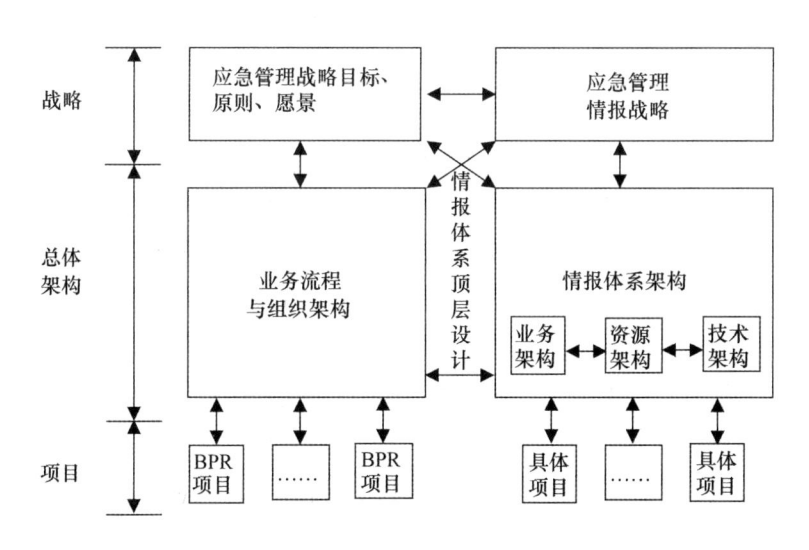

图 3-2 政府应急管理情报体系的三层模型

二 总体架构在应急管理情报体系构建中的作用

总体架构是顶层设计的重要方法,在应急管理情报体系构建中将发挥重要作用[①]:

(一)总体架构是连接业务与情报的桥梁

总体架构能够帮助管理者站在全局角度综合全面地看待政府应急管理涉及的各种问题,而非仅从单一的部门角度、技术角度或数据角度去看待问题,因为从任何一个单一角度都会形成对同一问题的不同理解,而将这些视角整合到一个统一的框架中,即是总体架构要做的事情。总体架构通过分层描述,为不同的对象提供对业务、数据、系统到基础设施等不同层次问题的描述,使每一个对象都能够从中找到与自己相对应的情报体系内容,可避免应急管理者对"情报体系"一词认识的抽象性或片面性。

(二)总体架构是情报体系规划的核心

情报体系的规划与设计包括战略、架构和项目三个层面的内容,三者之间相互依存、相互促进,架构(即顶层设计)是其中的核心。但以往的情报工作中,往往忽视了对情报体系的规划和总体设计,直接进入具体的情报资源建设或情报技术应用,缺乏战略与具体的情报资源和技术之间的架构连接,往往容易造成情报资源和应用与应急业务脱节,导致重复投资和巨大风险。没有情报体系的规划和总体设计的原因又往往是缺乏有效的设计方法,而总体架构正是这样一个能够承接战略与项目的桥梁。

(三)总体架构是整合"信息孤岛"的利器

在情报体系的发展中,通常会经历一个从分散到集中、从构建重要业务系统到整合系统的过程,这个过程必然会产生众多的"信息孤岛",各个组织有自己的系统、组织内部各个部门也有自己的系统,对这些孤

---

① 袁莉、姚乐野:《政府应急管理信息化困境及解决之道》,《西南民族大学学报》(人文社会科学版)2016 年第 1 期。

立系统的整合是应急管理面临的巨大难题。整合要在全面审视应急管理的所有业务的基础上，在情报技术的支持下，对其进行优化改造，然后再将其分解为若干相对独立的业务单元，以标准接口进行串联，使之形成一个整合优化的业务流程。在此基础上，再思考如何利用各种情报资源、情报技术和系统对优化后的业务流程提供更好的支持。从全局梳理组织的业务、应用、数据和基础设施，做到科学而完整地集成，"信息孤岛"的问题自然迎刃而解，这正是总体架构整合的思路。

（四）总体架构能提高情报体系的规范化程度

总体架构重视以制度和规范保障情报体系的建设，多个国家将总体架构作为其信息化顶层设计的方法，为保障其实施，它们通常都会事先制定相关的信息化法律、法规、标准、指南等。在应急情报体系顶层设计中，同样需要以制度和规范对应急情报体系的战略需求、业务运行、情报资源、应用系统等进行规范统一的描述，以确保情报体系在健全的管理体制和制度约束下有序开展，实现应急管理资源和服务的整合，促进应急协同联动。

（五）总体架构能有效减少情报体系建设投资

总体架构能够通过不同视角对不同层次的情报体系建设的投入进行审视和监管，从而有效避免重复投资和建设。通过总体架构的层次架构，从多主体协同层能够识别在业务功能上是否存在系统级的重复投资项目，从情报资源层能够识别与业务关联的情报资源是否存在重复建设或缺失，从情报技术及应用层能够识别是否存在技术盲点或重复开发的功能模块和组件。这样的一种层次架构，对于组织有效识别情报体系建设中的重复投资、配置资源、避免浪费将发挥重要作用。

对于应急管理情报体系的顶层设计来说，总体架构是将应急管理战略与众多情报项目连接起来，使应急管理战略在与之匹配的情报体系支撑下，通过情报资源建设和情报技术应用落地实施的有效工具。

三 应急管理情报体系顶层设计的步骤

如何通过"顶层设计"来推动政府应急管理情报体系建设工作？应

根据政府应急管理的战略目标和愿景,明确制定应急管理的远期目标、中期目标和近期目标,并确定对应的情报战略目标。再根据以下步骤进行顶层设计。①②

首先,根据政府应急管理战略目标,建立组织和赋予职能,包括专门的情报体系负责机构和责任人员,保障应急管理情报体系的顺利推进。

其次,选择符合政府情报体系规划的 EA 架构和工具,将政府应急管理业务和环境的内容都包含在内。

再次,搜集政府应急管理现有的业务和技术信息,从应急管理的视角,分析其业务流程和组织架构,分析其协同联动的需求;再从情报的视角,梳理支撑其业务运行和协同联动的情报资源和情报技术,提出情报体系的目标发展规划,并制订改进方案。

最后,根据发展规划部署和安排资源,比较现实和目标的差距,实施改进,以情报体系的各个具体项目支持多变的应急管理业务,完善现有业务流程、改造业务模式、实现业务创新。

(一) 建立组织和赋予职能

政府应由专门的机构负责对情报体系的总体架构进行规划和设计,这一工作可由应急情报体系领导小组负责。

该情报体系顶层设计团队及职能如图 3-3 所示。

1. 应急管理情报体系领导小组

应急管理情报体系领导小组是应急管理情报体系顶层设计的责任机构,不但负责从宏观上把握情报体系的顶层设计,还具体负责制定情报体系的总体发展战略和规划,推动应急管理部门的情报体系建设。

2. 首席情报官和总体架构师

首席情报官是情报体系的总负责人。首席情报官要任命总体架构师来领导情报体系总体架构团队,具体负责制定情报体系的顶层设计和总体规划。

---

① 《政府信息化的顶层设计理念》,2015 年 8 月 18 日,http://www.ciotimes.com/egov/dcsj/80762.html。
② 刘云峰、刘继承:《集团企业 IT 架构治理实践》,清华大学出版社 2014 年版。

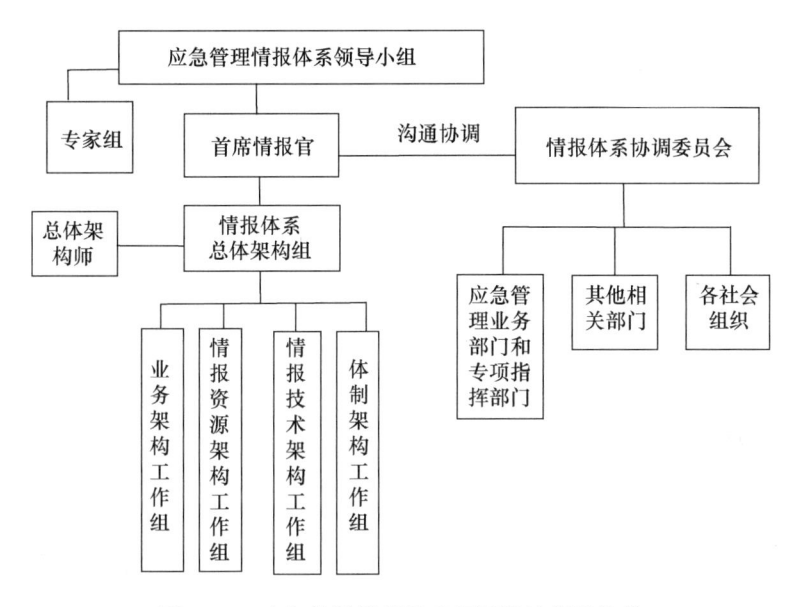

图 3-3 应急情报管理体系顶层设计组织结构

3. 情报体系协调委员会

承担情报部门与各个相关单位的协调工作。应急管理是一项综合协调工作，其情报体系的建立涉及相关的业务部门、职能部门的需求，应与它们之间建立良好的协调和合作机制，对应急情报体系顶层设计方案提出需求、对策和建议。

4. 情报体系总体架构组

包括各类专业的架构设计和情报技术人员，如情报分析架构师、软件方案架构师、网络系统架构师等，他们不但需要掌握架构理论，还需要熟练运用架构工具，与相关部门沟通交流，将情报技术与功能需求结合，具体对应急管理分层架构进行详细设计。

5. 专家组

由应急管理绩效评估、业务、信息、应用、技术与安全、管理体制设计的不同领域专家构成，提供情报体系顶层设计的专业建议。

(二) 总体架构设计

按照总体架构的理论和方法，对总体架构进行具体设计，其步骤包括：

1. 现有资料收集

总体架构设计的前提是对当前我国政府应急管理情报体系建设现状进行调查，设计调查问卷或信息收集模板，调查汇总信息。在具体调查中，对调查对象进行访谈、问卷调查，收集好信息后进行整理归纳，使其充分反映现有资源的状况，并将其归纳对应到相应的分层架构。

2. 现状分析

在大量已收集信息的基础上，分析现有业务关系、情报流程、情报技术应用等，掌握多主体协同层、情报资源层、情报技术层现状，并通过流程、制度、规范、标准等分析现有管理体制架构。

3. 未来发展规划

规划前应首先了解应急管理的大环境，了解各业务域的发展方向及其对应急情报体系产生的影响，如应急管理业务重点的变化、新型情报技术的应用等，可能出现新的应急情报体系解决方案。发展规划应围绕政府应急管理战略目标和需求，通过多种方案设计，为未来发展做好准备。在每种方案下，都有对工作安排和资源调度优先级的考虑，以统一协调整个应急管理的业务和技术资源，而不是孤立地分析和考虑单个需求。

4. 目标架构设计

在发展规划指导下，对各个架构层进行详细设计。多主体协同层的设计应完整反映应急管理的全部业务域和业务功能；情报资源层的设计应与业务架构的所有业务流程相匹配，反映每个业务流程的信息流动；情报技术层的设计应注意业务流程和业务功能实现的匹配，不应仅从单个应用模块和系统考虑，而应从整合的视角考虑整个应急业务功能的实现，满足业务之间的关联，要重点考虑标准化问题，将应急管理相关的国际标准、国家标准和行业标准充分应用于设计中。

5. 架构差距分析

目标架构规划完成后，即可明确未来努力的方向。比对现状与目标之间的差距，明确指出：业务需求、所需支持的信息技术、未来的IT规划和当前 IT 模型的差距，并对应到每一层次需要改进的内容，定义具体的项目，制订近期、中期和远期计划，确定备选方案。应清楚记录下每一项差距对用户的影响、备选的方案和建议的行动，以备决策者做出选择。

（三）架构迁移实施和维护

比对差距，制订计划从现实向目标架构进行迁移，并对其过程进行维护：

1. 总体优化计划

前面的步骤为应急管理部门建立了完整的情报体系总体架构，并存储在知识库中，用于指导决策层、管理层和执行层的具体工作，为应急管理部门制订年度计划、项目方案和预算提供决策支持。下一步，应根据差距制定现实向目标迁移的总体计划及各层次需改进的内容，确定迁移的总体解决方案及优化项目，以及每个项目的需求和计划。

2. 架构优先级分析

制订迁移具体的计划和方案，确定不同项目的优先级，按优先级逐步实施迁移。

3. 架构迁移实施

总体架构设计是一个不断完善的动态过程，它会根据组织的发展环境和需求变化而变化，架构的实施应融入到应急管理的日常运作中去，如业务部门在提出流程改造时，即可参考业务架构的设计，使用分层详细描述业务域、业务功能和服务，而技术部门在开发或整合应用系统时，则可将组件化思想融入到开发中去。

4. 标准体系完善

实施过程中，尽可能遵循已有的国际、国家或行业标准，没有可用标准时，应尽快建立和完善自己的标准体系。

5. 架构运行和持续优化

架构运行过程中需要不断维护和更新，应在实施过程中，定期与领导和用户进行沟通，对架构内容进行调整，通过持续优化和改进，使架构知识库能够满足战略和业务的变化。

第三节 应急管理情报体系的战略规划

一 应急管理情报体系现状及面临的问题

(一) 多元主体协作及制度规范碎片化

1. 应急主体碎片化

应急管理是一项事关人民生命财产安全的重要政府工作,协调多元主体共同应对突发事件,实现公共利益的最大化是政府应急管理的目标。情报体系在政府应急管理中的应用,是通过情报资源和情报技术来提高应急管理的质量和效率,从而推动这一目标的实现。

然而,在应急管理中,各方利益的取向不同造成了其在工作中的不同表现。作为决策者的应急指挥部门所部署的任务,可能与作为执行者的各个业务部门的利益存在冲突,不能被各部门领导认同,因此在执行中,这些部门往往只是表面上顺从,而并未真正发挥其作用。在某些特殊情况下,政府应急管理部门还面临着信息难以获取和共享的情况,这可能是由于不可抗因素造成的通信和交通瘫痪等紧急情况,但另一个可能的情况却是长期存在的,其并非灾难等不可控因素,而是由于部门之间缺乏开放和共享的机制,更甚至是由于部门利益导致的人为不配合所致。

在当前分割治理的模式下,各个部门的应急管理工作更多是为了完成上级的政治任务,政府工作人员关注的是部门绩效和上级考核指标,"政府权力部门化、部门权力利益化、部门利益法定化"使其忘记了公共利益取向,在行动中倾向于部门利益、地方利益而忽视了公共利益,[①]因此,政府应急情报体系建设中,出现诸多形式主义、面子工程,购买大量华而不实的高配置硬件设备而忽视资源和服务建设的情况比比皆是。

应急管理涉及多元利益主体,包括政府、军队、企业、社会组织、

---

① 彭辉安:《整体性治理:我国公共危机治理的新走向》,《福建行政学院学报》2013年第2期。

个人等，应急情报体系的所有利益相关者都应被纳入到政策过程中，然而，政府在情报体系中"一言堂"的局面一直存在，政府把控了应急管理情报体系建设和应用的主导权，其他社会主体明显存在参与和发育不足的情况，他们的声音无从传递，这不但遏制了社会主体的参与意识，阻碍了社会主体参与的积极性，也使社会资源闲置浪费、公民丧失了参与的能力和愿望。

2. 制度规范碎片化

没有规矩则不成方圆，我国在政府情报体系建设中，标准不一、各自为政的问题也很突出，这在很大程度上是由于相关法律和制度规范的缺失造成的，这一缺失表现在情报体系整体规划和操作指南两个层面。

从我国情报体系法律法规制度建设整体发展来看，我国处于相对滞后的状态，目前没有专门的情报体系建设方面的法律法规，仅有与之相关的信息化方面的相关法律条文，对应急信息资源的收集、利用等具体方面的内容进行规范。国家层面仅有《电子签名法》《政府信息公开条例》《互联网信息服务管理办法》《互联网上网服务营业场所管理条例》等有限的几个法律文件，且这些法律中都没有对信息化建设的整体框架设计和实施提供完整的支持。

从具体规范指南来看，近年来，我国出台的《国家突发公共事件总体应急预案》《突发事件应对法》和《政府信息公开条例》等应急管理法律法规中，涉及信息化的主要包括信息公开、信息报送和传媒参与等问题，但这些法律和条文主要提供的是原则性、框架性的指导意见，过于笼统没有细化，也没有操作指南，各地方在具体的执行和落实方面，地方主义思想往往造成客观上的不一致和跨域合作的困难，因此，其在实际应用中难以有效发挥作用。例如，我国《国家突发公共事件总体应急预案》中，虽然规定了要加强公共安全科研和技术开发，采用应急处置技术和设施，发挥专家和专业人员作用，为建立应急联动系统提供了制度的保障，但是，由于预案并没有对应急系统建设中数据资源的必备数据项、数据分类标准及数据格式等细节进行详细规定，因此，在实际操作中，各部门只能自行定义，应急情报系统间由于数据规范不同而无法统一，也造成了这些系统事实上的"信息孤岛"。

3. 人员配置碎片化

情报人才队伍的缺乏是另一个重要问题。在情报体系建设中，具体的建设通常是外包给软件公司来进行的，如：C市应急办成立了由C市应急办领导和软件公司相关技术人员组成的领导小组，负责建设中的技术问题，但对于应急管理中的业务问题，技术人员无法解决，又得不到相关业务部门和人员的配合，这阻碍了应急情报体系建设的进程。政府部门的业务管理人员和IT技术人员在情报体系中定位不同，业务人员清楚业务工作和流程，而技术人员擅长技术系统开发和维护，很多领导往往将情报体系建设看作是技术性工作，将情报体系建设的重点放在情报系统开发和新技术应用，而忽略了对情报资源本身的建设以及跨部门情报系统的共享，过于倚重技术人员而忽视了对情报专业工作人员的培养，致使应急情报工作缺乏专业化指导而难以满足支撑应急协同联动和决策的需要，也无法实现情报资源重新配置、提高应急管理工作效率、优化应急服务的目标。

（二）情报资源配置碎片化

有效的情报体系能够为政府应急管理带来根本性的转变，促使政府朝着信息服务型和有限职能型转变，也使应急管理的质量和效率得以提升。近年来，各应急管理部门开始重视情报体系建设，然而，这一"重视"主要体现在财政的优势状况，建设的重点放在先进的软硬件系统和设备的采购上，但其输出的结果却并不乐观。这一问题主要表现为情报系统资源建设碎片化和应急情报资源建设碎片化两方面。

在应急情报资源的分布上，各种情报资源零散地分布于各个部门的自建系统中，出于部门利益或者"维稳"的需要，某些部门在整个应急情报的搜集、组织、利用、上报、发布等环节，有意封锁信息或延迟上报，使得上下信息不对称，应急信息无法获取与共享，应急管理者也无法实时做出应急决策，这在客观上造成了应急情报资源的碎片化。宁家骏也认为，"做好应急信息系统建设最重要的是信息交换与共享、业务协同和数据挖掘"①，但目前，跨部门的业务协作与情报传递和共享做得不好，各部门都把各自的信息系统和采集到的情报视为己有，缺乏联动的机制和动力，导致大量信息孤岛出现。巧妇难为无米之炊，没有数据和信息，再先进的系统也是空架子。2012年"北京暴雨事件"中，暴雨橙色警报未能够在各级政府、部门、企业及社会力量中引起重视，气象、水务、交通、公安、通信等应急信息系统未做好响应准备，尽管北京各大街区、路口均安装有监控设备，但比硬件更重要的"信息流"却没有跟上，直接导致了处置的不及时与严重的人员财产损失。

(三) 情报技术及系统应用碎片化

在情报体系定位上，很多应急管理部门的领导认为，情报工作是辅助工作，是在管理和决策中的参考，而其应用背后的实质，却较少有人认识到。因此，情报体系建设被简化为软硬件购置和资料收集，而与具体的应急管理业务脱节，更谈不上应急情报体系的战略规划和顶层设计，这一问题如果得不到应急管理者特别是高层领导的清楚认识，那么情报体系永远无法真正在应急管理中发挥效用。

目前，各级政府在应急情报系统的硬件和软件上都有大量投入，但这些投入却未能最大化地发挥其作用，其主要问题在于，应急情报系统之间缺少统一规划、缺少开放接口、缺乏共享应用。不同部门对应急情报体系建设的重视和投入力度不同，某些部门财政实力雄厚，投入大量资金开发系统、购买软件和建设数据库，但由于标准不一，这些系统无法与其他部门系统有效地互联互通，造成资源的极大浪费；而另一些部门、单位由于在情报体系方面投入或能力不足，信息化程度不高，应急情报的报送、处理还保留着传统的传真、邮件或纸质文件传递等方式，无法满足信息快速上报、实时响应和处置的要求，也无法从其他系统中获得有效支持。一方面，与应急管理相关的各个部门开发和建设了自己的情报系统和监测预警体系，也通过各自的业务渠道实时采集情报和汇

---

① 《应急信息系统陷入重硬轻软的误区》，2015年7月16日，http://finance.sina.com.cn/roll/20120801/001612721839.shtml。

总知识经验；但另一方面，应急管理中情报无法有效流动，面临诸多的梗阻，这导致在关键时刻，应急管理和决策者无情报可用，也不知道去哪里获取情报。

二 应急管理情报体系的战略目标

为弥补新公共管理导致的应急情报体系中出现的部门化、碎片化问题，整体性治理强调以公民需求和结果为导向，强调整体性整合，强调以技术为治理手段，重视信任、责任和制度化，这与前面分析的应急管理"一案三制"战略改革方向一致。汪玉凯在对我国电子政务未来发展趋势的思考中，提出电子政务应在顶层设计的大思路下，从"整合、互联、共享、重构、效率"五个方面进行考虑。整合是对重点业务领域的现有系统进行深入整合，实现跨部门协同；互联是打破条块分割现状，实现互联互通；共享是在整合与互联的基础上，提高资源和服务的共享水平；重构是对政府组织体系进行调整，重新构建和部署重大综合应用项目；效率是提高电子政务的综合服务水平和财政资金的投入产出效率。[①]

因此，结合整体性治理的要求、电子政务顶层设计思路和框架，以及应急管理战略改革的要求，本书提出了应急情报体系的战略目标：

（一）服务优先、公民至上

我国应急情报体系建设中存在的诸多碎片化现象源于应急管理部门未能明确其工作中心是以公民服务为导向、解决人民的生活问题为重点。党的十八大明确指出，我国要加快服务型政府建设，提高人民的满意度，以服务为宗旨，政府的角色是为公众提供服务而不是管制。在服务型政府以民为本的理念下，政府应以公民的需求为重，维护社会和公众的合法权益。应急管理作为一种与人民群众生命财产安危紧密相关的综合业务，应该将各种情报资源和技术作为为民服务的治理手段，借助情报体系提高其公共服务的质量和效率。

---

① 汪玉凯：《顶层设计与"十二五"电子政务的发展趋势》，《电子政务》2010年第8期。

(二) 优化整合、整体发展

传统应急管理中的精英主义和管理主义,要么过于强调精英在应急管理和决策中的作用而忽略了民众参与的力量,要么过于强调管理效率和效益而弱化了应急管理的公共服务性,这样的结果是应急管理情报系统和项目的服务对象主要针对政府管理者而非公众,整体性治理模式纠正了这两种偏差,强调对公众负责而不是对政府负责。[①] 同时,应急管理本身是复杂问题,单个部门或组织往往无法有效应对,需要多机构跨部门的协作和整体性应对。

因此,政府应急管理信息化应充分考虑"政府—市场—公民"的关系,不但为政府内部机构的整合提供支持,更要为协调各种外部机构、鼓励社会和公民的参与提供有效的途径。

(三) 横纵有序、分工协作

应急管理是一项涉及众多机构和部门、需要全社会共同参与的工作,但由于部门分割,使多元治理主体之间由于价值目标、多元利益的相互冲突,出现多主体间协作不力、应急资源无法共享且重复建设、问题责任相互推诿等情况。

传统科层制下,虽然应急管理组织有自上而下的组织体系,政令统一、组织有序,但由于层级较多、缺乏灵活性,不利于应对突发事件的复杂变化;而新公共管理的扁平化组织虽然更具灵活性,但权力分散和缺乏强制性使得碎片化现象突出。[②]

因此,应急情报体系应从应急管理事业本身的发展出发,而不是从应急管理部门组织的利益出发,在整体性治理的思路下,从治理层级上协调地方、中央以及国家合作组织,从治理功能上打破部门壁垒,从公私整合上加强社会动员和制度保障,使应急管理的多元治理主体形成一股合力,在权责分明、社会参与和资源整合的基础上,构建横纵有序、

---

① 彭纪文、赵宇:《整体性治理:非常规突发事件应急管理的新模式》,《领导科学》2013年第35期。

② 同上。

分工协作的应急情报网络，支持应急管理的整体化发展。①

（四）业务驱动、技术支撑

多国的政府信息化经验告诉我们，忽略业务而一味强调技术应用的情报体系不可能成功，所有成功的情报体系都是建立在对组织战略和业务发展的准确把握基础之上，通过业务驱动技术，通过技术改造和重组业务、简化和优化业务流程，从而达到提高组织运作效率的目的。

应急情报体系建设需要首先明确应急管理战略发展方向，才能够据此定位应急情报体系的战略目标，在梳理应急管理业务和功能需求、厘清业务流程的基础上，还需分析其情报要素及关系，将战略规划转变为能够通过情报体系支持和对接的具体项目，进而通过具体项目的实施来实现应急管理战略。

因此，从应急管理事业发展的全局出发，梳理业务与情报资源和技术的关系，从整体把握应急情报体系的发展，是突破目前困境的重要保障。

（五）标准统一、结构优化

应急情报体系建设中，大量问题存在的原因在于缺乏统一标准，因此，在情报体系顶层设计中，应注重标准化建设，从顶层设计的框架构造到分层架构设计，都应始终坚持标准化思想，从系统工程的角度对政府应急管理信息化进行统筹规划，关注公用服务和关键服务的统一集成，以模块化、组件化和平台化的设计实现系统优化和整合。

三　情报战略与应急管理战略的一致性分析

顶层设计是为组织战略服务的，因此，明确应急管理战略与情报战略之间的关系是首要任务。1993 年，文卡特拉曼（Venkatraman）和亨德森（Henderson）在其提出的战略一致性模型（Strategic Alignment Model，SAM）中，描述了组织战略与 IT 战略的匹配关系，将 IT 战略作为推动组织战略的重要战略之一，情报战略在推动政府应急管理发展、提高

---

① 彭锦鹏：《全观型治理：理论与制度化策略》，《政治科学论丛》（中国台湾）2005 年第 23 期。

其运行效率和质量方面与 IT 战略和组织战略的关系有相似的意义，因此，应急管理战略和情报战略也应存在这种战略一致性，当情报战略与应急管理战略相匹配时，情报战略就会成为推动应急管理发展的动力，而如果不相匹配，情报战略则会阻碍其发展。因此，应围绕应急管理的战略发展需要，建立与之相符的情报战略，使应急管理与情报体系紧密关联。

情报战略服务于应急管理战略，是支撑应急管理战略实现的一个重要途径，为使应急管理情报体系与应急管理战略保持一致，有效发挥情报战略的作用，情报体系应根据应急管理的战略目标和愿景，确定对应的情报战略目标，并通过顶层设计将情报体系与应急管理充分融合，提供应急情报体系发展战略的整体性视图。

顶层设计的目标如图 3-4 所示：

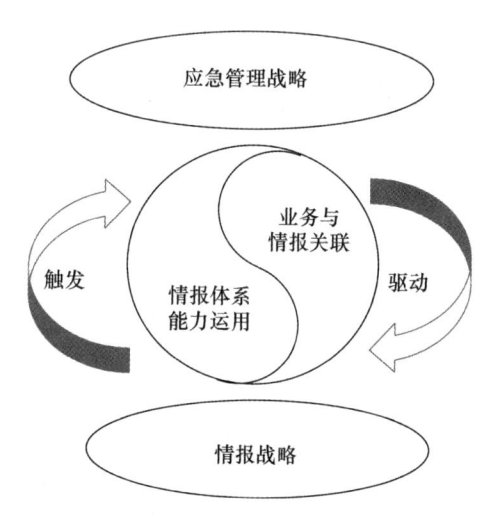

图 3-4 应急管理战略与情报战略的关系

第一，将情报体系与应急管理业务紧密结合，围绕应急管理战略明确应急业务需求，以业务需求驱动情报体系的运作，将分散的情报资源、技术与业务流程有机结合起来，促进应急主体间的协作、优化应急资源配置、适应情境动态变化。

第二，情报体系对应急管理的支撑，从表面上看是情报资源供给和情报技术应用，但其本质却是通过情报资源和情报技术应用触发新的应急业务需求和模式创新，推动应急管理和应急决策的科学化和规范化发展，为政府应急管理和决策提供依据，提升应急管理和决策的效力。

战略一致性模型划分了四个域：组织战略、IT战略、组织流程构架和IT流程架构，分为内外两个部分，外部为组织业务战略规划和IT战略规划，反映了组织所处的市场环境和政策环境。组织战略指明了组织的业务定位和范围，以及运营能力和管理机制等问题，是关于组织长远的发展规划；IT战略则是组织对信息技术的选择范围、能力要求和管理机制问题。内部为组织流程架构与IT流程架构，反映了组织内部的业务流程和IT的应用实施。组织流程架构应与组织战略相匹配，围绕组织战略提供组织结构、业务流程设计；信息技术架构和流程应与IT战略相匹配，并服务于组织流程架构，根据业务需求来确定组织信息基础设施、技术流程和IT技术支撑。

如图3-5所示[①][②]，可以借助战略一致性模型对业务和情报的描述，识别出业务和情报之间的内外两种整合需求。

从外部来看，存在组织战略和IT战略的战略整合需求，它反映了如何通过信息技术能力支持组织战略的实现，在信息技术已日渐成为组织的重要战略优势的今天，这一能力显得特别重要。从内部来看，存在组织流程架构与IT流程架构的业务整合需求，它强调应确保组织内部业务需求和IT交付能力的一致性。

传统的情报战略思维方式，往往割裂了图中左右部分反映的业务与IT之间的联系，而将情报体系建设聚焦于右上角的IT战略本身，战略一致性模型就是强调需要考虑四个域之间的关系协调，特别是应充分考虑IT战略与其他三个域之间的对应关系和相互影响，既考虑宏观的外部环

[①] Henderson J. C., Venkatramen N., "Strategic Alignment: Leveraging Information Technology for Transforming Organizations", *IBM Systems Journal*, Vol. 32, No. 1, 1993, pp. 4-16.

[②] 《什么是战略对应性模型（SAM）》，2015年10月19日，http://www.itgov.org.cn/Item/3063.aspx。

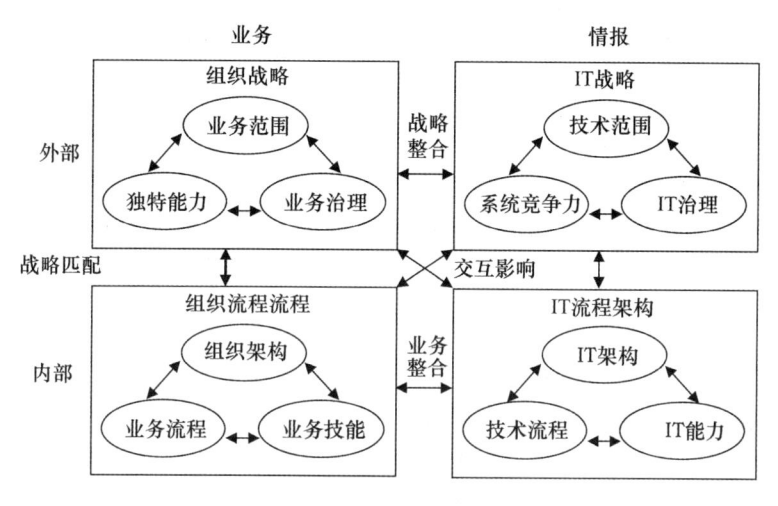

```
          业务                           情报
    ┌──────────────────┐         ┌──────────────────┐
    │    组织战略       │         │     IT战略        │
    │    ○业务范围     │ 战略    │    ○技术范围      │
外部│   ↕     ↕       │ 整合    │   ↕     ↕        │
    │ ○独特能力 ○业务治理│◄──────►│○系统竞争力 ○IT治理│
    └──────────────────┘         └──────────────────┘
战略匹配        ↕  ╳  ↕   交互影响      ↕
    ┌──────────────────┐         ┌──────────────────┐
    │   组织流程流程     │         │    IT流程架构     │
    │    ○组织架构      │ 业务    │    ○IT架构       │
内部│   ↕     ↕       │ 整合    │   ↕     ↕        │
    │ ○业务流程 ○业务技能│◄──────►│○技术流程 ○IT能力 │
    └──────────────────┘         └──────────────────┘
```

图 3-5 战略一致性模型

境，又结合组织内部的具体实施。

组织在进行情报体系建设时有三条路线：

路线1：组织各业务部门根据现有组织结构和业务流程直接提出建设情报体系的需求，如人力资源管理部门提出绩效考核需求、财务部门提出财会电算化需求，情报部门根据各业务部门需求分别建设情报系统。这是情报体系建设的初级阶段，其路线是：组织流程架构→IT流程架构。

路线2：组织根据整体发展战略，对现有业务流程和组织结构进行变革，然后由各部门分别提出情报需求，分别为各部门实施情报体系建设，这是情报体系建设的中级阶段，其路线是：组织战略→组织流程架构→IT流程架构。

路线3：组织根据整体发展战略，进行组织业务流程和组织结构变革，从业务需求而非单个部门需求出发，全面考虑情报需求，制定情报体系发展战略，统筹规划、分步实施，这是情报体系建设的高级阶段，其路线是：组织战略→情报战略→组织流程架构→IT流程架构。

比较三条路线可以看出，只有路线3充分考虑了情报体系建设中的组织战略、情报战略、组织流程架构和IT流程架构之间的关系，而情报战略是连接其他三个域的重要工具和方法，它为组织战略、组织流程架构和IT流程架构之间建立起一座桥梁，使情报技术能够与组织战略保持一致，成为推动组织战略的动力。

四 应急管理情报体系的战略制定

在战略一致性模型的指导下，制定政府应急管理的情报战略，可以按以下四个步骤进行：

1. 评价当前情报战略与政府应急管理战略的一致性

可通过平衡计分卡等方法描绘政府当前应急管理战略地图，识别政府应急管理所处的内外环境，发现存在的问题。

2. 识别情报体系对政府应急管理战略的潜在影响

根据当前政府应急管理所处的内外环境，借助各种战略规划方法（如战略目标集转化法、企业系统规划法、关键成功因素法、价值链分析法等）分析情报体系对政府应急管理战略的潜在影响。

3. 提出情报战略的可选方案

充分分析当前环境，提出符合政府应急管理战略要求的、合理可行的情报战略方案。

4. 评价方案，确定政府应急管理的情报战略

CIO应将应急管理情报体系的战略制定当作一项决策问题，它是在对组织内外环境充分认识的基础上，合理选择相关理论和方法，对备选方案进行评价，选择出符合政府应急管理战略目标的情报战略。

战略一致性模型强调了情报战略与组织战略、组织流程构架和IT流程架构相互影响，指出了战略匹配的实现途径，即组织战略与情报战略的整合方式和方法（如战略目标集转化法、企业系统规划法、关键因素法、组合分析法、价值链分析方法等），这为制定快速响应情报战略提供了思路。

按照战略一致性模型的思想，应急管理情报体系构建中，应首先识别应急管理情报体系的关键需求，制定情报战略的目标和长远规划，进而形成有效的治理结构，为战略实施提供决策和管理依据，并在此基础

上围绕应急管理业务、信息和技术架构，实现全局性的业务优化和资源整合，最终通过情报体系的构建，实现对应急管理的情报支撑。整个过程可以通过绩效评估予以监控，实现持续改进。

第四节 应急管理情报体系的总体架构分析与设计

一 国外应急管理情报体系对我国的启示

对情报体系构成要素的梳理是首要任务，以下通过对美、加、俄、日等国政府应急管理情报体系的分析，结合我国应急管理实践提炼并分析情报体系的构成要素。

美国应急管理情报体系有专门的组织和人员设置，职责清晰、分工明确。国土安全部下专门设有情报工作与基础设施保护分部，负责在灾害准备、应对和恢复方面为各部门提供情报的收集、分析、加工和决策支持，在《克林格—科恩法案》的要求下，各联邦机构均设置了首席信息官，通过全国标准统一的应急管理信息系统为各部门提供支持。

为解决条块分割造成的结构性失调问题，美国联邦国土安全部和司法部发起创建了美国情报融合中心（Fusion Center），将美国各联邦层级、州级和地方政府情报机构联通起来，由专业的情报专家对获取的情报进行分析、整理，使情报信息通过及时流动来有效应对危机。[①] 它打破了机构间的壁垒，以跨机构合作和技术创新提升情报分析融合能力，增强情报的协同性，它通过维基的在线协作方式建立起情报信息库，各机构间的情报能够得以快速融合和共享，使美国情报体系能够在第一时间得到实时的情报和来自专业人士对情报的分析和解读。

美国情报融合中心通过其各个节点，将遍布全国的情报资源、情报技术和情报分析专家有效组织起来，实现无缝连接，支持各部门决策，这是一个整合、高效的情报体系，各种情报资源在这一体系中得以最大

---

① 张家年：《情报融合中心：美国情报共享实践及启示》，《图书情报工作》2015年第13期。

化利用。

美国情报融合中心有其完整的整体规划、运作流程和规范指南。

在组织结构方面，美国情报融合中心由美国国土安全部直接领导，联邦调查局、中央情报局等相关部门协同配合，其下由各州级政府情报部门组成中间层，包括州级情报中心、警察局、应急管理中心等，最下层由各级地方机构和社会组织组成，负责具体的情报工作和执行。

每一级情报融合中心都有其明确的定位和规划，其情报工作流程都是围绕情报的收集、分析、共享和存储利用来进行，其总体目标都是为了提高情报共享能力、提高执法和反恐能力，虽然由于每个中心的定位和任务范围不同、具体的工作内容不同，但都是按照2003年司法部制定的《国家犯罪情报共享计划》（National Criminal Intelligence Sharing Plan，NCISP）这一国家层面的整体框架指导，并制定的融合中心规范（fusion center guidelines）来开展工作，具体的，司法部和国土安全部制定了18条工作规范来具体指导各级情报融合中心的情报工作流程。

为确保情报融合中心能够更好地在应急管理中发挥其作用，美国联邦应急管理署（FEMA）在其信息化改革中，也将情报融合在应急管理工作中的作用进行了充分考虑，它首先明确了政策和组织保障的重要性，进而通过分析应急管理对情报融合的需求，设定了情报体系的目标，并以此为依据实施架构迁移。

美国在1996年的《克林格—科恩法案》中，要求所有联邦机构建立自己的信息化总体架构，为使所有联邦机构遵循统一的架构和标准，美国从2002年启动了联邦政府总体架构（Federal Enterprise Architecture，FEA）项目，它的实质是按照总体架构的理论和方法开发联邦政府的信息化顶层设计架构，这为美国政府信息化发展提供总体指导，也使信息化成为应急管理情报工作顺利开展的基础。FEMA1998年遵循联邦政府总体架构（FEA）的思路和方法开始了其信息化建设（e-FEMA）之路。

为推进FEMA的情报工作及信息化进程，FEMA首先成立了信息技术服务局（Information Technology Services Directorate，ITS Directorate），它与FEMA下属的减灾局、响应与恢复局、保险管理局、地区管理局、人力资源管理办公室、财务管理办公室等单位平级，负责 FEMA 信息化架构的开发管理。信息技术服务局设置 CIO 负责具体工作，任务分配给下属的信息技术服务管理部、项目管理组、业务部和工程部完成。根据 FEMA 指导文档（Instruction 1610.13），FEMA 还成立了信息资源委员会（Information Resources Board，IRB），由 CIO 兼任主席，与其他成员单位共同对 FEMA 的 IT 需求和规划提出建议，信息技术服务局为信息资源管理委员会提供技术、规划和政策方面的支持。

除美国外，加拿大、俄罗斯、日本等国也在其应急管理情报体系的构建上有自己的特色。

加拿大在应急信息管理方面从组织设置、流程制度和平台建设三个方面加以保障。加拿大在其公共安全部下设立政府应对中心，专门负责协调和监督联邦政府的应急处置，对相关信息进行处理，其全过程都有标准化的程序和通用的术语代码、表格、文件格式要求和统一规定，并将 911 电话平台作为各类应急信息的收集、整理、决策和反馈的平台。[1]

俄罗斯在应对突发事件时，有完整的情报组织体系，其紧急状态部下设有危机控制中心，该中心专业人员专门负责整理、分析来自于各地区、各部门的信息，其信息中心有功能强大的信息自动收集分析系统、指挥系统和全天候值班系统，能够在 2 分钟内将各种信息传至其他相关部门。[2]

以"情报立国"的日本在应急管理情报体系建设方面：一是强化情报资源的收集、处理和加工，构建全面联通的情报资源网络；二是注重专门的情报机构构建和整合[3]；三是建立连接中央和地方政府的防灾通信网络体系，实现各部门分散信息的整合，形成覆盖全国的应急对策专用网；四是情报系统严格有效，各部门分工明确、协同统一[4]。

---

[1] Public Safety Canada.［2015－05－07］. http：//www.publicsafety.gc.ca/index-eng.aspx.
[2] 国务院办公厅赴俄、日应急管理考察团：《俄罗斯、日本应急管理考察报告》，《中国应急管理》2007 年第 2 期。
[3] 洪凯：《应急管理体制跨国比较》，暨南大学出版社 2012 年版。
[4] 国务院办公厅赴俄、日应急管理考察团：《俄罗斯、日本应急管理考察报告》，《中国应急管理》2007 年第 2 期。

从美、加、俄、日等国的应急情报体系的建设可以发现，各国除重视情报系统的建设外，还强调情报部门设置、资源有序调度和跨部门协调合作，以美国为代表的应急管理情报体系，更重视从顶层视角自上而下对情报体系进行整体规划。我国应急管理的情报体系建设中，目前较为关注的是对各级各类应急平台和信息系统的投资建设，而对于情报体系所涉及的情报资源、组织体制机制、制度保障等方面的问题还考虑不足。

二 应急管理情报体系总体架构的需求分析

当前全球化、市场化、信息化、网络化的背景下，我国应急管理体系改革也有了更为清晰的战略定位，一直以来以政府为主体的公共部门决策与危机应对体系应转变思路，建立"全主体、全危险要素、全过程应对公共危机的长期合作网络和制度平台"①，改变传统的重事后处置、轻事前预防和事后反应的模式，以预防为主，防灾、救灾和减灾相结合，实现全过程、综合性应急管理模式。

按照这一战略部署，对于多元主体、多灾种类型的应急管理，需要提供全方位的情报支持。

（一）应急协同联动对情报体系的需求

情报伴随着应急管理的全过程，将情报体系映射到应急管理的所有阶段和业务中，是应急管理有效实现的基本要求。

应急管理是一个动态变化的过程，情报工作也应与之动态融合。突发事件未发生时，情报服务的重点在于各种日常信息收集和预警监测分析工作。突发事件发生后，情报工作的重点转向实时的现场情报收集，第一时间的权威信息发布，以及现场情报与基础信息融合后的综合研判，帮助决策者做出快速响应。突发事件的处置过程中，情报服务需随时根据事态发展变化，由专业的情报分析人员，结合情景因素对来自各方的情报进行分析和判断，帮助决策者进行方案调整或重新决策。突发事件

---

① 刘霞、向良云、严晓：《公共危机治理网络：框架与战略》，《软科学》2009年第4期。

的恢复阶段,应总结情报服务中的得失,将经验教训作为案例进行分析,为今后的应急管理情报服务提供参考,同时,也应对情报服务参与者进行日常的培训和演练,使其明确在突发事件过程中的工作流程和方式。

在应急管理的各个阶段,按照情报服务"广快精准特"的要求,"广"是指尽可能将分散于各处的信息收集起来,"快"是指按照应急管理各阶段要求及时提供,"精"是指提供精选的而非原始的信息,"准"是指准确无误的信息,"特"是指凭借专业的技术和方法所产生的信息。"广快精准特"的服务标准契合了应急管理的全方位、全危险要素、全过程情报支持的要求。[1]

(二)跨部门、跨领域协作对情报资源的需求

传统的纵向层级和横向职能分割形成的政府二元矩阵组织结构,客观上造成了政府信息资源的部门垄断,应急信息难以共享和交流,但应急管理的复杂问题必须依靠跨部门、跨领域的整体性思维加以解决。信息社会促使政府从这种二元矩阵组织结构向电子政府的扁平化结构发展,大部制改革正是朝着这方面在努力。流程化和扁平化将是情报体系支撑下的未来电子政府特征,以政务流程来打破部门分割,围绕服务对象和事件周期来组织调用和传递信息,突破层级限制,建立集中统一的中央数据库,整合各业务信息系统,通过专业的情报分析和服务为应急管理提供高效的决策支撑。[2]

应急管理要求从制度和规范上明确各部门在应急管理情报工作中的具体职能,制定情报资源、情报系统的统一标准,制定信息公开、交流和共享的流程和制度,制定应急管理中各部门的情报职责和跨部门合作的原则和行动指南。

各种突发事件往往与公众利益密切相关,对公众生活和工作有直接

---

[1] 武夷山:《用"广快精准特"指导信息增值服务》,2015年3月2日,http://blog.sciencenet.cn/home.php?do=blog&id=14472&mod=space&uid=1557。

[2] 樊博、孟庆国:《顶层设计视角下的政府信息资源共享研究》,《现代管理科学》2009年第1期。

或间接的影响，随着公民的主人翁意识日益提高，社会组织的社会责任感日益增强，应急管理全社会参与和协同成为可能。网络信息技术为多元参与提供了客观条件，在应急管理这样的复杂问题应对中，"政府、非政府组织、企业、公民个人等主体能够充分利用各自的资源、知识、技术等优势，在网络技术和信息技术的支持下，发挥出对危机治理'整体大于部分之和'的功效"①。

政府部门之间以及多元主体之间的情报交流与共享，是应急管理全社会参与的基础，因此，跨部门、跨领域情报资源的统一规划和调配成为情报体系的关键问题之一。

（三）动态响应对情报系统和信息技术的需求

突发事件应急信息系统（应急平台体系）是实施应急管理和预案的工具，是应用先进的信息技术、信息系统和应急信息资源的多网整合、软硬件整合系统。②

先进的信息技术是应急信息系统有效运转的依托。各种信息通信技术、信息融合技术、决策与优化技术是情报体系的核心技术，物联网、移动互联网等应用带来了海量数据处理与分析的需求，如何将大数据、云计算等技术应用于应急信息软硬件资源重用和共享，是情报体系发展今后应关注的问题。

目前，各省市大都建有自己的应急信息平台，各相关部门也有自己的应急信息数据库，但其建设发展仍不平衡，应用功能不够完善，平台差异大、数据标准不同、接口不统一，这些问题使得信息资源和平台系统无法有效整合。③如果能够通过情报体系建设，解决现有应急平台的信息安全、互联互通、数据共享和联动响应等问题，同时，注重核心技术的实用性、先进性、可靠性和可扩展性，不但可以避免应急情报资源的重复投资和建设，还能够使应急平台成为应急管理横向和纵向沟通、

---

① 何水：《从政府危机管理走向危机协同治理——论中国危机管理范式革新》，《领导科学》2008年第12期。
② 范维澄：《突发公共事件应急信息系统总体方案构思》，《信息化建设》2005年第9期。
③ 范维澄、袁宏永：《我国应急平台建设现状分析及对策》，《信息化建设》2006年第9期。

预防与应急功能兼具的有效工具。①

三 应急管理情报体系要素分析

早在20世纪40年代开始，各情报学派就从不同侧面对情报学展开了研究，情报交流学派关注情报的传播和交流过程，知识学派将对客观知识的分析和组织作为研究的核心，决策学派强调以决策者为主体分析情报过程，不同学派对情报学关注的视角和重点不同，帮助研究者有可能从不同侧面分析情报体系的构成要素，形成对情报体系更为完整的认识，综合各学派观点可获得与各国对情报体系一致的认识，即完整的情报体系不仅应关注情报资源的建设和情报技术的应用，还应充分考虑不同决策环境中情报主体的情报需求，将情报过程与决策过程有机融合。

应急管理中影响多元主体协同联动的情报组织及制度问题，以及支撑协同联动的情报资源和情报技术，同样是应急管理情报体系应关注的要素。

（一）业务驱动和制度保障下的多主体协同联动

应急管理多元主体之间的情报交流与共享，是应急管理有效运转的基础，我国以政府为主导的应急管理各机构在日常情况下，部门内部纵向的业务较为通畅，但紧急状态下的跨部门协作则困难重重，制度规范的不完善使应急信息协调、分析和决策过程没有制度保障，在政府官本位思想、领导价值观或部门利益的影响下，其他主体的作用难以发挥，致使应急管理缺乏全员参与和协作的基础，科学性和有效性无法保障。对此，各国应急管理情报体系都从组织和制度上，对跨部门、跨领域的协作进行统一规划，明确各个部门的职责界限和权责归属，以此保障多元主体的协同联动。

首先，从应急情报体系运行来看，传统的纵向层级和横向职能分割形成的政府二元矩阵组织结构，客观上造成了政府情报体系的条块分割

---

① 范维澄：《突发公共事件应急信息系统总体方案构思》，《信息化建设》2005年第9期。

和资源的部门垄断，使应急情报资源难以共享和交流。信息社会促使政府从二元矩阵组织结构向电子政府的扁平化结构发展，流程化和扁平化将是情报体系支撑下未来应急管理和决策的特征，通过顶层设计对应急业务流程进行重新梳理，按照 EA 对业务的分类分层设计思想，以应急业务的阶段或职能为依据对业务流程进行再造，根据业务需求对应急管理多元主体的职能进行重新界定，确定相关责任机构和部门并授权，是信息社会对政府应急管理的必然要求。

其次，从情报组织体制和机制方面，应考虑"专业情报＋兼职业务情报＋全员情报"相结合的模式，借鉴国外应急管理的经验，设立专门的情报分析中心和情报分析人员，情报部门收集和整合不同来源的信息和情报，以信息反映应急管理的状态和问题，以信息分析和情报体系支撑多主题、多层次的动态应急管理过程；消除行政管理的部门分割、条块管理、单灾种管理对应急管理情报体系造成的影响，加强情报部门与业务部门的跨部门合作和纵向层级间的沟通，既保障业务与情报的充分融合，又发挥情报工作的专业化支撑作用。一些专业信息机构（如图书馆、文献情报中心等）和科研机构应被纳入应急管理情报体系建设中，它们既能够在应急管理情报的资源搜集和组织方面发挥作用，又能够在应急决策的情报分析和支持中贡献专业的力量，这在很大程度上是对现有资源的充分利用。[①]

最后，从应急情报制度规范上看，实现多元主体协同联动的基础，是从制度和规范上明确各部门在应急管理情报工作中的具体职能，制定情报资源、情报系统的统一标准，规范信息公开、交流和共享的流程和制度，明确应急管理中各部门的情报职责和跨部门合作的原则和行动指南。

（二）全程支持的情报资源

应急管理是一个动态变化的过程，情报工作也应与之动态融合。沙勇忠等在分析危机情境中的决策影响因素时即指出，政府处理突发事件

[①] 宋丹、高峰：《美国自然灾害应急管理情报服务案例分析及其启示》，《图书情报工作》2012 年第 20 期。

时，决策的质量依赖于其能否在短时间内快速准确地获得决策对象及其环境的大量信息，但此时信息不充分、不对称往往是影响危机决策的重要因素，由于信息可能存在的不真实、不完整和滞后性，导致政府处理突发事件时常处于较为被动的状态。①

对于情报资源的关注，首先，应根据应急管理各阶段对情报资源的需求，对应急管理中事发前的基础情报、事发时的实时情报、事发中的衍生情报和事发后的经验情报资源进行建设和利用。

其次，对于情报资源的加工和利用，为使情报资源能够与复杂多变的应急决策情境动态融合，应考虑对多源情报资源的深度关联，从多粒度视角识别突发事件特征，实现协同架构的多源知识同步。② 同时，对于情报资源的描述和加工，由于应急情报涉及多个领域，我国目前尚无一套能够覆盖各类应急情报资源的应急情报核心元数据国家或行业通用标准，只有一些涉及应急管理部分领域的元数据标准，如：国务院应急管理办公室制定的《突发公共事件预警信息交互协议》、中国地震局发布的《地震数据元数据编写指南》、国土资源部信息中心发布的《国土资源信息核心元数据元素指南》等。目前，《政务信息资源目录体系》提供的元数据规范已成为政府信息资源描述的基本规范，可考虑在其基础上，对应急情报元数据进行扩展和描述，解决这一应急情报体系规范化建设道路上的迫切问题。

最后，对于应急情报的来源，目前主要集中于政府基层单位、军队情报部门和相关专业机构，政府对社会组织的引导和扶持不够重视，使得各种公益性组织发育不足，社会公益组织的发育不足导致社会公益精神和志愿精神的发展受到阻碍，社会成员缺乏参与渠道和参与机制，导致形成对政府的依赖，也使政府在情报体系构建中面临孤军作战的困境，政府往往因为情报的缺失和不完整导致某些决策的失误。根据"有限政

---

① 沙勇忠、李小涛：《危机情境中的决策约束及其解决路径》，《甘肃社会科学》2009年第5期。
② 蒋勋、苏新宁等：《突发事件驱动的应急决策知识库结构研究》，《情报资料工作》2015年第1期。

府"理念，应将以往基本由政府包揽的应急管理工作合理分担给全社会，为此，情报体系应关注如何建立全员情报机制，加大对社会和市场力量的重视和培育，通过多元主体的社会参与，使得政府与社会主体间建立起协作机制，通过良好的沟通与互动，使各社会组织和领域专家及时参与决策，使每一个社会成员都具有情报意识和情报能力，同时明确自己可用的情报途径和方式，将情报工作日常化、格式化、制度化和全员化。

（三）动态响应的情报技术

情报体系建立在能充分支持突发事件应急决策全流程响应的应急情报系统基础上，通过精确匹配的技术和合理设计的业务流程提供对应急情报系统的全程支持、有序运转、动态跟踪、灵敏监测和综合智能研判，从技术选择、功能应用和平台构建的角度考虑对情报体系的全面支持。

对情报技术的关注，首先，应在现有的情报收集、描述、整合和共享的基础技术之上，关注各种信息通信技术、情报融合技术、决策与优化技术，考虑物联网、移动互联网等技术应用于多源情报收集、海量数据分析及情境动态融合的可能。

其次，应关注情报系统的功能应用问题，为此，应考虑基于应急业务需求设计情报系统，面向公众提供界面友好、接口清晰的"一站式"公众服务平台，面向政府应急管理工作者提供支持突发事件应急管理全流程响应的应急信息系统，为应急管理提供综合支持，满足其有序运转、动态跟踪、灵敏监测和综合研判的需要。

最后，应关注情报系统构建问题，互联互通互操作是对当前应急系统的基本要求，系统接口不明、标准不一的问题需要通过统一规划和整体部署加以解决。在具体设计中，各系统都包含的一些相同或相似的功能应用，可以用组件化的开发思想进行开发，由各个系统直接调用，各系统只需关注其专用业务模块开发即可。同时，将大数据、云计算等技术应用于应急情报软硬件资源的重用和共享，也是情报体系构建中应关注的问题，它们对于减少数据冗余、促进共享、实现互操作和跨库检索是有力的支持。

四 应急管理情报体系基本框架构建及实施要点

(一) 基本框架构建

多主体协同联动是应急管理有效运行的基本要求，它由应急管理业务需求驱动，通过对应急决策的业务流程重新梳理，有效界定各主体的职能和定位，设立相应的职能机构和责任者，以组织制度加以保障，避免以往职能交叉和职能错位的情况。在清晰的业务需求指导下，情报资源和情报技术作为服务者和支撑者的角色出现，信息传递、情报共享和情报应用的深度和广度直接决定着政府部门和各种社会力量间协同联动的效率和质量。

情报资源围绕应急管理各个阶段的业务需求提供支撑，各业务所需情报资源的收集、整理、加工、应用通过清晰的描述和分类加以明确，其重点在于通过一套标准化的方法，为各部门和机构内部及相互之间提供描述、发现、管理、共享和重用情报和信息的基础。

情报技术通过信息技术和应用系统反映应急业务需求和情报资源流动，提供全程的动态响应，其目标是通过组件式和标准化等设计思想，减少重复建设和开发，促进应急系统之间的整合和共享，实现应急平台的互联互通互操作。

通过以上分析可见，多主体联动、情报资源和情报技术构成了情报体系的三个关键要素，三者之间相互作用、相互影响，通过综合集成共同作用于情报体系，实现应急管理的情报战略，其基本框架如图 3-6 所示。

(二) 实施要点

要构建快速响应的情报体系，有以下几个要点需要在各个要素分析中注意。

1. 以分类思想梳理应急业务、情报资源和技术需求

第一，强调从业务需求出发，打破部门界限，为公众提供整体一致的服务。这一思路是对现行政府按职能和部门划分的刚性体制的挑战，它打破了单一部门、政府一元主体的条块分割体制，使政府具备应对复

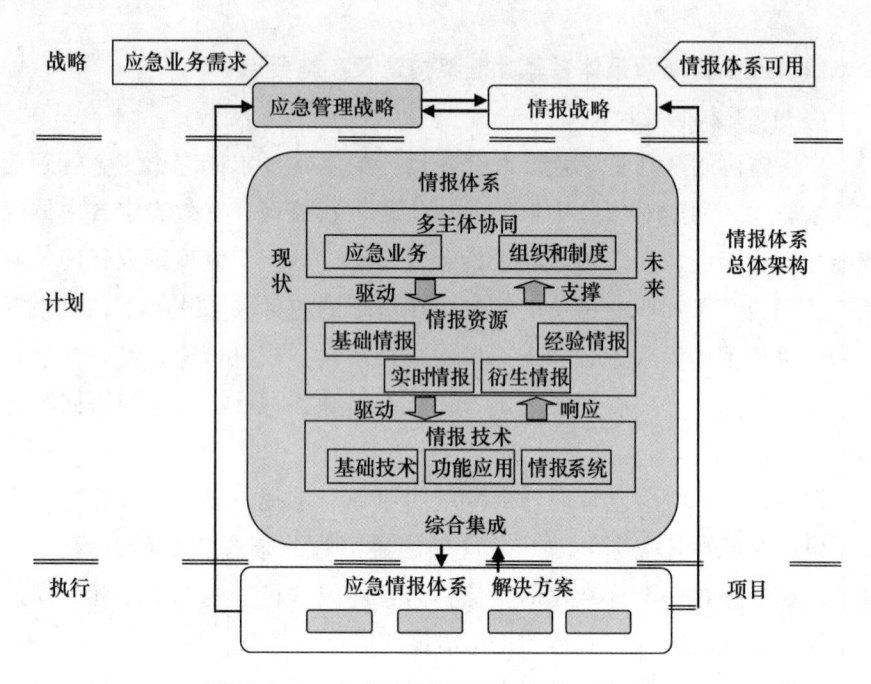

图3-6 应急情报体系的基本框架模型

杂应急管理的能力。在进行情报体系顶层设计的过程中，通过这种整体性整合，自顶向下规划和设计政府应急管理的业务框架，有助于全面梳理应急管理业务，理顺中央和地方各级政府与军队、武警和社会组织间的协作关系，通过顶层协调来解决机构整合和流程再造的问题，推动应急管理业务的标准化运作。

第二，从业务需求出发，科学划分、以责定岗。作为支撑应急管理运行的情报体系，应根据应急管理业务的分类和分级，根据各业务功能的要求，细分各业务功能所需的服务，再以此为依据指导情报资源和情报技术的设计。这种业务分类思想对于我国优化政府应急管理结构、深化体制改革和促进部门融合是一剂良药，体现在应急管理业务架构设计中，即是打破传统以部门层级或灾种来划分的传统思维，首先关注应急管理的业务需求是什么，以及如何实现这些需求，再从业务需求和服务出发对政府部门的职责进行重新定位、实现整合。

2. 以描述、分类和共享支撑情报定位和发现

尽管我国已在《政务信息资源目录体系》和《政府信息资源交换体系》中明确了政府信息资源标准的重要性，但对于如何具体开展落实，思路尚不清晰，可基于现有的政府信息描述、分类、共享的三个步骤及工作要点开展情报体系的建设。

第一，通过信息描述，提供一种方法对收集到的数据和信息进行统一描述，以支持数据发现和数据共享，但我国目前还没有正式的应急信息核心元数据国家或行业通用标准，这是应急情报资源规范化道路上一个迫切需要解决的问题。

第二，通过信息分类，根据2008年发布的《国家应急平台体系技术要求（试行）》和《国家应急平台体系信息资源分类与编码规范（试行）》，对应急信息资源的分类原则和方法进行了规定，要求所有应急平台按照此规范进行分类建设，以规范化促进情报资源在平台间的转换和共享利用。

第三，通过信息共享，现行《政务信息资源交换体系》对政务信息交换的相关问题进行了规定，它不但从总体上对其结构框架进行了说明，还对分布式系统间信息交换技术要求、异构数据库接口规范和技术管理进行了详细规定，这些说明和规定同样适用于应急情报的交换和共享。

3. 面向业务的组件化标准化技术应用

第一，面向业务应用开发系统，所有的应用都基于业务的需求，这一需求根据业务架构设计来明确，可有效避免开发出无用系统。

第二，以组件设计思想进行可重用模块的设计，减少了软件的重复开发和投入，同时，标准化的组件应用提高了跨机构合作和互操作的能力，并有助于形成一体化的和可评估的应用服务，使政府对IT投资和资源进行有效控制和维护。

第四章 应急管理情报体系的情报资源

情报资源是面向突发事件应急管理情报体系实现快速响应的资源保障,如"水之源头",是实现情报体系快速响应的关键要素之一。本章探讨突发事件应急管理体系的情报资源建设,明确突发事件应急管理情报体系的情报资源要素需求。以突发事件应急管理、应急决策为视角,探讨情报资源的内涵、特征及其要求;从情报资源过程形态、产品形态和载体形态阐述突发事件应急管理、应急决策的情报资源形态;并提出面向突发事件应急管理情报体系的情报资源聚合框架、组织过程以及聚合手段等。本章的情报资源建设相关问题的分析,作为快速响应情报体系跨学科理论体系构建和顶层设计的扩展,同时又为后续应急管理情报体系综合集成与实证研究提供基础。

第一节 应急管理情报体系的情报资源概述

一 应急管理的情报资源内涵

"情报"一词的界定,在不同的国家、领域和背景下有不同的阐述和理解。如美国《军语及有关术语词典》将情报定义为"通过对现有的关于国外情报资料的搜集、处理、综合、分析、鉴定及判读而形成的产品",英国《韦氏新国际词典》将情报定义为"有关特殊事件或特殊情况的知识"。我国《辞源》和《辞海》历次修订版对"情报"定义和阐述也随着时代的变化而不断丰富与发展,学术界对"情报"概念的辨析与探讨更是从未停止,有信息、知识、数据、智能和文献等多种论点。① 简言之,情报是一种经过加工、处理后可供利用的信息、知识和数据的产品。

"资源"是对人力、物力和财力等各种要素的总称,对于情报资源的概念研究者并没有太多的界说,根据对情报的理解,情报资源的概念可分为广义和狭义两种角度来理解和认识。广义的情报资源泛指用于保障情报活动的诸要素合集,包括情报集合、情报人员、情报组织与机构、情报技术设备以及情报规章制度等,广义的情报资源与情报为交叉关系,如图4-1所示。狭义的情报资源指的是经过人们加工处理、整理和序化后有用的情报集合,狭义的情报资源与情报为包含关系,情报资源属于情报的一部分,如图4-2所示。本书主要指的是狭义的情报资源。因此应急管理情报体系的情报资源是指围绕突发事件应急管理所产生的情报,并经过加工处理、整理和序化的有用的情报集合。

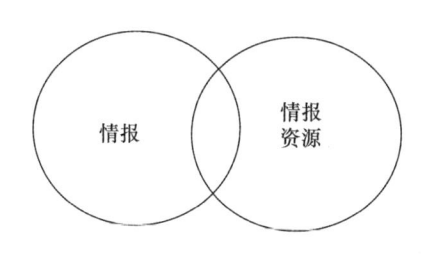

图4-1 广义的情报资源　　　　图4-2 狭义的情报资源

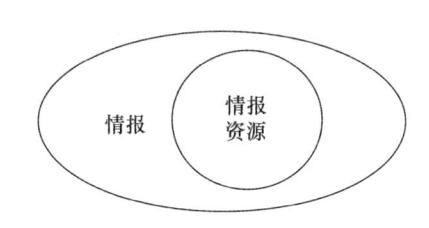

突发事件应急管理中有关信息、数据、情报、知识能否及时、有效地支撑应急决策与事件处置?有效匹配突发事件过程,信息被激活、被利用起来,才能体现出支撑突发事件应急管理的真正价值与意义。形象地比喻,突发事件应急管理中信息高速公路的分阶段铺设已见成效,如何疏导信息流,还需要更深入的立交桥(flyover)功能发挥。所谓通则畅,畅则达。目前,突发事件应急管理中信息工作深入到各个环节。国家及地方政府应急管理部门在信息报送、跨部门信息协同、数据库建设、

---

① 靖继鹏、马费成、张向先:《情报科学理论》,科学出版社2009年版,第4—5、133—142页。

信息系统平台等方面已经做了大量工作，积累了大量丰富的突发事件应对知识、信息资源库以及经验总结。然而，信息报送、各类数据库与平台数据等相对静止与孤立，未能嵌入突发事件应对过程，突发事件信息的及时、有效联通的管道机制并未有效形成。联结与打通是目前突发事件应急管理中情报资源管理的核心要点。从情报到情报资源是情报体系运作的核心部分。

综合来看，在突发事件应急管理的语境下，应急管理情报体系的情报资源是一个集情报来源、情报流程、情报产品和情报用户于一身的系统概念，从应急管理的不同维度可以进行不同的阐述。情报来源定义了应急管理的情报产生源头，即突发事件的发生、演变及其应对过程中形成和产生的相关信息、知识和数据等；情报流程表明应急管理的情报资源需要经过一定的加工、分析和处理过程后方能成为情报资源，这一过程即情报流程；情报产品的属性指出了应急管理的情报资源是一种有价值的可利用产品，不是所有的信息、知识和数据都能成为有用的情报产品；情报用户是应急管理的情报资源有用性和价值发挥的检验者。情报来源、情报流程、情报产品和情报用户共同构成应急管理情报资源内涵，如图4-3所示。

二 应急管理的情报资源特征

情报相较于一般的知识、数据和信息而言，具有知识性、动态性、效用性等特点，而突发事件应急管理需要及时、准确、全面、有效的情报来辅助决策与行动。情报从哪里来？情报源于信息，它是突发事件应对当下紧密相关的、被激活了的信息。目前应急管理中存在的问题是，将情报资源与信息数据库混为一谈，未能充分重视突发事件过程中的情报观，继而对情报资源认识不清。公共安全基础信息数据库、突发事件专题研究数据库、知识库、案例库等并不是情报资源，它们只是备战阶段的情报资源储备。只有当它们在突发事件应对的特定场景下，为解决特定问题（情报需求）被调取，经过快速、有效的组织（资源化），能够发挥出一定作用，经历过这个过程的才能被称为情报资源。

第四章　应急管理情报体系的情报资源

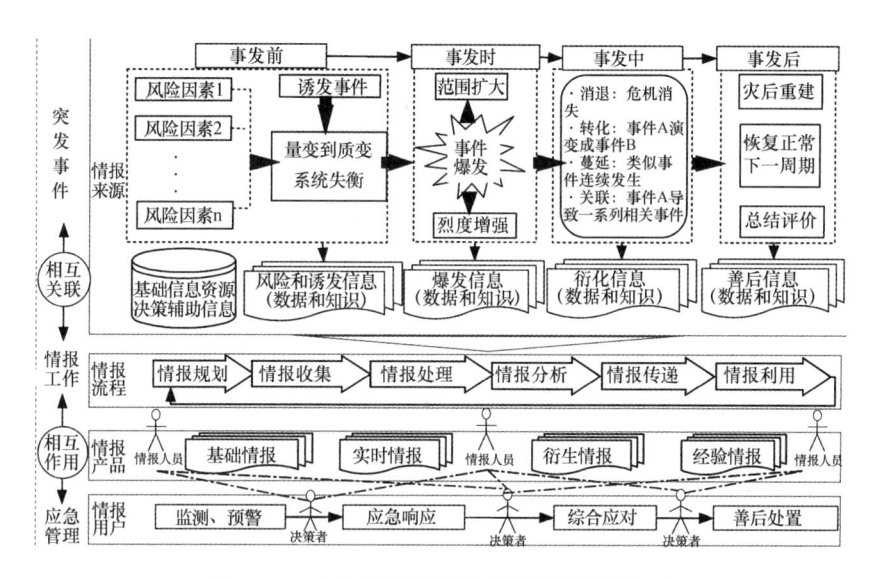

图 4-3　应急管理情报体系的情报资源内涵

因此，从突发事件应急管理的环境和需求而言，情报资源应具备应急管理情报体系所需要的特点，具体表现在以下方面：

（1）相对性。在突发事件应急管理的决策情景中，不同的应急决策情形、不同的应急决策领域和不同的应急决策者，对于情报的掌握和应用会随之而变化。这种相对性一方面指的是同样的情报资源对于不同的决策时间段、不同的决策领域和决策者，其发挥的效用和被利用的程度会有所不同；另一方面指的是情报资源的作用正反相依，如在国家安全中普通的信息资源在敌方可以成为关键性的情报资源。

（2）动态性。情报存活在突发事件产生、演化与结束的整个过程中，情报随突发事件应急管理过程而生，在应对处置完之后转化，不存在静止的和脱离过程的情报，具有动态转换性，数据、信息、知识和情报之间存在动态转换关系，在特定应急决策场景下，数据、信息和知识可以直接转换为可供辅助决策的情报资源；而在突发事件应急决策和处置完毕之后，情报则可以动态化形成一种新的经验和知识，转为新的突发事件或同类突发事件的应对与处置的准情报资源。

(3) 时效性。常说分秒必争,时间就是生命,在灾害应对和处置过程中,瞬息万变,情报资源的有效性和价值也会随着时间的推移实时变化。一方面,已获得的情报资源需要尽快地发挥其作用,为进一步的突发事件应急管理提供决策支撑;另一方面,事件的发展与演变需要及时补充新的情报资源,以弥补已有情报资源的不足,方能全面有效地开展决策。

(4) 组织性。突发事件应对处置中需要综合考虑各方面因素,牵一发而动全身,有价值的情报供给必须考虑从点到面,经过快速有序化、结构化、关联化等组织手段,好似头绪线索的各个情报点形成情报资源,继而支撑突发事件应对处置考虑的全面性与科学合理性。无情报不决策,仅抓个别情报难免以偏概全,情报经过有序组织实现结构化才是突发事件应对的有力保障。

三 应急管理的情报资源要求

突发事件应急管理的情报需要符合什么样的标准和原则呢?从现有研究分析可知,广泛性、及时性、精练性、准确性、真实性、完整性、共享合作是专家学者们在研究情报工作时对情报提出的共性较高的基本原则。突发事件的应急管理工作作为社会实践活动之一,对情报的需求要遵循这些基本原则;另外,应急管理作为一种非常规和特殊的工作,对情报的需求也有其非常规和特殊的要求,尤其在速度、质量和效果方面的要求极高。简言之,只有高速度、高质量和高效用的情报,才能为应急部门和决策者快速、准确和有效地决策提供支撑。

(一) 快速及时的速度要求

快速及时是突发事件应急管理中决策快速响应的需求,突发事件的爆发是分秒之事,其产生的破坏和关联事件速度同样惊人,因此应急决策分秒必争,必须快速响应,这便需要高速度的情报为决策服务。突发事件情报的时效性极强,"迟到"的情报等于没有情报。那么,如何有效地保障情报服务能够快速响应呢?具体而言,需要应急决策的情报服务坚持"平战结合"的原则:一是平时要有丰富的基础信息、知识、情报和经验的积累,事件一旦爆发,随时可以调用这些基础资源对突发事件做出快速响应；二是战时要搞好实时情报和衍生情报的快速获取与传递、保障情报传输渠道畅通，及时汇集、更新、提取和传递突发事件发展过程中的情报。

（二）精练准确的质量要求

精练的情报资源是指去粗存精后的关键性情报，为应急管理中的应急决策提供最具核心价值的情报；准确的情报资源是指去伪存真的正确情报，为应急决策提供重要的支撑和依据。不精练的情报会耽误决策者宝贵的时间和精力，不准确的情报可能导致重大决策失误。突发事件爆发时会呈现出信息极度缺失，在事件爆发后往往又会出现信息过剩的局面，导致情报难辨或"虚假情报"产生。因突发事件一旦爆发，便受到来自社会的各种机构（政府信息发布机构、新闻媒体机构、公益组织等）和各类人员的广泛关注与报道，导致情报的富有化。这时高质量的情报资源对于应急决策者来说，便显得尤为重要。

（三）针对性和价值性的效用要求

针对性的情报资源是指情报资源的提供应根据突发事件应急管理的不同需求、决策问题的要求进行匹配，少而精的情报资源可以起到事半功倍之效；价值性的情报资源是指应用到应急决策中便能产生实际效果和解决问题的情报。应急管理的目的是要及时高效地处理突发事件，仅仅是高速度和精练准确的情报是远远不够的，还需要是高效用的情报，能够充分发挥决策参考价值的情报。一切情报都是拿来用的，只是突发事件情报要用得及时、用得紧迫，高效用的突发事件情报资源方能适应应急管理的及时性和紧迫性要求。

第二节　应急管理情报体系的情报资源形态

据不同的标准可将应急管理情报体系的情报资源划分为不同的形态（或称类型），如按突发事件的类型可划分为自然灾害情报资源、公共卫生事件情报资源、事故灾难情报资源和社会安全事件情报资源等形态；按情报资源载体形式可划分为传统文献情报资源、电子情报资源和实体情报资源等形态；按情报流转的方向可划分为上级情报资源、下级情报资源和平级情报资源等形态；按应急过程可划分为基础性、实时性、衍生性和经验性等形态的情报资源。不同应急管理情报体系的情报资源形态划分有利于对情报资源的深度理解。

一　应急管理的情报资源过程形态

（一）基础信息资源

基础信息资源指的是应急管理情报体系所需要的有关人口、地理、经济和各类设施相关的信息资源或数据库，这些基础信息资源通常由不同的职能部门和机构掌握和管理。通过各部门所掌握的基础信息资源共享，可快速实现基础信息资源的汇总分析并提取有用的基础情报，在突发事件的事前监测预警、事发快速响应、事中快速应对和事后及时总结过程中发挥重要的辅助作用。基础信息资源具体包含的内容非常广泛，且没有固定说法和标准，表4-1列举了国内相关标准、规范和研究中指出的基础信息资源所包含的类型。

从表4-1可知，突发事件相关的基础信息资源种类繁多、涉及领域众多，需要经过长时间的积累与收集才能建立起来。这些基础信息资源在突发事件应急管理的决策中发挥着重要的辅助作用，若没有长期的积累和共享，突发事件爆发时将会耗费大量时间来采集这类基础信息资源，继而贻误决策最佳时机。只有在长效规划下，进行统一化和规范化的基础信息资源建设，才能在突发事件爆发时，实现不同部门和机构间的共享和互操作，提高各部门之间的协同联动应急能力和处理突发事件的效率。

表4-1　　　　　　　　突发事件基础信息类型举例表

来源	基础信息资源（数据、数据库）
《"十二五"国家政务信息化工程建设规划》（2012）	计5类：人口信息资源库；法人单位信息资源库；空间地理信息资源库；宏观经济信息资源库；文化信息资源库。
《国家应急平台体系省级应急平台数据库表结构规范（试行）》（2008）	计22类：灾情统计数据；经济统计数据；重大危险源；应急机构；应急救援力量；应急专家信息；应急救助物资；应急医疗资源；应急通信资源；应急运输资源；应急避难场所；典型案例；主要事故、灾害隐患分布图；地理信息等。

续表

来源	基础信息资源（数据、数据库）
《国家安全监管总局办公厅关于加强安全生产应急资源数据库建设的通知》（2011）	计6类：应急管理机构数据库；企业基本情况数据库；应急预案数据库；应急队伍数据库；应急物资装备数据库；应急专家数据库。
《广东省应急平台体系数据库规范基础信息地方标准》（2012） （备注：国内首个应急平台体系数据库地方标准）	计13类：基本信息数据库（重点防护目标、重大危险源、庇护场所、医疗卫生单位、通信保障机构、运输企业、技术支持机构、行政区划；人口、经济、自然灾害、事故灾难、公共卫生事件、社会安全事件等方面的情况统计）；地理信息数据库（基础地理信息数据、专题图数据、综合地名数据）；预案库；工作网络数据库（应急管理机构；应急人员；机构与人员联系）；救援队伍数据库；应急物资数据库（应急物资储备库、应急物资、应急装备、应急物资生产企业）；专家数据库；法规库（法规、政策文件）；案例库；知识库（应急常识、标准及技术规范）；事件信息数据库（事件接报、预测结果、预警发布）；模型库和文档库等。
金盾工程基础性、共享性信息资源库（公安部信息中心）	计8类：全国人口基本信息资源库、全国出入境人员资源库、全国机动车/驾驶人信息资源库、全国警员基本信息资源库、全国在逃人员信息资源库、全国违法犯罪人员信息资源库、全国被盗抢汽车信息资源库、全国安全重点单位信息资源库。
张子民等（2010）[①]	计12类：基础地理数据；交通网络数据；人口数据；基础设施数据；服务设施数据；经济数据；环境数据；事件信息；事件预测报告；灾害评估报告；应急疏散方案；资源配置方案。

基础信息资源是突发事件爆发前的一种基础性数据、知识和信息资源集合，在突发事件爆发后以及应急管理过程中则可以为决策提供全方位的情报支持，是一种必不可少的基础性情报资源。

（二）实时情报资源

实时情报资源是伴随着突发事件的演变与发展应时所需而产生的情报资源集合，在突发事件爆发后往往会形成和产生大量的信息、数据，这些信息和数据随着事件的推进也会不断地发生变化，是应急管理工作

---

① 张子民、周英、李琦、毛曦：《基于信息共享的突发事件应急响应信息模型（Ⅰ）：模型定义》，《中国安全科学学报》2010年第8期。

赖以决策的重要元素，只有加强突发事件过程中的实时情报资源工作，才能快速、有效地为应急决策提供动态化的决策依据。如自然灾害发生后，灾害发生时间、发生地点、发生的强度信息、造成的人员伤亡信息、造成的财产损失等实时信息，是突发事件应急管理中实时情报资源的重要来源，这些实时情报信息资源获取越及时、越准确，越有利于应急部门和决策者进行快速决策和快速响应。

（三）衍生情报资源

所谓衍生，即伴随着突发事件的发展与演变，将产生和演化出一系列相关的二次事件或关联性事件，在这个过程中，突发事件本身的演变发展信息、关联事件信息和二次事件信息等是突发事件应急管理过程中需要重点关注的内容，而掌握和提供这些衍生情报对于决策部门快速应对事件的演化则具有重要的辅助作用。在自然灾害突发事件演变与发展过程中，应急救援的场所安置、应急救援生命线信息、应急救援财政信息等辅助信息，以及次生灾害爆发信息、预防信息和关联事件信息等的及时获得与提供，是实现自然灾害突发事件应急决策快速有效的重要保障。

（四）经验情报资源

突发事件的产生与发展对人类的破坏和影响无疑是巨大的，但在应急管理过程中，则又是人类战胜突发事件，总结新的经验、新的应对办法和新的应对知识的重要机遇。在突发事件应对和处置完毕后，及时收集相关的突发事件应对和处置评估报告、突发事件灾后研究报告和灾后恢复经验总结等，形成系列经验性情报资源合集，可以将其转化为下一次突发事件应对，以及同类突发事件的预防中使用的经验性情报资源。

从应急管理的过程而言，虽然将突发事件应急决策的情报资源划分为"基础性、实时性、衍生性和经验性"四种不同的类型，其目的是更为直观地理解和认识突发事件不同生命周期中情报资源的特点和类型有所不同，各个阶段的情报资源在作用的发挥上、内容的构成方面具有不同的特点，但这些不同阶段和类型的情报资源是一个有机整体，是一种相互转化、相互衔接和互为补充的关系。基础信息资源可以在突发事件爆发时转化为实时、衍生情报资源，而经验情报资源在事件处置完毕后可转入基础情报资源以备再次调用。

二 应急管理的情报资源产品形态

情报产品强调的情报是一种有价值和作用的东西，从情报产品而言，仅将大量高速度、高质量的情报资源汇集罗列在一起并不能称之为高效用的情报资源，高效用的情报资源需要的是对情报分析和凝练之后的情报，即情报产品，是提交给决策者的最终情报资源形态，是情报工作过程中产生的各种有用的情报，可直接为应急决策提供支撑服务。

有关情报产品类型，研究者从不同的角度划分出了不同的类型。如按情报产品性质可划分为军事情报产品、科技情报产品、公安情报产品和竞争情报产品等；按不同层级和时间维度可划分为情况反应类产品、系统资料类产品和综合研究类产品等[1]；按生命周期可划分为投入期产品、成长期产品、成熟期产品和衰退期产品等[2]。

在突发事件应急管理的过程中，根据不同的划分标准也可将情报产品划分为多种类型，按情报产品提供时间可划分为初报、中报和终报三种；按突发事件的发展与演变过程可划分为事前、事发、事中和事后四种。本研究结合突发事件应急管理的情报资源特征与类型，将应急管理的情报资源划分为基础、实时和研究三类情报产品，如图4-4所示。

（1）基础数据类情报产品。基础数据类情报产品主要来源于"基础信息资源"，以人口基础数据库、地理基础数据库、灾害危险源数据库和日常监测数据等为基础分析而来。其使用的主要层面为突发事件应急管理工作的一线情报或信息相关工作人员或执行者。基础数据类情报产品能够在事发前回答"突发事件潜在的隐患因素有哪些？可能成为导火索的事件和要素有哪些？灾害应急资源储备场所在哪里？灾害发生时应急救援场所在哪？灾害隐患人口密集区在哪"等。

---

[1] 彭知辉：《论公安情报产品及其构成》，《情报杂志》2013年第5期。
[2] 严贝妮、李宇佳：《基于产品生命周期的情报产品研究进展》，《情报科学》2016年第2期。

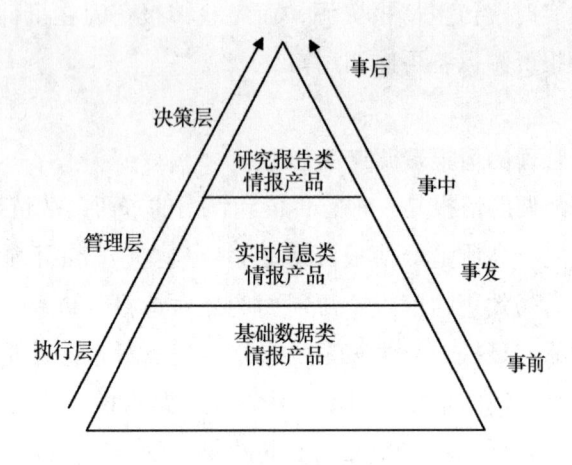

图 4-4　应急管理的情报产品形态

（2）实时信息类情报产品。实时信息类情报产品主要源于突发事件发生时、发生过程中的各种即时信息或数据，其使用的主要层面为突发事件应急工作的管理层。事发时的实时情报产品能够回答"突发事件发生在何时何地？其产生的主要危害有哪些？属于什么类型的事件？"等；事发中的衍生情报产品能够回答"当前突发事件演变状态和趋势如何？产生的次生灾害和关联事件有哪些？当前主要危害在哪？"等。

（3）研究报告类情报产品。研究报告类情报产品主要源于事件过程中的信息、数据分析，以及事发后的经验总结，产品形态如事件分析报告、事件预测报告、事件评述报告和事件经验总结报告等。研究报告类情报产品能够回答"本次突发事件的经验和突破是什么？问题和教训是什么？产生了哪些机遇？"等。

三　应急管理的情报资源载体形态

情报资源的载体是情报资源得以记录、传递和利用的重要媒介，按不同的标准可将情报资源载体划分为不同的类型，据情报资源数字化程度可将应急管理的情报资源载体形态划分为"数字化情报资源和非数字化情报资源"两种类型，如图 4-5 所示。

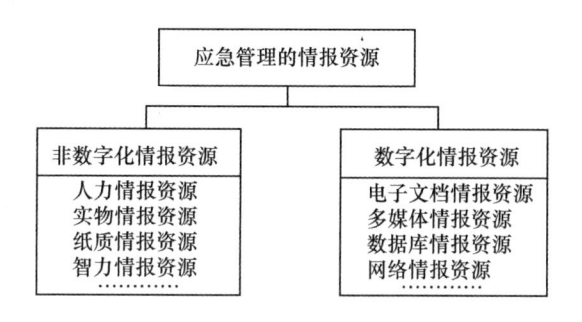

```
                应急管理的情报资源
                ┌──────────┴──────────┐
        非数字化情报资源              数字化情报资源
        人力情报资源                  电子文档情报资源
        实物情报资源                  多媒体情报资源
        纸质情报资源                  数据库情报资源
        智力情报资源                  网络情报资源
        ……                            
```

图4-5 应急管理的情报资源载体形态

非数字化情报资源主要指以人力、实物、纸质和智力等为载体形态的情报资源，数字化情报资源主要指以电子文档、图像音频多媒体、数据库和网络等为载体形态的情报资源。数字化情报资源和非数字化情报资源是相对而言的，非数字化情报资源可以通过信息技术转换成数字化情报资源，数字化情报资源又可依托各种载体转换为非数字化情报资源。相较于非数字化情报资源，数字化情报资源有更易于存储、快速传输和处理等优点，亦是应急决策情报资源建设的重点内容。代表性情报资源载体如下：

（一）人力情报资源载体

传统意义上的人力情报主要是军事、竞争情报领域的术语，指利用间谍、官方或非官方机构驻外人员、军事武装侦察人员、商人、留学生、旅游和探亲者等人力活动获得的情报，是一种传统的情报获取方式，也是其他方式无法获得情报时的一种载体。[①] 人力情报载体是突发事件中情报资源传递的一种稳定、传统的方式，通过突发事件相关人员的直接交流获得的情报，是突发事件情报本身直接作用于相关人员感觉（视、听、嗅、味、触觉等）的结果，具有直观性、及时性、新颖性、高度针对性、非存储检索性以及生动形象等特征，相较于其他情报传递和发布渠道、线路，人力情报在突发事件发生时受到破坏的概率要更小，是突

[①] 夏征农、郑中侠：《大辞海军事卷》，上海辞书出版社2007年版，第57—58页。

发事件应急管理中情报资源载体的重要形式之一。

以军队突发事件中通过人力获得情报资源为例,有专家指出,军队情报信息来源有五个方面,分别是武警(Armed)、警察(Police)、政府部门(Government)、专家和工程师(Engineering and experts)和公民(People),简称 APGEP。在五个情报来源中,公民通过电话和网络等方式传来突发事件的相关信息,是第一级情报的来源,情报级别最低;专家和工程师往往能发现一些潜在的隐患和危机信息,是第二级情报的来源;乡镇级政府在走访或处理其他工作时可以收集到一些潜在风险和问题的信息,是第三级情报的来源;警察在负责民事保障的过程中会收集到相关的潜在风险和危机的重要信息,是第四级情报的来源;军队驻地和武警反馈过来的风险和危机信息,是第五级情报的来源,情报级别最高。

(二) 实物情报资源载体

实物情报资源载体是指通过物品传递和获取情报,实物本身用来存储和表现情报,如某种样品、模型本身就代表一种技术情报。在突发事件应急管理中,实物情报是记录突发事件过程的重要载体。如公共卫生突发事件领域的病原标本、医院改造图纸、医务特殊停车证、防护服、防护口罩等,都是记录卫生突发事件的重要实物载体;如地震灾害事件中的荣誉和纪念实物(锦旗、徽章、纪念章、奖杯、邮票等)、抗震生活实物(服装、救援工具、探测仪、电话、车辆等)、艺术作品(书法、绘画、雕塑等);再如恐怖袭击事件中的枪支、弹药、车辆和残骸等实物。通过实物载体可以获得突发事件相关情报和信息,为应急管理提供参考依据。

(三) 智力情报资源载体

智力情报资源载体主要指依托人脑存储的知识情报,包括决策人员掌握的诀窍、技能和经验,又称为隐性知识。在突发事件应急管理活动中,智力情报资源涵盖的内容一是决策者的决策经验与能力,二是应急决策相关的专家队伍所提供的咨询建议等。突发事件的发生往往会造成原有固定情报渠道和来源受到破坏,致使应急管理中的应急决策出现信息真空和信息缺失，在这种信息高度不对称情况下，智力情报便发挥重要的作用，智力型情报越全面越有利于信息缺失环境下开展应急决策。智力型情报往往存储于人脑中，绝大部分只可意会不可言传，所以管理起来具有一定难度，随着决策人员的变化，智力型情报的作用和效果会因人而异。但在突发事件应急管理实践中，智力情报资源是值得特别关注的情报资源之一。

（四）数据库情报资源载体

数据库是数字化情报资源的代表性载体，也是集图文声像于一体的重要形式。突发事件情报资源建设形态以数据库、案例库与知识库为主，是突发事件应对中的情报、经验与知识的累积，这是一项长期的基础性工作。突发事件情报资源数据库是实现突发事件监测预警、应急响应、应急处置及灾后重建等工作的重要基础，为突发事件应急管理者、科研教学人员以及社会公众提供了应对、研究和学习突发事件的平台。从互联网公开检索途径查阅可知，突发事件有关的数据库、案例库与知识库主要由各级政府部门、公益组织、高等院校与科研院所开发与建设。根据信息资源性质与专属性，大体可划分为综合型、专业型和门户型。

一是综合型数据库。此类数据库收集时间跨度大，如全球性综合灾害数据库、世界自然灾情数据库和中国公共危机事件案例知识库等，表4-2列举了代表性的突发事件综合型数据库、案例库与知识库。

二是专业型数据库。此类数据源库以某一类型的突发事件为建设对象，比如地质灾害数据库、气象灾害数据库和农业灾害数据库等，表4-3列举了代表性的突发事件专业型数据库、案例库和知识库。

三是门户型数据库。此类数据库依托某一门户网站，下设突发事件相关的数据库、案例库和知识库，典型代表为各级政府门户网站或应急门户网站，此类门户网站中大多包含突发事件信息、典型案例、应急知识和应急指南等相关内容，表4-4统计了我国部分省级行政区（含直辖市）门户网站中应急案例与知识库栏目分布的基本情况。

四是其他相关信息资源库。除上述数据库外，应急管理相关的职能部门或研究机构的门户网站也收录了突发事件案例或应急知识，如中央政府的《中国政府网应急管理》①、国家科学技术部的《中国应急分析网》②、国家行政学院的《中国应急管理网》③、中国科学院—河南大学的《应急管理研究网》④、四川大学的《灾害管理与危机应对专题特色数据库》⑤和四川大学—香港理工大学的《灾害信息资源网》⑥等。

表 4-2　　　　　　突发事件综合型数据库、案例库与知识库

序号	名称	网址	主办单位	简介
1	EM-DAT 国际灾害数据库	http://www.emdat.be	世界卫生组织和比利时政府	收录了 1900 年以来全球超过 18000 个重大灾害的数据，数据源于联合国机构、非政府组织、保险公司、科研机构和新闻机构等，可提供多种形式的检索
2	DesInventar 自然灾害数据库	http://www.desinventar.net/index_www.html	联合国开发计划署	收录了亚洲 7 个、北美洲 5 个和加勒比及印度尼西亚海啸灾害数据库，其特色为基层灾情数据
3	NatCat 灾害数据库⑦		慕尼黑再保险公司和瑞士再保险公司	收录了 1980 年以来发生在全球的自然灾害的伤亡情况、经济损失和灾害基本信息，主要供本公司使用，部分对外开放
4	SHELDUS 美国空间灾害事件和损失数据库	http://webra.cas.sc.edu/hvri/products/sheldus.aspx	美国国家科学基金会和南卡罗来纳州大学	收录了暴风雨、飓风和洪水等 18 种灾害的发生时间地点、受灾情况，其灾害数据可供直接下载使用
5	EMA 灾害数据库	http://www.ema.gov.au/ema/emaDisasters.nsf	澳大利亚政府	收录了 1622 年以来灾害事件发生的持续时间和受灾情况，是澳大利亚应对国家级自然和技术灾害的重要资源

---

① 《中国政府网应急管理》，2014 年 6 月 15 日，http://www.gov.cn/yjgl。
② 《中国应急分析网》，2014 年 6 月 15 日，http://www.ceas.org.cn/Index.html。
③ 《中国应急管理网》，2014 年 6 月 15 日，http://www.rescuecn.com。
④ 《应急管理研究网》，2014 年 6 月 15 日，http://emr.casipm.ac.cn。
⑤ 《灾害管理与危机应对专题特色数据库》，2014 年 6 月 15 日，http://202.115.54.33/512/index.aspx。
⑥ 《灾害信息资源网》，2014 年 6 月 15 日，http://118.244.163.170:8099/scdx/scdx.html。
⑦ 张金华：《基于 WebGIS 的环境灾害管理、评价及应急系统研究》，硕士学位论文，华北电力大学，2013 年。

续表

序号	名称	网址	主办单位	简介
6	加拿大灾害数据库	http://ww5.ps-sp.gc.ca/res/em/cdd/search-en.asp	加拿大重要基础设施保护及应急管理局	收录了加拿大1900年以来900多次自然、技术与战争灾害的发生时间地点、基本情况及损失状况等。其数据结合GIS技术，为公众提供了可视化的查询服务
7	GLIDE亚洲减灾中心数据库	http://www.glidenumber.net/glide/public/search/search.jsp	亚洲减灾中心、联合国减灾战略等组织	收录了亚洲灾害事件发生的时间地点、人员伤亡、经济财产损失和灾害规模等数据
8	应急管理案例库	http://decm.jnu.edu.cn/	暨南大学	收录了一些典型的突发事件爆发的时间、地点、伤亡等基本信息，以及突发事件相关的图片、博客、图书、媒体、论文和预案等相关数据
9	中国公共危机事件案例知识库	http://ccm.lzu.edu.cn	兰州大学	收录了2007年以来国内代表性的自然灾害、事故灾难、公共卫生和社会安全等突发事件，并进行了统一的案例分析

表4-3　　　　突发事件专业型数据库、案例库与知识库

序号	名称	网址	主办单位	简介
1	NGDC海啸历史数据库	http://www.ngdc.noaa.gov/hazard/tsu_db.shtml	美国国家海洋与大气管理局—国家地球物理数据中心（NGDC）	收录了公元前2000年至今大西洋、印度洋和太平洋、地中海和加勒比海等地区海啸发生的时间、地点、等级和损失等数据
2	USGS地震数据库	http://earthquake.usgs.gov	美国地质调查局（USGS）	收录了1977年以来全球重大地震灾害的经纬度、深度、影响范围、伤亡人数等数据
3	NCDC美国暴风雨雪灾害数据库	http://www4.ncdc.noaa.gov/cgi-win/wwcgi.dll?ww Event-Storms	美国国家气候资料中心	收录了1950年以来美国旱涝、暴风雨雪等灾害事件的数据

续表

序号	名称	网址	主办单位	简介
4	美国气候统计资料数据库	http://www.nws.noaa.gov/om/hazstats.shtml	美国国家海洋和大气局（NOAA）	收录了1995年以来美国气候灾害引起的人员伤亡、经济财产损失信息的统计数据等
5	空难数据库	http://www.airdisaster.com/cgi-bin/database.cgi	AirDisaster.com（空难网）	收录了1950—2010年全球主要空难灾害发生的时间、地点及损失等基本信息
6	台风数据库	http://agora.ex.nii.ac.jp/digital-typhoon/index.html.en	日本北本朝展国立情报学研究所	日本实时台风信息
7	历史自然灾害数据库以及历年灾情查询数据库	http://www.zzys.moa.gov.cn/	中国农业部种植业管理司	收录了1949年至今分省、分年度、分灾种的受灾、成灾、绝收的面积数据共2.3万条，由农业部种植业管理司和农业部信息中心合作开发，数据库来源于《中国统计年鉴》及《中国农业统计资料》
8	中国自然资源数据库—自然灾害数据库分库	http://www.data.ac.cn/zy/show/shi3.asp	中国科学院地理科学与资源研究所	收录了全国分省区多年各主要自然灾害受灾成灾面积，主要干旱及雨涝情况等，为数值型数据
9	中国气象科学数据共享服务网	http://cdc.cma.gov.cn/home.do	中国气象局国家气象信息中心	收录了干旱专题数据、极端天气气候事件等气象数据与产品，采用地图可视化标注提供检索查阅服务
10	中国及邻区地应力和地质灾害数据库	http://www.geomech.ac.cn/geo0503/	中国地质力学研究	收录了中国及邻区地应力和地质灾害相关的地震、泥石流、地裂缝、滑坡等相关灾害的大量数据

第四章 应急管理情报体系的情报资源

表4-4 省级行政区（含直辖市）门户网站应急案例与知识库栏目

序号	地区名称	案例库	知识库	网址	相关栏目	案例分析
1	安徽省	—	—		—	
2	福建省	—	√	http://www.fujian.gov.cn/zt-zl/yjgl	科普宣教	
3	甘肃省	√	√	http://www.gansu.gov.cn/col/col115/index.html	突发事件、科普宣教	
4	广东省	√	√	http://www.gdemo.gov.cn/ywwk/	典型案例、应急指南	√
5	贵州省	√	√	http://www.gzgov.gov.cn/xxgk/jbxxgk/yjgl/index.shtml	突发事件、应急常识	
6	海南省	√	√	http://yjb.hainan.gov.cn/	突发事件、应急常识	
7	河北省	—	—			
8	河南省	√	√	http://www.hnsemo.com/	突发事件、应急知识	
9	黑龙江省	√	√	http://www.hlj.gov.cn/yjgl	突发事件、科普宣教	
10	湖北省	√	√	http://yj.hubei.gov.cn/	典型案例、应急模拟、应急手册	√
11	湖南省	√	√	http://www.hunan.gov.cn/zwgk/yjgl/gzdt/	突发事件、典型案例、应急知识	√
12	吉林省	√	√	http://www.jl.gov.cn/zfjs/yjgl/	突发事件、应急常识	
13	江苏省	—	√	http://www.js.gov.cn/jszfxxgk/zfxzgl/yjgl/index.html	应急指南	
14	江西省	√	—	http://www.jiangxi.gov.cn/kzw/jxszfxxgkml/yjgl/index.html	突发事件	
15	辽宁省	√	√	http://www.ln.gov.cn/zfxx/yjgl/	突发事件、典型案例、科普宣教	√
16	青海省	√	√	http://xxgk.qh.gov.cn/html/212/Item.html	突发事件、科普宣教	
17	山东省	√	√	http://www.sdemo.gov.cn/	典型案例、应急宣传	√
18	山西省	√	√	http://www.shanxigov.cn/n16/n8319541/n8319612/n8322023/	突发事件、公众教育	

续表

序号	地区名称	案例库	知识库	网址	相关栏目	案例分析
19	陕西省	√	√	http://yjb.shaanxi.gov.cn/	突发事件、典型案例、科普宣教	√
20	四川省	√	√	http://www.scyj.gov.cn/	突发事件、典型案例、应急知识	√
21	云南省	—	—	—	—	—
22	浙江省	√	—	http://www.zj.gov.cn/col/col816/	突发事件	—
23	内蒙古自治区	√	—	http://www.nmg.gov.cn/zwgk/yjgl/	典型案例、应急常识	√
24	新疆维吾尔自治区	—	√	http://www.xinjiang.cn/zfjs/yjgl/index.htm	应急常识、应急指南	√
25	广西壮族自治区	√	—	http://emo.gxzf.gov.cn/	突发事件、典型案例、科普宣教	√
26	宁夏回族自治区	—	—	—	—	—
27	西藏自治区	—	—	—	—	—
28	北京市	√	√	http://www.bjyj.gov.cn/	突发事件、应急案例、应急专题	√
29	天津市	√	√	http://www.yj.tj.gov.cn/	突发事件、典型案例、避难手册	√
30	上海市	√	√	http://www.shanghai.gov.cn/shanghai/node2314/node2319/n31973/index.shtml/n30532/n30533/n30534/u21ai730692.html	突发事件、应急案例、应急常识	√
31	重庆市	—	√	http://yjgl.cq.gov.cn/	突发事件、应急常识	—

注：—表示暂时无法查阅和检索相关信息。

总体而言，数据库情报资源载体在应急决策中将发挥越来越重要的作用，从上可知，国外尤其是美国、日本等发达国家很重视这方面的建设，其灾害数据信息的开放共享程度较高。国内虽然从国家层面自上而下，结合社会各种力量加强这方面的建设与研究，但较之于国外还存在一定差距，主要表现在总量上规模不足、突发事件相关的各种信息资源库处于零散分布状态、数据标准与接口不统一、数据内容不完整、存在重复建设以及缺乏持续更新等问题，需进一步加强建设与完善。

第三节　应急管理情报体系的情报资源聚合

一　应急管理的情报资源聚合框架

根据突发事件应急管理的情报及情报资源特征，围绕突发事件应急管理中的决策辅助与行动制定需要，情报资源管理要融入突发事件应对情景，实现随需调配的情报资源模块组装、动态响应、资源聚合与敏捷分析等，目标是实现过程提速、效果提升、资源可持续发展等工作愿景。

近年来，图书情报领域在数字资源聚合研究方面有着较多探索。代表性的研究有，贺德方等提出馆藏资源聚合服务所需的语义描述框架和可视化展示机制[①]，毕强等从概念聚类、概念关联、知识关联三个层次讨论了数字资源聚合方法[②]，曹树金等依据聚合情景、关系和信息粒度，总结出情景聚合、语义聚合、引用聚合、社会网络聚合和粒度聚合等五种主要模式以及多模式综合发展趋势。[③] 图书情报领域的数字资源聚合方法与技术对突发事件情报资源的动态聚合研究可以提供较为丰富的理论参考与行动建议。

情报资源管理是一个系统化工程，进而情报资源动态聚合亦不是一个单独存在的功能或模块。情报资源要能"动起来""用得好"，即实现动态聚合的目标，必须考虑情报资源组织与聚合手段两个主要方面，通过管道（情景应对—动态响应）在两者之间形成对应联系。管道起到的作用是"情报—需求"匹配，通过现有的情报资源聚合手段，随需应变

---

① 贺德方、曾建勋：《基于语义的馆藏资源深度聚合研究》，《中国图书馆学报》2012年第4期。

② 毕强、尹长余、滕广青等：《数字资源聚合的理论基础及其方法体系建构》，《情报科学》2015年第1期。

③ 曹树金、马翠嫦：《信息聚合概念的构成与聚合模式研究》，《中国图书馆学报》2016年第3期。

地快速产出决策与行动处置所需的情报产品。此处的情报产品为情报资源的子集。应急管理情报体系的情报资源聚合的框架设计如图4-6所示，其中包含以上提到的情报资源组织与情报资源聚合手段两部分，情报产品生成作为情报资源动态聚合的结果输出，对接的情报分析与动态聚合，最终服务于决策与行动。

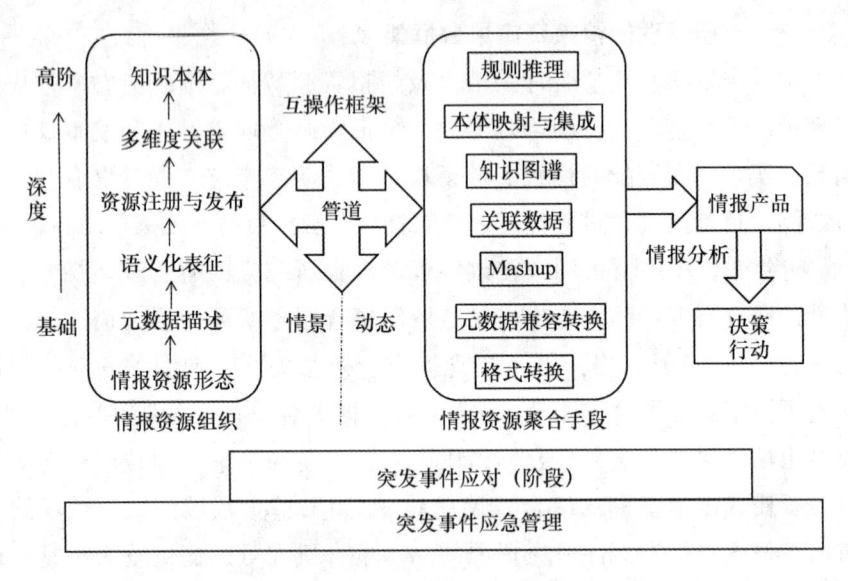

图4-6 应急管理情报体系的情报资源聚合框架

二 应急管理的情报资源组织过程

突发事件应急管理需要的情报资源除了报送机制的实时情报之外，很大程度上依赖于突发事件事前准备阶段。因此，情报资源组织跨突发事件事前准备阶段与突发事件应对两个阶段。突发事件应急管理中的情报资源组织可以参考借鉴图书情报领域已有成熟可靠的资源组织理论与方法。同时，融合计算机、互联网、数据库等技术领域的资源组织技术。这里遵循从基础到高阶的资源组织层次，从最基础的情报资源外部形态（类型）组织，逐渐深入到知识单元的知识本体组织。

(一) 情报资源形态

此处的情报资源形态重点指的是数字化的情报资源载体形态，具体而言，数字化情报资源外在形式包括文本文档、二进制文件、网页、数据库等不同体量的资源形态。从资源聚合角度对情报资源形态的组织管理要求是，采用主流、标准化的文件类型、数据编码以及格式规范。这样要求以方便聚合时能对资源进行有效解析，通过格式转换等方式实现外在形式的资源聚集。文本文档以 txt、csv、json 为优先考虑；二进制文件以 word、ppt、xls、pdf 等主流格式存储并发布；网页以 HTML5 标准进行编码；数据库可以以传统的关系型数据库为基础进行建设，提供开放数据链接（ODBC\JDBC）接口，通过 SQL 按需检索相关数据。同时要兼顾并支持 NoSQL 数据库（如文档数据库、键值数据库、图数据库等都是目前发展快速的数据库），提高数据访问的灵活性与技术先进性。

(二) 元数据描述

情报资源对象本身是不够的，只有对资源进行元数据描述才能了解情报资源本身特征，通过检索系统找到对应的资源。元数据描述得充分与否、是否采用规范标准都会对动态聚合产生影响。换句话说，动态聚合需要元数据描述尽可能标准化、规范化与全面化。由于突发事件的类型多种多样，如自然灾害、事故灾难、公共卫生事件、社会安全事件等，需要从不同专业领域去参考已有的元数据描述标准。为了保证资源聚合，采用通用元数据（如 DC）为基础，辅助以专业元数据，是当前一种可靠、经济的思路。另外，突发事件应急管理制定的目录体系与数据库结构等标准或工作指南都应作为元数据描述的来源参考。

通过"国家标准化管理委员会"网站和中国知网"中国行业标准全文数据库"检索查阅可知，国内有关于行业元数据标准的文件达 40 余种，包括国家标准和地方标准，表 4-5 列举了 20 个相关行业的元数据标准，可供提取突发事件的情报资源元数据元素集参考借鉴。[①]

[①] "国家标准化管理委员会"网站，2014 年 6 月 15 日，http://www.sac.gov.cn/。

表4-5　　　　　　国内行业元数据标准（举例）表

序号	行业标准编号	行业标准名称	标准发布部门
1	GB/T 26816—2011	信息资源核心元数据	国家标准化管理委员会
2	GB/T 19710—2005	地理信息元数据	国家标准化管理委员会
3	DB/T 3—2011	地震数据元数据	中国地震局
4	JT/T 747—2009	交通信息资源核心元数据	交通运输部
5	CJJ/T 144—2010	城市地理空间信息共享与服务元数据标准	住房和城乡建设部
6	SJ/T 11419—2010	导航电子地图元数据	工业和信息化部
7	WS/T 305—2009	卫生信息数据集元数据规范	卫生部
8	QX/T 39—2005	气象数据集核心元数据	中国气象局
9	LY/T 2187—2013	森林资源核心元数据	国家林业局
10	TD/T 1016—2003	国土资源信息核心元数据标准	国土资源部
11	HY/T 136—2010	海洋信息元数据	国家海洋局
12	SL 473—2010	水利信息核心元数据	水利部
13	MH/T 0029—2009	民航科学数据共享元数据内容	中国民用航空局
14	GB/T 30523—2014	科技平台资源核心元数据	科学技术部
15	CJJ/T 187—2012	建设电子档案元数据标准	住房和城乡建设部
16	WH/T 62—2014	视频资源元数据规范	文化部
17	WH/T 67—2014	音频资源元数据规范	文化部
18	WH/T 50—2012	网络资源元数据规范	文化部
19	WH/T 51—2012	图像元数据规范	文化部
20	WH/T 52—2012	管理元数据规范	文化部

此外，还有一些规范和标准可供突发事件情报资源的元数据元素集提取参考，如《应急信息资源分类与编码规范（试行）》《安全生产应急平台信息资源分类与编码标准（试行）》和《医药卫生数据科学共享规范》等标准和规范。[①]

在突发事件应急管理的决策情景中，情报资源的元数据包括三类：基础元数据、过程元数据与应用元数据。基础元数据是指突发事件中基础资料信息的描述，过程元数据是指突发事件发生过程中的实时情报、

---

① 鞠英杰：《信息描述》，合肥工业大学出版社2010年版。

衍生情报描述，应用元数据是指面向应急管理的情报响应与聚合情景的描述。以 DC 元数据标准为依据，结合突发事件情报资源的特点，考虑到 DC 不能较好地描述的元素包括：事件发生的级别（EventLev）、方位（Position）、阶段（Incidentpha）、情景（Context）；应急管理涉及的机构（Emergencyage）、专家（Exper）、军队（Army）、公益组织（Publicorg）；以及应急决策需要的资源（Resources）和知识库（Knowledge-base）等。我们对这些基本要素进行提取，在 DC 应用纲要的基础上进行扩展，最终制定和选择适用于突发事件应急管理情报资源的核心元数据元素集，如表 4-6 所示。

表 4-6　　　　应急管理情报资源的核心元数据元素集
（基于 DC 的应用纲要扩展）

基础元数据	过程元数据	应用元数据	其他
题名（title）	应急机构（Emergencyage）	关联（Relation）	其他责任者（Contributor）
日期（Date）	军队（Army）	资源（Resources）	格式（Format）
地区（District）	专家（Expert）	知识库（Knowledge-base）	标识符（Identifier）
方位（Position）	公益组织（Publicorg）	情景（Context）	创建者（Creator）
类型（Type）	民众（Populace）		出版者（Publisher）
级别（EventLev）	阶段（Incidentpha）		权限（Rights）
覆盖范围（Coverage）			来源（Source）
主题（Subject）			语种（Language）
描述（Description）			

此表是根据突发事件应急管理的相关要素，结合突发事件应急管理过程的特点，进行的一种简单扩展研究，实际运用中需要结合突发事件应急管理的情报资源元数据制定流程来确定最终的核心元数据元素集。

（三）语义化表征

情报资源组织中的语义化表征是在元数据描述基础上的进一步深入，

也是在一定程度上让资源可以实现机器可读可理解，进入语义网范畴。虽然语义网已出现十多年，但在语义网架构里，与 XML 与 OWL 相比，以 RDF 三元组的语义表征方式是较为现实可应用的，且技术门槛相对较低。RDF 的"主语—谓语—宾语"位置上都为资源聚合提供了关联扩展的语义基础，具有非常广阔的关联聚合潜在空间。另外，从关系型数据模型到 RDF 语义模型的转换技术也逐渐成熟。已有的突发事件基础信息资源库、专题案例知识库等都具备语义化升级的条件与基础。

为能更好地实现突发事件应急管理的情报资源融合，参考蒂姆·伯纳斯·李（Tim Berners Lee）提出的语义网结构层次模型与国内外已有的情报资源整合模型[1]，结合突发事件应急管理的情报资源内容与特征，本书提出应急管理情报资源语义处理框架图，框架共包括"情报来源层、情报获取层、情报处理描述层、情报存储层、语义网整合层和情报利用层"六层，如图 4 – 7 所示。

第一，情报来源层。是情报资源实现语义处理的基础和前提，没有情报来源，便不成其为情报资源，情报来源层主要包括基础信息资源和突发事件信息。

第二，情报获取层。是实现基础信息资源和突发事件信息到情报转换的过程，按情报来源类型，可划分成 ETL 和情报抽取两种方法。ETL 即数据抽取（Extract）、转换（Transform）、装载（Load）的过程，是构建突发事件应急管理的数据仓库的环节之一；情报抽取即情报流程，包括情报的收集、处理和分析等过程。

第三，情报处理描述层。是实现突发事件应急管理的情报资源规范化的重要阶段，通过元数据的提取与描述，为突发事件应急管理的情报资源进一步开发和提供利用奠定了基础。

第四，情报存储层。是实现情报资源结构化和有序化存储，以备应急决策所需的情报资源调用和访问。存储层按照情报来源层的类型可分

---

[1] 唐晓波、田杰、望俊成：《基于语义网技术的企业信息资源整合研究》，《情报理论与实践》2012 年第 10 期。

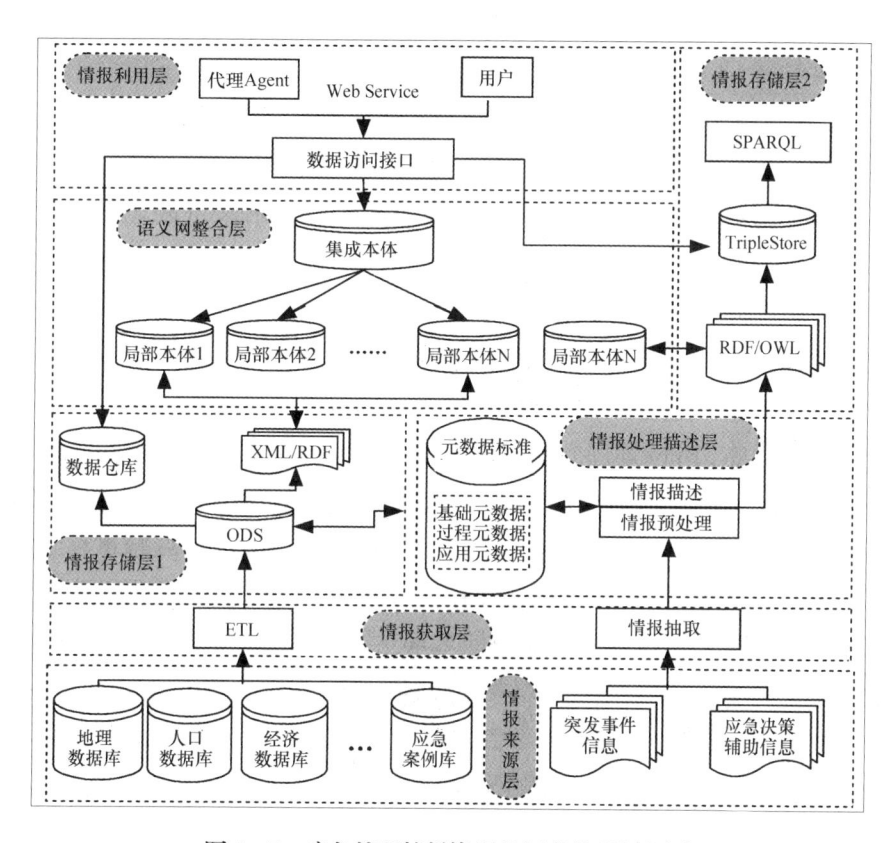

图 4-7 应急管理情报资源的语义处理框架图

为两种不同的存储方式,一是利用 ODS 存储而构成的数据仓库,二是使用 TripleStore 存储 RDF 三元数据组并提供 SPARQL 接口访问的 Web Service。

第五,语义网整合层。使用 XML、RDF 和 OWL 等语义网关键技术,整合集成不同存储层和不同局部本体之间的情报资源,通过语义网的整合,为情报资源共享与集成提供机器可读可理解的自动化处理奠定基础,继而为突发事件应急管理的决策者提供快速响应的情报资源。

第六,情报利用层。情报利用层是突发事件应急管理情报资源语义处理的顶层,是直接为应急管理者、决策人员及相关利用者提供服务利用的层面。面向情报用户和机器智能代理 Agent 的 Web Service,通过数据访问接口实现情报资源的访问与获取。

（四）资源注册与发布

情报资源如果没有办法被定位、被找到，动态聚合就无法开展，犹如无米之炊。经过组织的情报资源成型之后，主要以数据集整体为代表，也包括部分资源片段，都需要有类似数据门户（如 datahub）或目录索引这样的组织手段来集中或联合注册登记这些资源，以便在动态聚合时能快速找到所需的情报资源。例如，在 datahub 数据门户上以 emergency 关键词搜索数据集，截至 2016 年 7 月 1 日可以找到 107 个与应急相关的数据集。这些数据集都是经过资源注册与发布后才得以聚集在一起。此处形成了动态聚合的基础资源管道，在突发事件应对中，根据情报需求与情景，快速找到已有相关资源，避免了资源孤岛问题。这个层次上虽然没有实现资源本身的关联聚合，但根据决策主题将已有的相关资源聚集在一起，这在很大程度上解决了资源建设中的"大投入建设的利用效率"问题，至少让情报资源需求方与潜在的资源利用者和他们所需的资源对接起来。《国务院关于印发促进大数据发展行动纲要的通知》中明确指出，2018 年底前建成国家政府数据统一开放平台，率先在经济民生等重要基础领域实现公共数据资源合理适度向社会开放。这一举措将对突发事件问题研究所牵扯到的情报资源转化来源提供更为方便有效的资源获取途径。情报资源的细粒度聚合则需要继续深入到下一层次。①

（五）多维度关联

语义化表征和资源注册与发布两块结合起来打通了资源可关联的管道，为情报资源网络的形成打下基础。在突发事件应对中通过事件主题与情景，寻找到相关的数据集，以语义化表征进入到不同实体维度的关联设计，形成多维数据立方体（Data Cube），好似资源魔方，为动态聚合提供了多维度、多属性的聚合途径。突发事件涉及复杂多因素的问题

---

① 《国务院关于印发促进大数据发展行动纲要的通知》，2016 年 8 月 30 日，http://www.gov.cn/zhengce/content/2015 - 09/05/content_ 10137.htm。

分析，需要情报资源能够提供多维度关联的支撑，要求情报资源组织具有一定的转换灵活性与组织弹性。

（六）知识本体

知识本体是情报资源组织的最高形式，也是代表着知识结构与关系的精练化。在突发事件应对的知识管理层面，已有许多研究集中于本体构建与基于规则、案例的知识推理，以上层本体与专业本体相结合的方式，以满足突发事件应对中情报资源动态聚合驱动的自动推理与知识发现等方面的智能化需求。现有的本体资源非常丰富，在突发事件应对场景中，W3C的简单事件模型（Simple Event Model，SEM）定义的本体根据突发事件应对中各要素关系提供了系统化的情报结构，继而可以辅助专业领域本体来解决固有知识与经验的聚合。[1] 另外，W3C的突发事件应急管理的互操作框架建议中将基础本体与专业领域本体结合的思路，以及给出的针对突发事件的DOLCE-Lite本体，可供特定突发事件领域建模参考。[2]

本书采用本体方法，结合SEM简单事件模型（核心要素为事件、地点和人物，如图4-8所示）[3]，构建应急管理情报资源的本体框架。

1. 基本要素提取

据突发事件应急管理的情报资源特点，参考《国家应急平台体系信息资源分类与编码规范》《国家应急平台体系省级应急平台数据库表结构规范（试行）》等规范和标准，结合SEM简约事件模型，应急管理情报资源的SEM要素包括事件、行动者、地点和时间、应急资源和文档等方面，我们总结了"事件、行动者、情景、应急资源、知识库、预案平台、防护对象"七个方面的SEM要素，如表4-7所示。

---

[1] The Simple Event Model Ontology [2016-7-1]. http://semanticweb.cs.vu.nl/2009/11/sem/.

[2] W3C Incubator Group Report-Emergency Information Interoperability Frameworks [2016-7-1]. https://www.w3.org/2005/Incubator/eiif/XGR-Framework-20090806/.

[3] Willem RVH, etc., "Design and Use of the Simple Event Model", *Journal of Web Semantics: Science, Services and Agents on the World Wide Web*, Vol. 9, No. 2, 2011, pp. 128-136.

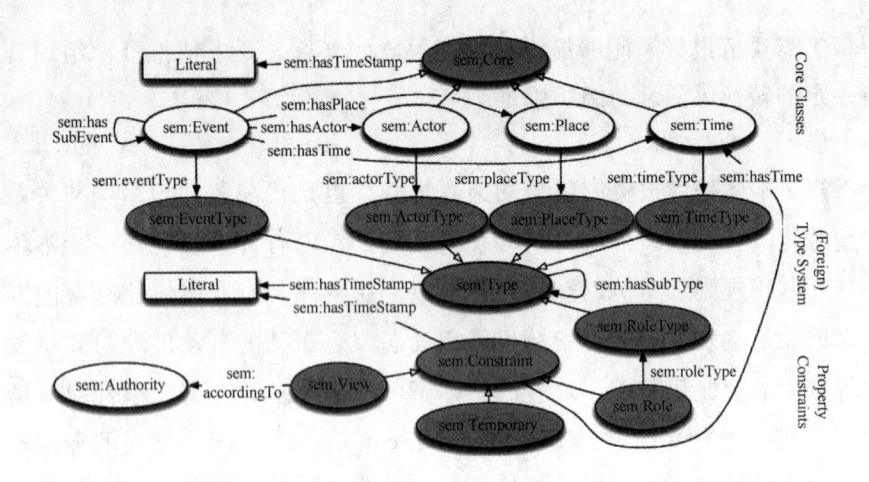

图 4-8　SEM 体系框架模型图

资料来源：Design and Use of the Simple Event Model.

表 4-7　应急管理情报资源的 SEM 要素表

一级类	二级类	二级类目（含义）
（1）事件	类型	自然灾害；公共卫生；事故灾难；社会安全
	分级	Ⅰ级（特别重大）；Ⅱ级（重大）；Ⅲ级（较大）；Ⅳ级（一般）
	时间	年、月、日、时、分
	地点	地名（省、自治区、直辖市、特别行政区）、方位（经纬度）
（2）行动者	领导机构	国务院；军队领导机构；省政府（含直辖市、自治区）领导机构；省级有关部门领导机构；市政府领导机构；市级有关部门领导机构；县政府领导机构；县级有关部门领导机构；其他领导机构
	办事机构	国务院应急办；军队应急管理机构；国务院有关部门应急办；省应急办；省级有关部门应急办；市应急办；市级有关部门应急办；县应急办；县级有关部门应急办等
	指挥协调机构	国家防汛抗旱总指挥部；国务院安委会；国务院抗震救灾指挥部；国务院地质灾害应急防治总指挥部；国家减灾委员会；国家林业局扑火指挥部；国家处置铁路行车事故应急救援领导小组；国家处置民用航空器飞行事故应急指挥部；中国海上搜救中心；城市地铁事故灾难应急领导小组；大面积电网停电事件应急领导小组；国家核应急协调委；全国环境保护部际联席会议；国家通信保障应急领导小组；国家突发公共卫生事件应急指挥部；国家涉外突发事件应急总指挥部；国家处置大规模恐怖袭击事件指挥部；国家处置劫机事件应急领导小组；新闻发布领导小组；林业有害生物灾害应急指挥机构；安全生产应急救援指挥中心等

续表

一级类	二级类	二级类目（含义）
（2）行动者	专家	自然灾害专家；公共卫生专家；事故灾难专家；社会安全专家；综合类专家；其他专家
	救援队伍	抗洪抢险专业部队；国家地震灾害紧急救援队；国家空中运输队；专业森林消防队；林业有害生物灾害应急专业队；食物中毒事件应急预备队；园林养护抢险队；其他专业救援队伍等
	其他	如企事业单位、民间组织、国际组织、志愿者、社会公众、媒体
（3）情景		监测预警（风险报告、预测报告）、应急响应（应急预案、先期处置）、综合应对（协同联动、综合处置）、善后处置（恢复重建、调查评估等）
（4）应急资源	物质资源	国家战略性储备物资；基本生活物资保障；专用应急物资及储备
	通信资源	通信网；通信保障机构；通信设备
	运输与物流资源	运输站场；运输设备；运输保障机构
	医疗卫生资源	医疗机构资源；疾病预防控制中心（防疫站）资源；医学科学研究机构资源；医疗设备和药品资源；其他医疗卫生资源
	避难场区	避难场所；人防工事
	财力资源	专项应急资金；募捐资金；应急保险
（5）知识库	应急知识	应急管理常识；应急管理经验
	法律法规	各类突发事件应对法（各级政府、各种事件的应对法）
	技术规范	自然灾害有关技术规范；事故灾难方面技术规范；公共卫生方面技术规范；社会安全方面技术规范
（6）预案平台	应急预案	国家级应急预案；省级应急预案；市级应急预案；县级应急预案；基层应急预案；企业级应急预案；军队应急预案；军区级应急预案；其他应急预案
	应急平台	国务院应急平台；地方应急平台；部门应急平台；基层应急平台；企业应急平台；军队应急平台；移动应急平台
（7）防护对象	重要部位	政府部门；国防目标；学校；公众聚集场所；重要场所；科研机构；新闻广播机构；金融机构；监测台站等
	关键基础设施	通信；公路；铁路；水运；民航；水利；电力；石油天然气；城市等
	其他防护目标	

2. 基本要素关系

应急管理情报资源基本要素之间存在相应的关系，这些关系是实现资源描述的重要属性。从突发事件应急管理的过程可提取出调用、属于和关联三类基本关系，"调用"关系为单一对象属性，"属于"和"关联"为互逆属性。在七种基本要素中，围绕"行动者、事件和预案平台"三种核心要素产生的关系如图4-9所示。其中"调用"关系包括行动者调用知识库和行动者调用应急资源两种；"属于"关系包括行动者属于事件、行动者属于预案平台和预案平台属于事件等八种；"关联"关系包括事件关联行动者、事件关联预案平台和预案平台关联行动者等八种。

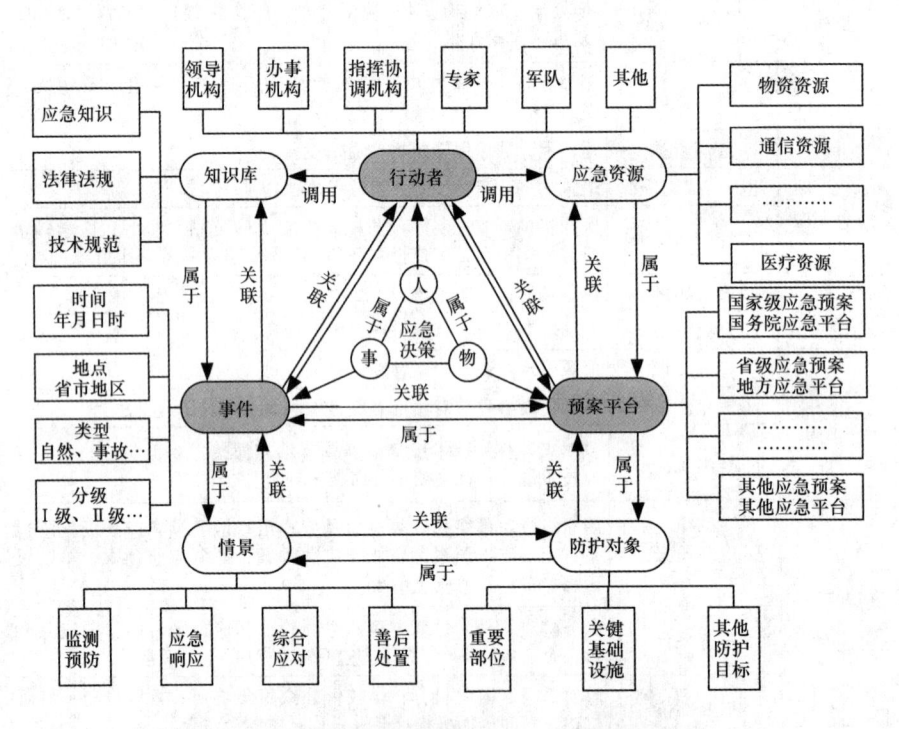

图4-9 应急管理情报资源的 SEM 要素关系图

3. 本体要素组织框架

为更好地显示和说明突发事件应急管理的情报资源之间的关系，我们以前面七类基本要素的一级类目和二级类目为例，尝试构建突发事件应急管理的情报资源 SEM 框架，框架要素为表4-7的一级类目和二级类目。

本书采用美国斯坦福大学研制开发的 Protégé 4.3 构建本体框架,绘制突发事件应急管理本体构建及层级可视化图例,在该框架下生成的本体文件为 owl/xml,可通过网络进行分享,机器可以自动处理其中的概念、实例与关系,为突发事件应急管理的情报资源描述与融合奠定基础,如图 4-10 所示。

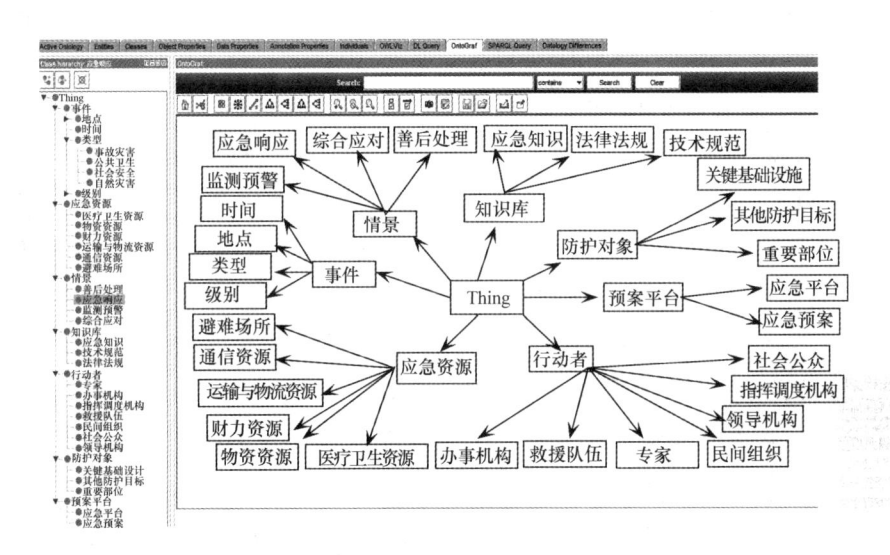

图 4-10 应急管理情报资源的 SEM 框架图

三 应急管理的情报资源聚合手段

以情报资源组织为基础,结合现有技术支撑,目前突发事件应急管理中情报资源动态聚合实现手段大致包含 7 种,与情报资源组织的 6 个层次形成一定的对应。需要说明的是,随着资源组织方法与技术应用的发展演变,动态聚合的手段会随之发生变化。新的手段涌现,旧的手段被淘汰。紧跟变化的关键在于,在资源组织方法与技术实现两方面有深入持续的研究,才能驾驭动态聚合手段。

(一)格式转换

格式转换对应资源形态,具体来讲,基础层次的资源聚合必须能够实现不同数据存储格式的转换，比如 xls-csv-json-xml 之间就是目前最常见的数据分析类数据格式的相互转换。对于数据库来说，通过诸如 SQL 调用所需数据，然后进行不同格式的输出。当前许多 NoSQL 数据库都提供与关系型数据库数据的转换与整理。

（二）元数据兼容转换

由于突发事件本身的复杂多因素特征，应急管理领域的各种专业元数据标准众多。元数据描述阶段中遵循的通用标准是元数据兼容转换的基础。在已有元数据规范标准的共性基础之上，对不同元数据纲要中的元数据元素与限定词汇进行兼容转换，这是打破突发事件信息孤岛和实现跨部门情报资源共享集成的有效途径。通过元数据标准之间的映射，实现不同元数据元素对突发事件主题或相关领域的资源对象的识别与发现，继而建立更加丰富的突发事件情报资源参考。已有的元数据映射规则都可作为动态资源聚合的参考依据。

（三）Mashup 集成融汇

Mashup 最早出现在音乐风格上的混搭描述，但作为一个技术名词是在 Web2.0 之后逐渐兴起的，在 IT 领域也被译为集成融汇。通过资源系统各自提供的 API 接口，把不同来源的数据聚合在一起，这种聚合方式非常适合突发事件应对当下的情报资源动态生成。Mashup 的数据形式多种多样，如典型的 RSS 与 OAI-PMH 收割协议。这一技术理念随着 IT 技术手段不断进化。目前 Mashup 的主要类型是实时化生成，根据突发事件应对中需要的情报主题，将所需的各种情报实时动态、交互式、集成化呈现在一个屏幕区域里，形似汽车仪表盘。突发事件应急指挥现场目前多数已经配备此类屏显硬件系统，Mashup 所能提供的是突发事件应对所需要的情报内容，集成化呈现在动态仪表盘上。从某种意义上讲，情报资源聚合产物与情报分析阶段可以实现无缝衔接。

（四）关联数据与知识图谱

关联数据是现阶段应用最广泛的、最实际的资源聚合手段，它依靠语义化表征（RDF 化）、资源注册与发布、多维度关联等三个资源组织基础。目前有越来越多的 RDF 数据集以关联数据的形式发布，以关联数据云图的方式建立起不同程度的数据关联。在突发事件应对中，借助关联数据实现"顺藤摸瓜"式情报资源探索。知识图谱实质上在发布的关联数据集之上实现了知识单元与知识关系的检索发现，为动态聚合提供可靠基础事实、领域权威知识的快速响应。

（五）本体映射与集成

以已有突发事件相关的本体知识库为基础，通过本体对齐（alignment）等方式，面向突发事件应对中知识与经验情报需要，建立特定主题、学科领域本体之间的映射与集成方案，在突发事件应对中提供更权威、准确与科学性知识资源。

（六）规则推理

在突发事件应急管理中已有很多对突发事件的形式化、知识元表征，通过设置规则让机器可以像人一样思考、学习，辅助决策。在聚合手段的最高层次，涉及了当前最流行的机器学习、深度学习等技术前沿问题。此层次的动态聚合已趋向智能化分析与决策辅助。

综上，通过资源形态、元数据描述、语义化表征、资源注册与发布、多维度关联和知识本体方面对突发事件应急管理情报资源进行组织，运用格式转换、元数据兼容转换、关联数据、知识图谱、本体映射和规则推理等情报资源聚合手段，实现应急管理情报资源的动态聚合，结合突发事件应对情景，形成情报产品为应急管理提供参考，是情报资源建设的重要内容。

第五章　应急管理情报体系的技术支撑

突发事件应急决策需要快速、及时准确的情报，情报的供应在很大程度上依赖于各个应急部门对数据、信息、情报的获取、处理、分析的能力。国内外学者结合自身的研究，提出各种类型的情报体系，例如企业情报体系、公安情报体系、军事情报体系、网络舆情监测体系等。[①] 朱晓峰等认为情报技术是突发事件的情报体系基本功能实现的基础，[②] 李纲等认为技术要素是智慧城市应急决策情报体系框架中重要组成，[③] 但现有研究尚无对应急决策情报体系的统一定义，对其情报技术要素也缺乏系统化分析。因此，本章的目的是按照第三章应急管理情报体系顶层设计，对情报体系的技术要素进行系统分析，通过梳理突发事件应急管理业务流程与情报流程，确定应急管理情报体系的业务架构，进而厘清应急管理情报体系的关键技术、主要功能及其相互之间的联系，构建全流程动态响应的情报系统。

第一节　应急管理情报体系的技术支撑框架

决策是管理者识别问题、解决问题以及利用机会的过程[④]，在突发

[①] 储节旺、郭春侠：《突发事件应急决策的情报支持作用研究》，《情报理论与实践》2015年第11期。
[②] 朱晓峰、冯雪艳、王东波：《面向突发事件的情报体系研究》，《情报理论与实践》2014年第4期。
[③] 李纲、李阳：《智慧城市应急决策情报体系构建研究》，《中国图书馆学报》2016年第3期。
[④] 周三多、陈传明：《管理学原理与方法》（第四版），复旦大学出版社2007年版，第238页。

事件应急管理中，决策者通过收集到的情报信息数量、质量、准确度以及及时程度，制订方案从而解决问题，而在应急管理的各个阶段，除一些日常的应急管理事务外，仍然有大部分应急管理工作需要应急决策，如：应急资源管理、风险预测与预警、应急培训与演练等，因此，应急决策贯穿于应急管理的全过程，也可以说，应急决策是应急管理活动中最重要的工作。应急管理情报体系应当建立在已有的应急管理系统或平台的基础上，通过分析突发事件应急管理的业务工作，梳理应急管理业务流程与情报流程，根据业务流程需求分析技术应用，进而构建应急管理情报体系技术支撑框架图。

2008年国务院应急管理办公室颁布了《国家应急平台体系技术要求（试行）》（以下简称《技术要求》）。《技术要求》将应急平台分为国务院应急平台、部门应急平台、省级应急平台、市（地）级应急平台、县（市）应急平台，对各个平台的信息传递与指挥调度进行了明确的规划，并对各级平台提出了功能要求。根据各级平台的基本功能构成，以及应急管理情报工作流程，我们构建了应急管理情报体系技术支撑框架，如图5-1所示。

整个应急管理情报体系技术支撑框架分为两大支柱、四大层级。四大层级由上至下分别为：平台系统层、功能应用层、数据资源层以及技术支撑层。两大支柱为：标准规范和安全支撑，它们承担了为整个应急管理情报体系的运行保驾护航的任务。

（一）安全支撑

应急平台体系功能较为复杂并且承载的业务较多，包含多种业务系统、多种通信方式、多种网络结构、多种数据来源、多种信息交换需求，其安全性是需要首要考虑的问题，包括场所安全、网络安全、通信安全、容灾备份等。目前政府还未建立可靠的应急管理专网，政府上传下达重要信息依然依赖于传统的电话方式，有些应急现场民用通信网络中断，无法及时将情报传播出去，只能通过"吼"的方式传递信息，效率低下，容易造成应急处置的不及时。

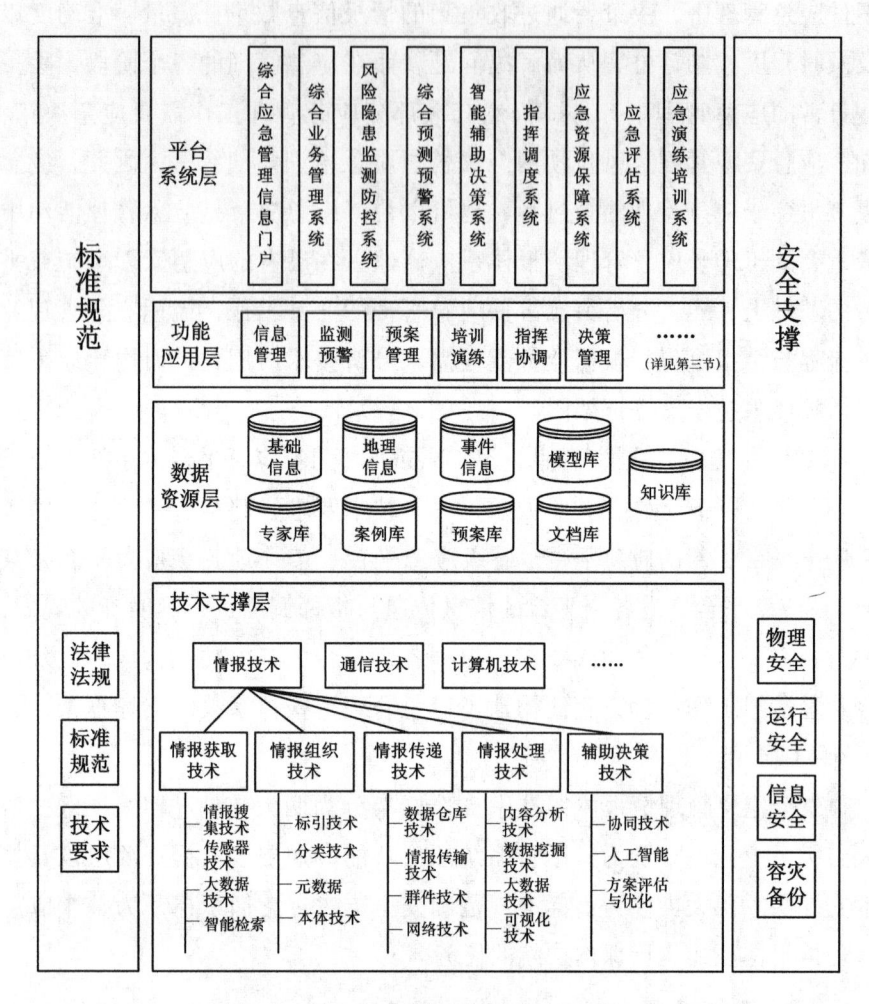

图 5-1 应急管理情报体系技术支撑框架图

研究设计了应急管理情报体系网络拓扑结构,如图 5-2 所示。体系分为内网、外网(Internet)和专网三部分,内网依托于政务内网进行建设,外网依托于 Internet 进行建设,而专网则需依托非民用的安全网络进行建设。

根据《突发事件应对法》,我国的应急管理主要是由政府部门负责,所以应急管理业务层的相关系统都建在了政务内网上,通过现有的安全保障措施,物理隔离内网与外网。专网是用于传递密级较高的信息,特

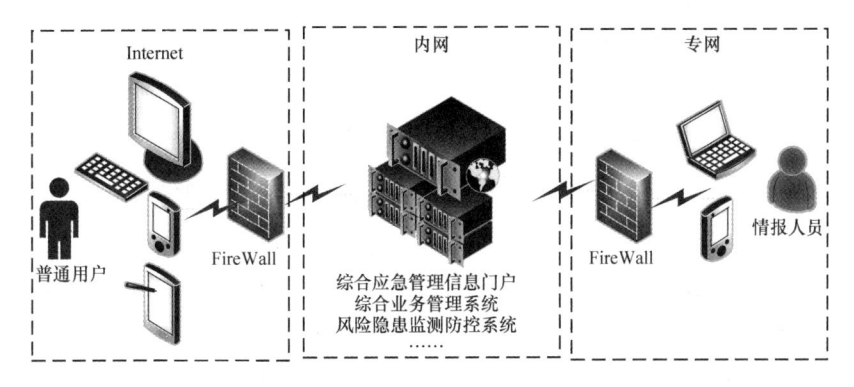

图 5-2　应急管理情报体系网络拓扑结构图

别是在普通网络信道不通畅的情况下，更需要通过专网进行信息交换，因此，应急管理通信专网的建设已经到了刻不容缓的地步。

（二）标准规范

建立应急管理情报体系，必须解决不同层级、不同部门的应急管理系统之间的互联互通互操作问题，标准化作为一种科学的管理手段，可以减少情报体系建设过程中不必要的重复和盲目建设。在建设应急管理情报体系时，需要符合相应的法律法规，并考虑建设配套的标准规范，包括基础性标准、应用支撑标准、通用性技术标准等，在设计不同层级的应急管理情报体系时，应采取统一的标准体系，从而保证应急管理系统的整合和集成。

（三）技术支撑层

要实现应急管理情报体系需要很多技术的支持，如计算机技术、通信技术、网络技术、情报技术等。由于涉及的技术非常广且杂，不同的突发事件所应用到的具体技术不同，本章只就其中的关键情报技术进行具体分析，详见本章第二节。

（四）数据资源层

数据层是情报体系运行的基石，主要用于存储与管理应急管理体系中的数据、信息、情报等。包括基础信息数据库、地理信息数据库、时间信息数据库、模型库、预案库、案例库、文档库、专家库和知识库9

个数据库,具体详见第四章。

(五) 功能应用层

根据应急管理的业务流程和情报流程,我们对应急管理的每个阶段进行了工作重点梳理,并就每个工作重点划分了其需要完成的功能,从而构建起了整个应急情报体系的功能应用层。详见本章第三节。

(六) 平台系统层

平台系统层是基于功能应用层的,根据应急管理的实践工作以及国际应急平台的技术要求,应急管理情报系统划分为8个子系统:综合业务管理系统、风险隐患监测防控系统、综合预测预警系统、智能辅助决策系统、指挥调度系统、应急资源保障系统、应急评估系统、应急演练培训系统[1],详见本章第四节。

第二节 应急管理情报体系中的情报技术

现代情报理论认为,情报技术是情报侦察获取、研究整理、判断预测、决策建议、通信传递、人才培养、装备建设等一系列情报工作中的科技水平。[2] 总的来说,情报技术是从事情报工作的各种方法和手段的总称。现在一般指为使情报工作机械化和自动化而应用的各种方法手段的总和。[3] 根据情报技术的定义,情报技术并不是一项专门技术,而是多种技术的综合集成,这些技术包括与情报信息有密切联系的计算机技术、缩微技术、音频图像技术、通信技术、网络技术、自然语言处理技术、信息技术等。从流程上来说,情报技术就是关于情报的获取、组织存储、加工处理、输出与传输技术的总和。

在应急管理情报体系中,情报技术主要用于对现有的数据信息进行整理、分析、加工,从而挖掘出价值更高的情报,它通常会先对数据进行预处理,通过重新描述与组织,加工与分析形成情报,再通过某些途

---

[1] 王延章:《应急管理信息系统基本原理、关键技术、案例》,科学出版社2010年版。
[2] 丰建泉、王忠:《三国时期军事情报问题研究》,河南大学出版社2011年版,第5页。
[3] 杨立新等:《现代情报技术与应用》,湖北人民出版社2004年版,第3页。

径输出情报,最终辅助决策者做出决策。

一 情报获取技术

情报获取如同人的感觉系统通过感觉器官感知环境的状态一样,情报体系通过各种传感器、探测设备等手段和方法,获得应急管理相关的信息和数据。通过不同的情报源收集到的信息数据可以及时分析得出突发事件的状态、发生原因、可能的风险等情报。

(一)情报的获取方式

1. 通过现代技术手段获取情报

用各种传感器设备、侦察设备等获取情报,如通过电磁传感器、卫星、无人机、雷达等及时获取突发事件的动态情报,帮助决策者了解现场态势。

2. 通过传统情报方式获取

如通过平时对地图、人文、地理、经济等信息收集的静态情报和通过各种公开的媒体,如互联网、报纸、杂志、广播等获得情报。这部分情报可以存储在数据库中,一旦需要便能快速地提供信息。

3. 通过智能检索或大数据技术获取情报

运用智能搜索引擎,运用不同的算法规则检索出需要的情报,或通过大数据技术收集海量数据进行预测分析提取有用情报。

4. 通过系统内部的信息传递获取情报

指情报体系内部信息的传递,它主要是通过综合系统的通信网传递。上述情报获取渠道组成了一个多手段、多层次、全方位的突发事件信息收集系统,使突发事件情报能够更有效地在应急决策中发挥作用。

(二)情报融合技术

情报融合技术是指利用多源情报,对按照时序获取的目标特征信息和时空信息,依照一定准则进行分析、综合,以完成目标识别、现场监视、威胁判断和决策而实现情报预处理的技术。具体可概括为:利用计算机技术对按时序获得的若干情报在一定准则下加以自动分析、综合处理,以完成所需的决策和预期任务而进行的情报处理过程。

按照这一定义，突发事件情报收集系统是情报融合的基础，多源情报是情报融合的加工对象，协调优化和综合处理是情报融合的核心。也可以认为，信息融合或情报融合技术是利用计算机技术对来自情报收集系统的多源情报按一定规则进行自动分析和综合处理后自动生成人们所期望的合成信息的情报处理技术。它包括对多类型、多源、多平台所获得的各种情报信息（如数据、照片、视频图像等）进行采集、传输、汇集、分析、过滤、综合及合成，快速进行情报处理和自动图形标绘。

其主要技术有以下几点：（1）数据融合理论方法研究。（2）多系统不完全测量数据融合的算法研究。（3）专家系统在数据融合中的应用技术。（4）目标自动识别方法研究。（5）并行处理技术在数据融合中应用研究。（6）数据融合中信息的可靠采集、分析和资源保护安全技术等。

在突发事件应急决策中，要在未知环境中快速而准确地获取有用的情报信息，必须采用大量的高新技术、遥感技术、协同技术、语义 Web 技术等综合集成获取情报。可以肯定的是，多系统、多平台、多手段搜集的各种情报信息资源的融合与共享，将是应急管理情报体系发展的方向和趋势。

二 情报组织技术

情报组织技术是情报加工与分析处理阶段对信息内容与对象的自身特征进行描述编码和标识的技术，如自动分类、自动标引、自动摘要、机器翻译等情报组织加工技术。[①]

收集整理阶段，主要的任务是对来自于各种信息源的数据进行整理和加工，利用元数据对其进行标准化描述。元数据被定义为关于数据的数据，是对数据信息本身的特征（如信息的内容、形式、载体等方面）进行描述，以便于对信息进行有效管理和利用。

由于应急管理本身即涉及多个领域的信息，目前尚无一套能够覆盖

---

① 李广建、黄永文、孔敬、郭少友：《数字时代的情报技术》，《数字图书馆论坛》2006年第10期。

各类应急信息的元数据标准,只有一些涉及应急管理部分领域的元数据标准,如:国家发布的《中华人民共和国气象行业标准:气象数据集核心元数据(QX/T 39—2005)》、中国地震局发布的《地震数据元数据编写指南》、国土资源部信息中心发布的《国土资源信息核心元数据元素指南》等。这些标准有的早于《政务信息资源目录体系》发布,因此在元数据规范上无法与"政府信息目录体系"的核心元数据保持一致,为实现政府信息资源的规范化和标准化,应考虑是否对以前的标准进行修订以符合长远的需要。暂时还没有制定元数据标准的部门,则应根据《政务信息资源目录体系》所制定核心元数据进行适当扩展,形成本领域的元数据标准。

目前,众多学者和应急部门在应急信息通用元数据标准制定上不断探索和努力,但我国还没有正式的应急信息核心元数据国家或行业通用标准,这是应急情报规范化道路上一个迫切需要解决的问题。由于《政务信息资源目录体系》已经成为我国政府信息资源描述的基本规范,未来需明确规定,以《政务信息资源目录体系》为基础,对政府各行业或领域(包括应急管理)的数据进行扩展和描述,这样才能更好地实现政府信息资源的准确定位和发现,以及基于此的整合与共享。

三 情报传递技术

情报传递技术主要由情报传输技术、情报交换技术、情报终端技术和情报网络技术等构成。(1)情报传输技术,是情报传递技术的主体。随着信息技术的迅猛发展,情报传输技术正向多手段、宽频带和高质量、大容量的方向发展。按传输媒介的不同,信息传输技术可分为无线传输技术(主要有卫星、微波、短波等传输技术)、有线传输技术(主要有电缆、架空明线和被复线等传输技术)、有线光传输技术(主要有光纤传输技术)、无线光传输技术(主要有大气激光、空间激光、水下蓝绿光传输等技术)等。(2)情报交换技术,是应急指挥管理系统中情报的"转换中心",它完成对传输链路和情报业务量的汇集与分配。(3)情报终端技术,是直接为指挥人员提供语音、数字及视频等服务的技术,如电话机、传真机、用户电报机、数据终端和图像终端等。随着多媒体技术的迅速发展，情报传递终端正在向多媒体终端发展。在应急指挥管理系统中，情报终端技术主要有信源编码技术、复用技术、软件无线电技术等。(4) 情报网络技术，是信息社会实施指挥管理的基础设施，其硬件部分主要由终端设备、传输设备和交换设备组成。情报网络技术涉及面极为广泛，有网络硬件技术、网络软件技术、网络集结技术等。在应急指挥管理系统中，作为信息基础设施的网络技术主要有：综合数字网技术、综合业务数字网技术、宽带综合业务数字网技术、智能网技术与个人通信网技术等。

四 情报处理技术

情报处理技术，是指应用电子计算机硬件和软件，对各种突发事件的信息进行综合、转换、整理加工、存储和显示的技术。情报处理系统中对情报的处理工作除了少量的必须有人的参与之外，主要通过计算机完成。计算机本身就是一个完整的系统，具有高速运算的能力、很强的记忆存储能力和一定的逻辑判断能力，是指挥自动化系统中的核心设备。情报处理技术主要有计算技术、存储技术、显示技术、多媒体技术和模拟仿真技术等。(1) 计算技术，主要解决如何采用各种并行处理技术和新的计算模式，以大幅度地提高计算机系统的信息处理速度和能力。(2) 存储技术，主要包括主存储器技术、磁盘存储技术和光盘存储技术等。(3) 显示技术，能使应对突发事件人员和参与人员实时感知现场态势，掌握各种情报信息，并及时地作出决策。它包括图形、图像显示技术、三维显示技术和可视化技术等。(4) 多媒体技术，包括虚拟现实技术、超文本技术和超媒体技术等。在指挥管理的信息处理中，多媒体技术除可进行直观、生动的信息显示外，还具有广阔的应用前景。

在突发事件的应急处置中，计算机首先接收来自各种渠道的情报信息，对其进行分类编码，去掉重复、错误的信息，使得突发事件现场信息完整、一致，并把现场态势提供给指挥人员，这是计算机完成的第一步工作。第二步工作是根据得到的态势信息，分析突发事件下一步发展趋势，这是信息处理系统必须完成的也是最重要的信息处理工作。第三步是根据上面的分析结果，自动提供多种应急处置方案，并对各种方案进行分析比较，让指挥员进行决策，即从多个方案中选择一个最好的方案。最后计算机根据选定的方案辅助制订计划，并以报表或命令的形式下达给应急处置一线人员。

由此可见，信息处理系统能对输入计算机的各种格式化信息自动地进行综合、分类、存储、更新、检索、复制和计算，协助指挥人员拟制应急处置方案，对各种方案进行模拟、比较、选优等。计算机系统对信息的处理贯穿整个指挥自动化系统的各个环节，它将决策指挥体系中的基本要素：指挥、控制、通信与情报等紧密地联系在一起，自动地处理各种信息，协调各子系统的工作，从而实现决策自动化。

五 辅助决策技术

在突发事件应急管理中，决策者的主要职责是制定决策和指挥应急处置。指挥过程中所有其他要素，如收集情报、通信联络、计划行动、组织准备和实施控制等，均与决策这个核心交织起来，并依附于决策，都为制定决策和实现决策而存在。在突发事件中，各种因素千变万化，而要"运筹帷幄之中，决胜于千里之外"，科学的决策则必须建立在对信息全面、正确掌握的基础之上，然后还要对大量的信息进行综合、分析，根据正确的战略战术和渊博的知识、丰富的经验，制定出各种处置方案，并从中选出最佳方案，最后制订实施计划。

将应急处置运筹分析方法和计算机技术相结合，辅助决策者进行决策的过程称为计算机辅助决策。计算机辅助决策是信息处理系统的一个重要应用领域。计算机辅助决策具有以下几个特点。（1）分散决策。指各级决策者根据本级面临的实际态势进行决策，不能一成不变、墨守成规地执行上级指示。（2）协同决策。指各应急处置队伍根据处置目标及与其他队伍的关系确定自己的协同处置方针。（3）智能决策。在应急处置指挥中，决策者对突发事件现场态势的掌握情况和主观决策行为，对处置的胜败具有重要影响。由于指挥决策没有常规可循，须求助于人工智能技术，如专家系统等。(4) 决策和应急处置方案评估选优。决策是决策者根据应急处置目标制定的整个应急响应的基本做法。决策生成的依据：一是决策意图，二是现场态势，三是专家建议，四是应急处置队伍的特点。在决策辅助系统中，决策者是起主导作用的，系统要能够及时收集、处理各种可用信息，帮助决策者制定并选择应急处置方案。

  计算机辅助决策的类型，一般分为预案检索型和人工智能型两种。(1) 预案检索型辅助决策的实质，是事先根据不同的情况，制定多种应急处置方案，并存入方案库。使用时，根据任务的需要，从方案库中提取相应的方案供决策者选用。预案检索型辅助决策的质量和效能，除受原预案质量影响外，还取决于决策软件的质量和效能。(2) 人工智能型辅助决策是依靠系统中的专家系统来完成的。专家系统根据应急处置任务和情报预测的结果，为决策者提供若干个决策方案，这些方案包括：执行任务的方法、应急处置队伍的部署、协同与指挥程序以及应急准备程度等。这种辅助决策具有人工智能的特点，能根据情况进行逻辑推理。各种应急处置所需的方案不是事先编好的，而是在实际运用时实时地、自动地生成的。专家系统有一套根据不同的应急决策原则和环境条件，实行分析推理来形成决策方案的运算程序。人工智能辅助决策的质量，取决于专家的经验以及程序的质量。专家系统的逻辑推理功能越强，所生成的决策方案的准确性就越高，优化程度也就越好。

第三节 应急管理情报系统的功能应用

  根据国务院应急管理办公室颁布的《国家应急平台体系技术要求（试行）》，应急平台"通过突发公共事件的监测监控、预测预警、信息报告、综合研判、辅助决策、指挥调度等主要功能，实现突发公共事件的相互协同、有序应对，满足国家和本地区、本部门应急管理工作的需要"。本节通过对突发事件应急管理的主体业务过程和应急决策流程进行分析，根据实际调研，总结应急管理情报体系用户的需求，通过需求分析设计情报系统的功能模块。

一 应急管理情报系统的需求分析

（一）高效实时的情报处理与共享

应急管理情报体系的目标是建立一个能够快速收集、处理、传递、利用突发事件中的各种情报并做出快速响应和科学决策的"人—机"系统。情报资源是情报体系运行的核心要素，应急决策方案的制定也是在丰富、及时、准确的情报资源基础上进行的。目前由于应急管理业务管理、人员配置、技术系统、情报资源均存在着一定程度的"碎片化"问题，其中情报资源更是需要一直累积和使用的，因此高效的实时情报处理与情报资源共建共享成为目前情报体系发展的最大掣肘。

（二）动态的管理人员组织

应急管理情报体系虽然是对情报流程的优化再设计，使科学的应急决策能够得到最快的响应与处置，但究其本质这也是对整个应急管理组织人员的管理。它与一般系统的用户管理不同，它是现实的人员组织及组织管理在虚拟世界的映射。一个高效的应急管理情报体系在突发事件发生时需要全社会信息资源的共享和整合，并且需要多级多部门的协同联动。

由于突发事件的发生、发展都具有强烈的突然性和不确定性，直接导致了应急管理的工作组织在突发事件发生时是动态变化的。因此应急管理情报体系需要支持组织结构的动态定义和管理，并能够自发地分配任务。

（三）与常态系统的有效集成

突发事件应急管理是纳入到政府日常运行中的一项工作，应急管理情报体系不可能凭空建立，必须以常态的政府日常运行系统为基础，与常态下的相关业务系统相集成，进而能够在需要的时候，以最快速度调用其他部门的数据，并能够互连互通互操作，这样可以更好地整合现有资源，达到效能最大化。

（四）统一的标准

标准化是应急管理资源共建共享，应急协同联动的准绳。突发事件情报信息需要快速传递、快速加工分析，进而使应急决策更加高效科学。

规范化的业务流程、标准化的信息、自组织的管理运行模式是应急管理情报体系运行的基础,是应急指挥、协同联动的准绳。①

二 突发事件应急管理主体业务分析

突发事件应急管理划分为 4 个阶段,参考《突发事件应对法》对每一阶段的详细规定与实际调研的情况,对每一阶段应急管理主体的工作重点做如下总结:

（一）预防准备阶段

目前应急管理的工作重心已经由以前的以"应"为主转向现在的以"防"为主,在突发事件尚未发生的时间段,政府应当建立适当的风险评估机制,随时监控危险源;注重应急预案的修订与更新,按规定核实应急资源的数量与质量,保障应急经费,对应急报警装置、救援设备设施要进行检测和维护,切实保障应急物资的完备,定期开展模拟演练,提升应急工作人员的应对能力与知识储备。在该阶段,主要的重心工作都在"防"与"备"上,切忌忽视对危险源的监控与应急资源的损耗。

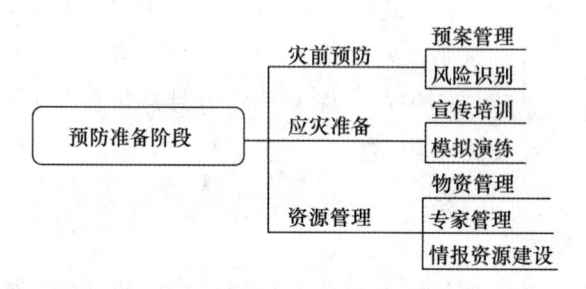

```
                            ┌─ 灾前预防 ─┬─ 预案管理
                            │            └─ 风险识别
                            │
        预防准备阶段 ───────┼─ 应灾准备 ─┬─ 宣传培训
                            │            └─ 模拟演练
                            │
                            │            ┌─ 物资管理
                            └─ 资源管理 ─┼─ 专家管理
                                         └─ 情报资源建设
```

图 5-3 预防准备阶段主要任务图

（二）监测预警阶段

监测预警是根据监测监控数据,对突发事件进行预测分析,根据分析结果进行预警信息发布的过程,某些突发事件具有潜伏期,在临近爆发期时就会全面爆发出来,并且有可能引起别的突发事件的发生。此阶

---

① 王延章:《应急管理信息系统基本原理、关键技术、案例》,科学出版社 2010 年版。

段应当多途径多方面收集情报信息,重点监控危险源;开展风险预测分析,完善预测预警机制,多渠道多途径发布预警信息,使预警信息公开透明,防止虚假信息和谣言的散播。

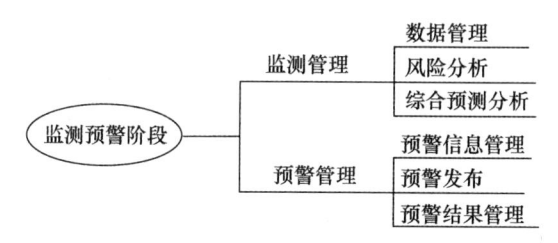

```
                        ┌─ 监测管理 ─┬─ 数据管理
                        │           ├─ 风险分析
监测预警阶段 ───────────┤           └─ 综合预测分析
                        │           ┌─ 预警信息管理
                        └─ 预警管理 ─┼─ 预警发布
                                    └─ 预警结果管理
```

图 5-4 监测预警阶段主要任务图

（三）处置救援阶段

处置救援阶段主要是对突发事件的应急处置,这一阶段需要决策者根据各方收集到的情报快速响应,通过科学的方法,做出最优的应急决策方案,并且应当协调相关应急管理业务部门、社会组织等参与救援,配合救援队伍、军队、武警等专业救援力量开展工作。在此阶段决策者需要根据大量的数据、信息、情报汇总分析,结合实际经验,快速做出应对措施,并要做好应急物资调配、应急救援设备良好、信息渠道畅通等一切后勤保障工作。

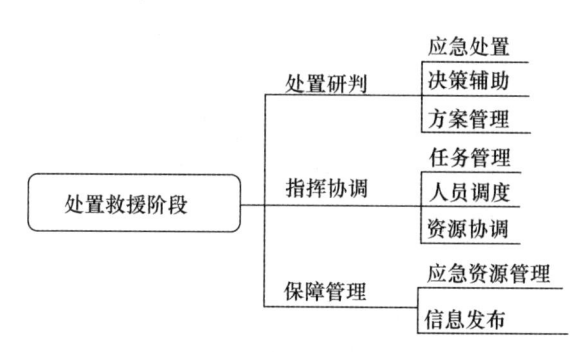

```
                        ┌─ 处置研判 ─┬─ 应急处置
                        │           ├─ 决策辅助
                        │           └─ 方案管理
                        │           ┌─ 任务管理
处置救援阶段 ───────────┼─ 指挥协调 ─┼─ 人员调度
                        │           └─ 资源协调
                        │           ┌─ 应急资源管理
                        └─ 保障管理 ─┴─ 信息发布
```

图 5-5 处置救援阶段主要任务图

（四）恢复重建阶段

恢复重建阶段一切无序化逐渐变得有序,但仍然不可懈怠。对突发公共事件中的伤亡人员、灾害损失进行统计，对相关人员给予抚恤、补助或补偿，并提供心理及司法援助，做好相应的保险理赔工作；对特别重大突发公共事件的起因、性质、影响、责任、经验教训和恢复重建等问题进行调查，对整个突发事件的应急管理都要进行总结和评估，通过评估结果进一步加强预防准备工作。

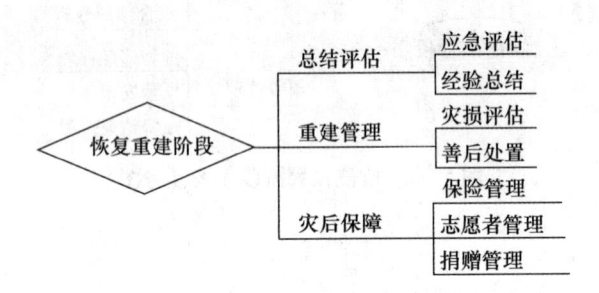

图 5-6 恢复重建阶段主要任务图

三 突发事件应急决策流程分析

突发事件应急决策实质上是一个应急信息元的转换、融合、提升等过程。[①] 即通过对突发事件的各种数据、信息、情报进行收集，对这些信息进行分析关联处理，形成有效的情报资源累积，为决策者提供辅助决策支持。

在应对某些影响时间短的突发事件时，决策者往往直接通过以往经验和相关预案快速做出决策并实施，但是在应对某些影响时间长、范围广的灾害时，这样仅凭经验和静态预案所做出的决策在科学性与效益性上有待提高，面对这种情况，决策者应当从更多的渠道收集获取信息，分析研判，基于辅助决策系统制订有效方案，从而快速地、高效地、科学地响应这些突发事件。

图 5-7 显示了辅助决策系统支持应急决策的流程，该流程也反映了应急决策工作的情报信息流动情况，如图 5-8 所示。首先，信息通过多

---

① 李纲、李阳：《智慧城市应急决策情报体系构建研究》，《中国图书馆学报》2016 年第 3 期。

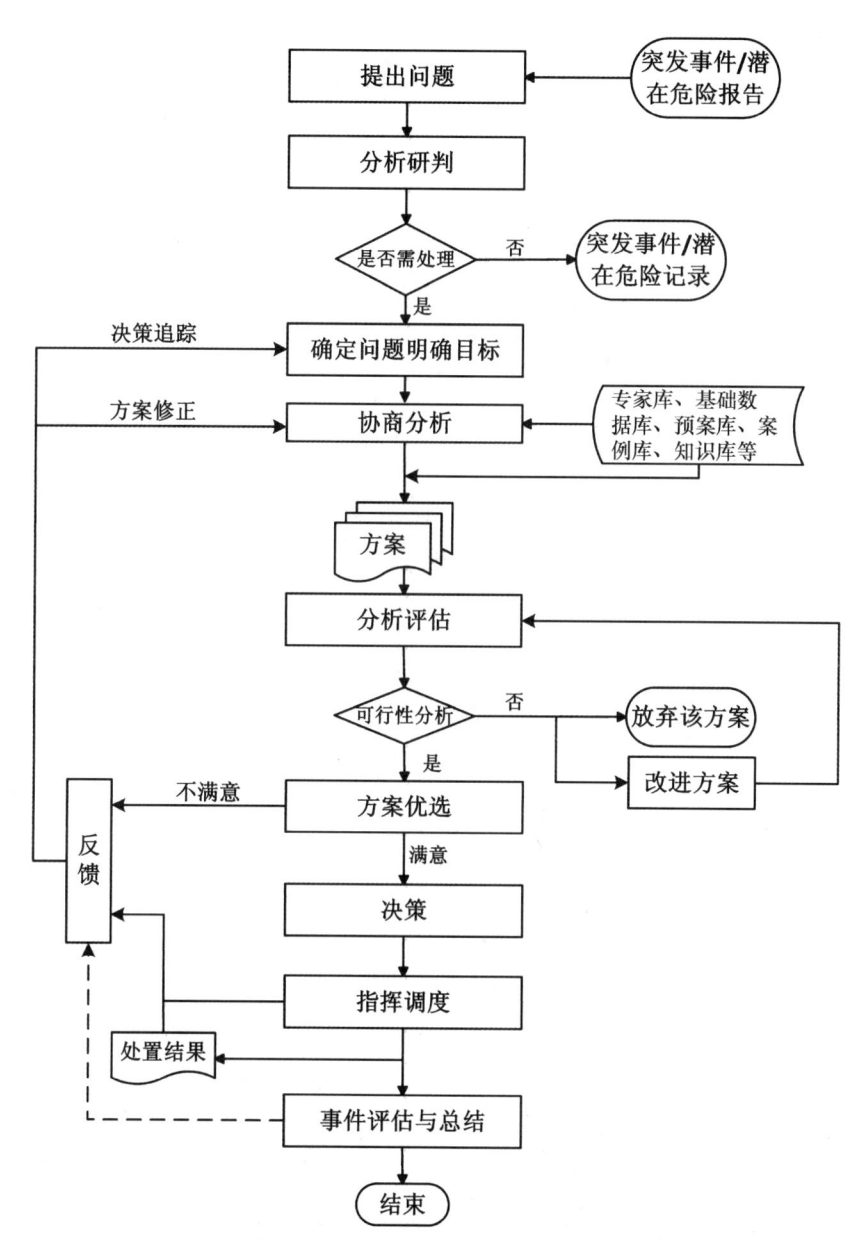

图 5-7 突发事件应急决策流程图

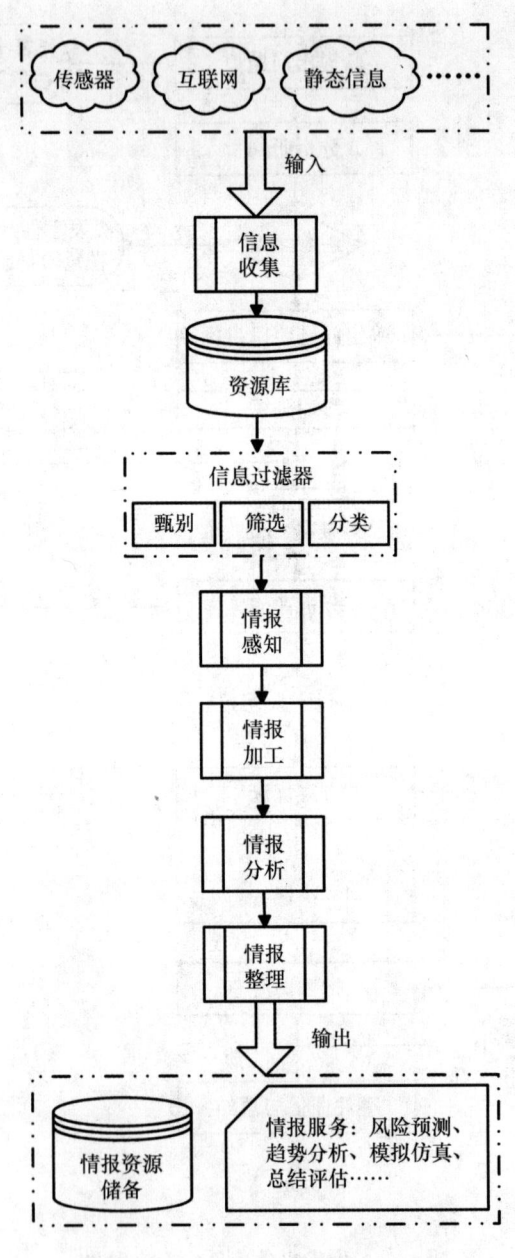

图 5-8 突发事件情报信息流程图

渠道收集并存入数据库，通过信息过滤萃取形成初始情报，再经过情报加工、分析、整理形成新的情报资源储备，基于情报资源储备提供的情报服务为应急决策的制定到实施提供扎实基础。

通过突发事件应急决策流程和情报信息流程可以分析得出，情报的广度、准度与及时程度极大地影响应急决策的制定与实施，进而影响到突发事件的响应速度与处置效果。应急管理情报体系要更加重视情报工作的展开，提供高质量的情报服务，提升应急决策工作的效率与质量。

四 应急管理情报系统功能应用分析

根据应急管理业务和应急决策工作流程，我们对子业务所提供的前端功能进行了设计，如表5-1所示，为下一步全流程动态响应情报系统的构建提供依据。

表5-1　　　　突发事件应急管理的前端业务—功能例图[1]

主要业务	子业务	功能应用
灾前预防	预案管理	预案编制、预案审核、预案阶段管理、预案更新
	风险识别	危险源确定、历史数据统计分析、风险识别模型、专家支持
应灾准备	宣传培训	门户信息网站建设、在线培训、宣传教育
	模拟演练	演练计划管理、模拟演练情景虚拟仿真、模拟演练过程控制、模拟演练评估
资源管理	物资管理	应急资源查询与统计、应急资源分析
	专家管理	专家人员管理、科研项目管理、专家库建设、专家咨询
	情报资源建设	情报收集、情报组织描述、情报分析挖掘、情报交换共享、基础信息建设
监测管理	数据管理	数据采集、数据导入、数据删除、数据查询、数据分析
	风险分析	监测数据导入、防护目标管理、危险源分析、风险评估、风险报告管理
	综合预测分析	周围环境分析、次生事件链分析、事件链与预案链综合、综合研判报告[2]

---

[1] 袁莉：《政府应急管理信息化顶层设计研究》，博士学位论文，四川大学，2016年。
[2] 袁宏永、黄全义、苏国锋等：《应急平台体系关键技术研究的理论与实践》，清华大学出版社2012年版。

续表

主要业务	子业务	功能应用
预警管理	预警信息管理	预警备案、预警分级核定、预警发布信息准备
	预警发布	预警信息编制、预警信息审核、预警信息发布
	预警结果管理	预警发布反馈、预警效果评估
处置研判	应急处置	信息接报、初步研判、综合预测分析、态势分析、处置方案
	决策辅助	实时情报显示、决策支持系统、专家咨询、在线会商、信息报送、命令下达
	方案管理	历史处置方案查询、方案发布、方案审核、方案整理
指挥协调	任务管理	任务编辑、任务审核、任务纷发、任务跟踪、任务反馈
	人员调度	任务智能分配、人员机构动态关联、人员动态调度
	资源协调	应急资源查询与统计、应急资源更新、应急资源监控
保障管理	应急资源管理	应急资源查询、统计、分析，资源登记，资源调度，资源保障计划[1]
	信息发布	灾情动态跟踪、信息审核、信息发布、信息发布跟踪
总结评估	应急评估	应急过程重现、过程评估、应急能力评估、评估指标体系管理
	经验总结	案例分析总结、案例数据建立、案例对比分析
重建管理	灾损评估	伤亡人员统计、经济损失统计、灾损评估追踪、评估指标管理
	善后处置	重建方案制定、重建方案评估、重建过程管理
灾后保障	保险管理	保险评估、保险理赔、保险购买
	志愿者管理	志愿者人员管理、志愿者经验总结、志愿者调度分配
	捐赠管理	捐赠查询统计、捐赠分配查询、使用过程管理
日常运作管理	办公管理	办公自动化、公文交换、电子邮件系统、
	人事管理	值班值守管理、岗位培训管理、人力知识管理
	后台管理	权限管理、身份认证、日常运营与维护、配置管理

我国目前将突发事件分为自然灾害、事故灾难、公共卫生事件和社会安全事件四类，每类事件的处置部门、处置流程等都有具体差异，以下仅就常规应急管理部门的核心业务进行梳理与功能设计。

根据应急管理工作人员的需求，设置日常办公的业务模块，该模块

---

[1] 袁宏永、黄全义、苏国锋等：《应急平台体系关键技术研究的理论与实践》，清华大学出版社2012年版。

可以直接调用政务内网的自动化办公系统，从而使应急管理平台体系的资源得到进一步整合，并且方便用户的统一操作与使用。

第四节 应急管理情报系统的构建

2006年出台的《国务院关于全面加强应急管理工作的意见》把"推进国家应急平台体系建设"列为"加强应对突发公共事件的能力建设"的首要工作；并且明确指出"加快国务院应急平台建设，完善有关专业应急平台功能，推进地方人民政府综合应急平台建设，形成连接各地区和各专业应急指挥机构、统一高效的应急平台体系"。2011年出台的《国家综合防灾减灾规划（2011—2015年）》中将"加强防灾减灾信息共享能力，论证建设国家综合减灾与风险管理信息平台，提高防灾减灾信息集成、智能处理和服务水平，加强各级相关部门防灾减灾信息互联互通、交换共享与协同服务"。

在应急管理情报体系中，应急情报系统是以政府为主，由军队、社会组织、非政府组织以及社会个人等多元主体构成的一个协同联动系统，它以信息技术为支撑，集成不同主体、不同领域的信息系统，并对大量的数据信息进行加工处理。应急情报系统不仅仅是传统的应急管理信息系统——提供"过去"和"实时"的数据信息，还应该提供"未来"灾害发展趋势、预期后果、干预措施、预期救援结果评估，以及全方位监测监控的信息。快速响应的应急情报系统能够对应急管理的各阶段和各业务过程提供全流程动态响应，具有对潜在威胁的发现预警功能、对突发事件的科学预测和危险性评估功能，能够根据情境动态生成优化的事故处置方案和资源调配方案，形成实施应急预案的交互式实战指南，为指挥决策提供辅助支持。

一 应急管理情报系统的构建思路

（一）面向业务应用开发系统

为提供对突发事件全流程的动态响应，情报系统应面向业务应用开发。政府应急管理的业务应用包括两部分：一是对外面向公众的服务，二是对内面向各政府机构的应急业务。因此，对外提供界面友好、接口清晰的"一站式"公众服务平台，对内提供支持突发事件应急管理全流程响应的技术系统，为应急管理提供综合支持，满足其有序运转、动态跟踪、灵敏监测和综合研判的需要，是应急情报系统构建的基本要求。在其具体设计中，可根据不同层次（国家级、省部级、市级和县区级）以及不同类型（综合应急管理部门和专项应急职能部门）对象的具体业务和服务需求，设计和开发系统。

（二）组件开发和标准化设计

不论是哪一层次哪一类型的部门，在各个业务系统中，都可能存在相同或相似的功能应用，如各业务系统中常会涉及的通用系统或通用业务，如：地理信息系统、捐赠管理系统、文档管理、权限管理、公文交换、统计分析等，对于这些在各个应急系统上出现频率较高的功能应用，可以使用组件化的开发思想进行开发，使其形成一个个独立的标准化组件以备调用。在新系统进行应急业务软件开发时，已有的功能模块可直接调用，只需开发各个业务软件的专用业务模块，并将它们组装在一起形成新的应用系统。

二 应急管理情报系统的子系统分析

按照面向业务应用、组件化标准化开发的思路，我们根据应急决策流程，对应急管理情报系统的架构进行了设计，在应急管理知识门户之下，如图5-9所示，其子系统主要包括：综合业务管理系统、应急演练培训系统、风险隐患监测防控系统、综合预测预警系统、智能辅助决策系统、指挥调度系统、应急资源保障系统、应急评估系统。

（一）应急管理知识门户

应急管理知识门户是作为政府公开应急管理信息、知识的平台，是进入其他子系统的入口。根据网络结构的不同，分为内网应急管理知识门户和外网应急管理知识门户，外网应急管理知识门户主要为一般的普通用户提供信息公开、知识分享、互动交流、知识检索等功能，内网应急管理知识门户在此基础上还提供电子政务办公系统的一站登录功能，从而为政府工作人员提供应急管理知识培训与日常办公的功能。

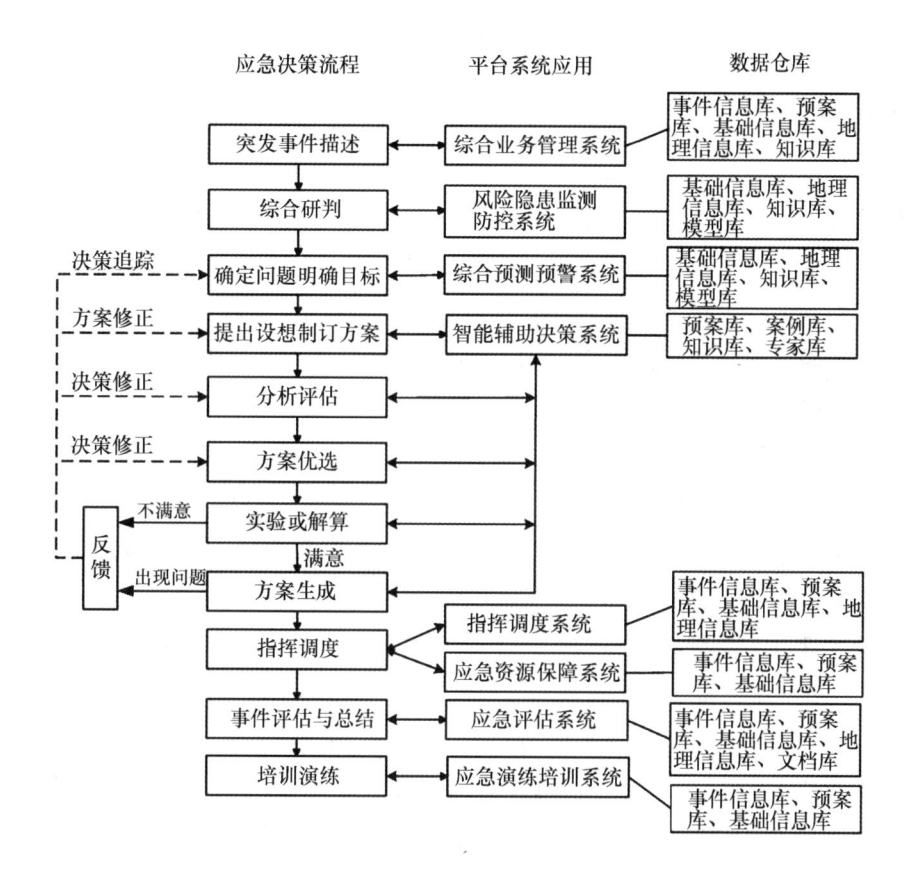

应急决策流程	平台系统应用	数据仓库
突发事件描述	综合业务管理系统	事件信息库、预案库、基础信息库、地理信息库、知识库
综合研判	风险隐患监测防控系统	基础信息库、地理信息库、知识库、模型库
确定问题明确目标	综合预测预警系统	基础信息库、地理信息库、知识库、模型库
提出设想制订方案	智能辅助决策系统	预案库、案例库、知识库、专家库
分析评估		
方案优选		
实验或解算		
方案生成		
指挥调度	指挥调度系统	事件信息库、预案库、基础信息库、地理信息库
	应急资源保障系统	事件信息库、预案库、基础信息库
事件评估与总结	应急评估系统	事件信息库、预案库、基础信息库、地理信息库、文档库
培训演练	应急演练培训系统	事件信息库、预案库、基础信息库

（决策追踪、方案修正、决策修正、决策修正、反馈：不满意/出现问题）

图 5-9 应急管理情报系统架构图[①]

（二）综合业务管理系统

综合业务管理系统主要实现日常应急业务的管理，具有值班业务、信息快报、预案管理、档案管理、统计分析和检索等功能，实现突发事件信息的报送处理、跟踪反馈等应急值守业务和档案管理、预案管理等

---

① 封锦昌、许德森编著：《应对多突发事件的信息系统应用技术》，人民邮电出版社 2012 年版。

日常事务，其中信息快报根据报送的信息密级，采取不同的网络通道报送。

（三）应急演练培训系统

应急演练培训系统包括应急演练与应急培训两部分功能。应急演练主要实现编制演练计划、记录演练过程，总结评估演练效果，检验各个应急单位的应急响应能力和应急预案的合理性与有效性，积累突发事件应急处置经验。

应急培训主要实现应急知识的宣传和培训，可采用文字、图形、视频等不同的教育形式，通过面对面教育、网络教育、移动客户端等技术，直观形象地对应急管理人员和其他政府工作人员进行培训，从而增强综合应急能力和水平。

（四）风险隐患监测防控系统

风险隐患监测防控系统主要实现对监测数据的整合汇集（监测数据包括实时和非实时的经过统计汇总的数据），通过综合风险分析，得到风险分析报告，通过报告将科学的分析结果直观地展现给决策者，作为预测预警或应急处置的依据。

（五）综合预测预警系统

综合预测预警系统主要实现的是对突发事件的早期预警、趋势预测和综合研判。由于综合预测预警往往需要涉及多个部门的信息与数据，即需要某些单位进行知识共享，通过多方信息的汇集，运用综合预测分析模型，进行快速计算，对事态发展和后果进行模拟分析，预测可能发生的次生事件、衍生事件，确定事件可能产生的影响范围、方式、持续时间和危害程度等，结合预警分级指标提出预警分级的建议。

（六）智能辅助决策系统

智能辅助决策系统主要通过决策支持系统技术，利用数字预案、预测预警模型、风险分析报告、相似案例和现场实时信息等，通过空间分析、仿真模拟等方式，做出决策备选方案，根据不同的优先目标或必要条件，对生成的决策方案进行分析和比对，并给出方案排序，供决策者参考。

(七) 指挥调度系统

指挥调度系统主要完成应急处置过程中，领导指示下达、资源协调与分配、任务跟踪反馈、执行情况汇总等，能够促进各部门的协同联动，减少"信息鸿沟"的出现，辅助应急指挥人员了解突发事件处置情况与资源分配情况。

(八) 应急资源保障系统

应急资源保障系统主要实现对应急物资装备及储备库、应急救援队伍、紧急避难场所、医疗卫生、交通运输、通信保障等应急资源信息的管理。根据突发事件情况以及其他相关知识预估应急资源需求量，并根据相关应急预案与最新应急现场实时信息合理配置资源，确保应急救援工作的有序开展。

(九) 应急评估系统

应急评估系统主要采取知识评估等相关方法技术，对突发事件应急处置过程、某区域或某部门综合应急能力进行评估。按照应急预案等相关规定和地区实际情况确定评价指标，对应急过程中各种决策的及时性、有效性等进行综合评估，形成评估报告。

第六章　应急管理情报体系的协同机制

我国的应急管理体制，历来强调部门分工、专业处置，不同政府部门的应急管理职能分别对应于一种或几种类型的突发事件，忽视跨部门协作和一级政府的综合协调，对于不同类型突发事件应对过程中的相通环节，也缺乏必要的资源整合，各种应急立法也采取与突发事件类型相对应的"一事一法"模式，政府的应急协调能力相对不足。2008年中国南方雪灾，相关情报部门未对可能出现的风雪天气提前预测和预估，也未在造成灾害之前进行灾情通报，造成其他各部门应急准备不足，使一场本不应有多大危害的大雪变成了一场50年难遇的大雪灾，造成3287万人受灾，波及湖南、湖北、贵州、安徽等10省区，3.1万间房屋倒塌；因灾直接经济损失62.3亿元。政府应急协调能力的薄弱在2008年6月28日贵州省瓮安县发生的"瓮安事件"中也有显现。政府应急协调能力表现在预防、预警、应对和监督的各个环节中，在危机潜伏期，政府就应该掌握信息的主动权。在"瓮安事件"中，政府对事件前流传的谣言以及媒体报道未加关注和澄清，舆论敏感性和信息获取能力弱。事件发生后，应对部门又压制、封锁、隐瞒信息，造成政府公信力持续走低，事态进一步扩大化。反思"瓮安事件"，政府在信息公开，与媒体协同合作方面出现了纰漏。突发事件应急过程中的不透明进一步触动了敏感而脆弱的公众神经，事件潜在风险向现实性转化。

从世界范围看，在应急管理日益复杂化、综合化的背景下，应急呈现出趋协同化特征。美国卡特里娜飓风中由于各部门将情报独占，在情报传播过程中过滤和管制信息，部门间相互不信任，情报共享强度弱，造成各部门难以形成合力共同应对灾害。纳吉斯飓风中当权政府从维护自身权威出发，阻断灾区与外界的信息联系，拒绝国际报道和国际救援队伍、物资资助队伍的进入，造成了信息黑洞，对灾区的情况难以形成完整清晰的认识，加大了应急的难度。政府作为应急管理的主体，各级政府的应急能力引发了大众的问究。应对突发事件，单单依靠单个政府情报部门是不足以排除隐患、控制事态、恢复重建的，需要协同其他政府部门、企业及社会力量，整合所需资源，形成合力，即取决于政府对各方主体及其资源的协调能力。在应急管理中，如何协调统筹各类应急情报主体、整合应急情报资源成为有效开展应急管理活动的重要内容。提升政府应急情报体系协调能力、实现协同治理成为世界各国应对突发事件的共识。

面对成因日益复杂和频繁发生的突发事件，2006年1月，国务院颁布了《国家突发公共事件总体应急预案》。该预案对突发事件的应对提出了要求，"加强以属地管理为主的应急处置队伍建设，建立联动协调制度，充分动员和发挥乡镇、社区、企事业单位、社会团体和志愿者队伍的作用，依靠公众力量，形成统一指挥、反应灵敏、功能齐全、协调有序、运转高效的应急管理机制"[1]。党的十七大报告中强调，"加大机构整合力度，探索实行职能有机统一的大部门体制，健全部门间协调配合机制"[2]，党的十八大报告中指出要"完善体制改革协调机制，统筹规划和协调重大改革"。党的十九大以后，按照机构改革方案，我国在国务院组建了应急管理部，"为防范化解重特大安全风险，健全公共安全体系，整合优化应急力量和资源，推动形成统一指挥、专常兼备、反应灵敏、上下联动、平战结合的中国特色应急管理体制，将国家安全生产监督管理总局的职责，国务院办公厅的应急管理职责，公安部的消防管理职责，民政部的救灾职责，国土资源部的地质灾害防治、水利部的水旱灾害防治、农业部的草原防火、国家林业局的森林防火相关职责，中

---

[1] 国务院：《国家突发公共事件总体应急预案》，2015年11月1日，http://www.gov.cn/。
[2] 《胡锦涛在中国共产党第十七次全国代表大会上的报告》，2015年11月1日，http://www.chinapeople.com/peopleele/pqrty/pqrtyinfo.aspx?pid=4044。

国地震局的震灾应急救援职责以及国家防汛抗旱总指挥部、国家减灾委员会、国务院抗震救灾指挥部、国家森林防火指挥部的职责整合,组建应急管理部,作为国务院组成部门"①。

从突发事件应急预案的颁布到应急管理部的成立,我国对应急管理的认识逐步走向深入。可以肯定的是,应急管理部成立后,我国突发事件应急管理的协同程度会有很大的提升,而协同最重要的基础是情报协同,因此,构建多元主体间的情报协同机制势在必行。

第一节 应急管理情报协同问题产生根源及其表象

协同问题的产生根源于信息不对称、分散和不确定,具体到应急情报协同,可细分为:应急环境不稳定、应急情报不完美、应急组织权变性差、应急过程有限理性。本书在借鉴程新章建立的协同问题产生根源的框架图示的基础上②,建立了应急情报体系协同问题产生根源示意图,见图6-1。应急情报体系是一个复杂的群系统,各部门获取情报不对称、不确定、不完全,应急部门受到目标冲突及程序约束,加之应急环境的多变、不可控,进一步造成了应急过程理性缺乏和决策分散。

以上原因造成现有应急情报体系工作流程注重突出活动及其连接关系,强调活动之间的逻辑,工作流程之间受到时序约束与程序约束,因此较多地采用上下级的协调策略。以市级地震应急救援中的地震局、卫生局、交通局为例,三个部门各自调用系统内情报,形成专项灾情评估报告,上传市级抗震救灾指挥中心,经其整理汇总、综合评估,并启动相关领域智囊团,形成综合应急救援决策方案,用以分别指导地震局、卫生局、交通局完成基础灾情研判、生命救援、道路抢修等工作。在三项目标任务完成的同时产生新的实时情报,进入系统数据库,辅助决策方案的修正,形成执行任务—情报更新—修正决策的循环工作流。同时

---

① 新华社:《中共中央印发〈深化党和国家机构改革方案〉》,2019年6月17日,http://www.gov.cn/zhengce/2018-03/21/content_5276191.htm#1。
② 程新章:《组织理论关于协调问题的研究》,《科技管理研究》2006年第10期。

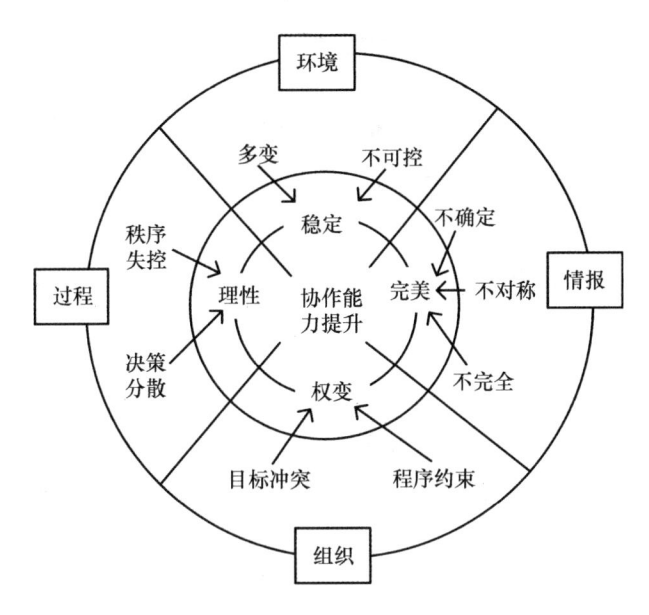

图6-1 应急管理情报协同问题产生根源示意图

这三个部门的目标任务互相支持,地震局开展的基础灾情研判为卫生局和交通局提供了情报支持,帮助两个部门了解灾区震级、震源、震中、灾源分布、余震等基础情况。交通局救援道路的抢修、道路设施的恢复分别为地震局深入灾区了解灾情和卫生局开展生命救援提供了通道。三部门工作流模式如图6-2所示。

每个应急部门为完成某项应急活动产生独立的工作流程,将依托于工作流节点的信息统一传送到较高一级的部门,由其对业务过程给予反馈。基于上下级协调策略的应急部门工作流程管理存在以下问题:

第一,跨组织工作流程信息复用性差。应急情报部门针对某一突发事件开展应急管理,调用部门情报,同时为后续此类事件的应对建立案例和模型库,更新部门知识库。但由于应急部门间程序约束的阻碍,即使是很类似过程的执行,另一部门也必须重新建模,不能跨部门间调用实例。同一情报资源不能实现跨部门的分配应用,应急部门跨组织间复用成型化、模块化信息效率较低,在很大程度上造成了资源的浪费和应

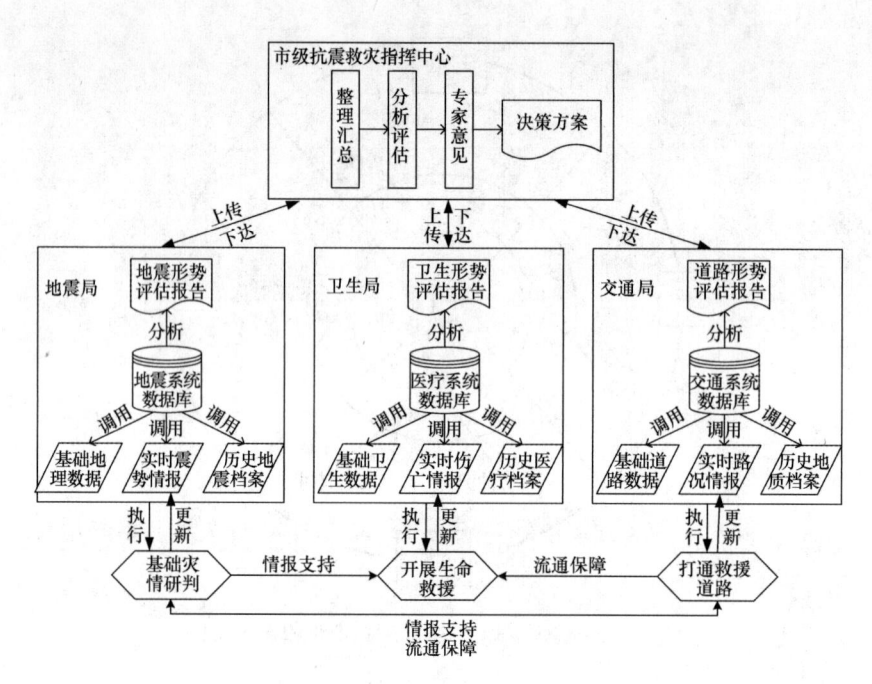

图6-2 地震救援工作流描述

急流程的迟滞。

第二，应急情报部门跨组织情报集成程度低。现有应急情报工作中，由于部门间利益障碍、体制阻隔、数据库不互通等程序约束和时序约束，在某一应急情报部门做出灾情形势预判、评估时，采用的往往是本系统数据库内数据，不能再调用其他部门数据作为参考对照，全盘考虑，做出的判断及决策片面性增大。

第三，应急情报迟滞和冲突难以避免。在这种工作模式下，应急情报的传递遵循的是情报产生—本部门信息库—本部门情报信息的预判与分析—抗震救灾信息库—抗震救灾新方案产生—其他部门，信息传递的路径冗长，增加了更多的间接环节，缺乏部门之间的横向传递，情报在多个部门之间反复确认，情报传递的时间延长。同时，由于不同的部门之间存在着不同的实时更新情报，各个部门都根据自己系统内的"最新情报"进行判断和决策，相互之间信息不能及时更新，个体的最优有可能造成整体的低效率。

第二节 应急管理情报协同的内涵、特征与要素

一 应急管理情报协同的内涵

综合集成的应急管理情报体系是一个由不同主体、多个要素组成的多维度、多环节的复杂开放系统，是一项系统工程，其复杂性、高维性、开放性特征要求应急决策情报体系向协同效应这个新命题转变。协同反映了体系内呈零散状态的各要素通过衔接、渗透和共享，构成一个具有层次性、弹性和系统性的整体活动和过程，从而使体系内各要素发挥最大效益，取得"1＋1＞2"的效果。

应急决策情报体系协同的内涵表现为：以国家政策和法律制度规制为指南，遵循达到快速响应的目标，通过高效配置各应急情报主体，以重特大灾害事件生命周期和情报处理流程为线，整合各支撑要素，产生整体的协同效应。其理论内涵包括几个层次：

宏观层面，协同运行开展的前提是情报体系与国家环境、应急环境的融合与适应。情报体系的建设和运行，需要在法律环境这个大屏障下进行情报交互、物质交换和能量流通。法律体现国家意志，各系统要素相互作用以及形成自组织都要遵循法律。[①] 法律制度作为外部控制参量，制约和影响着情报体系内各个主体、各个子系统的行为方式和关联程度。

中观层面，价值取向和目标导向的规约作用决定着应急决策情报管理的成败。价值取向的确立引导各个主体的行为方式。只有当相关主体在战略层面保持目标一致，形成共同的利益体，才能形成长效的协调机制。

微观层面，该层面的协调是环境、目标协调统领下的全面协调演化。包括情报体系各参与主体的协调、应急和情报流程的协调、情报资源的

---

① 张立荣、冷向明：《协调治理与我国公共危机管理模式创新——基于协调理论的视角》，《华中师范大学学报》（人文社会科学版）2008年第3期。

协调。微观层面的协同涉及多主体的联动、多环节的优化、多类型资源的集成，最终以有序、敏锐、开放、多元、弹性、动态的联动机制实现应急决策情报体系的快速响应。

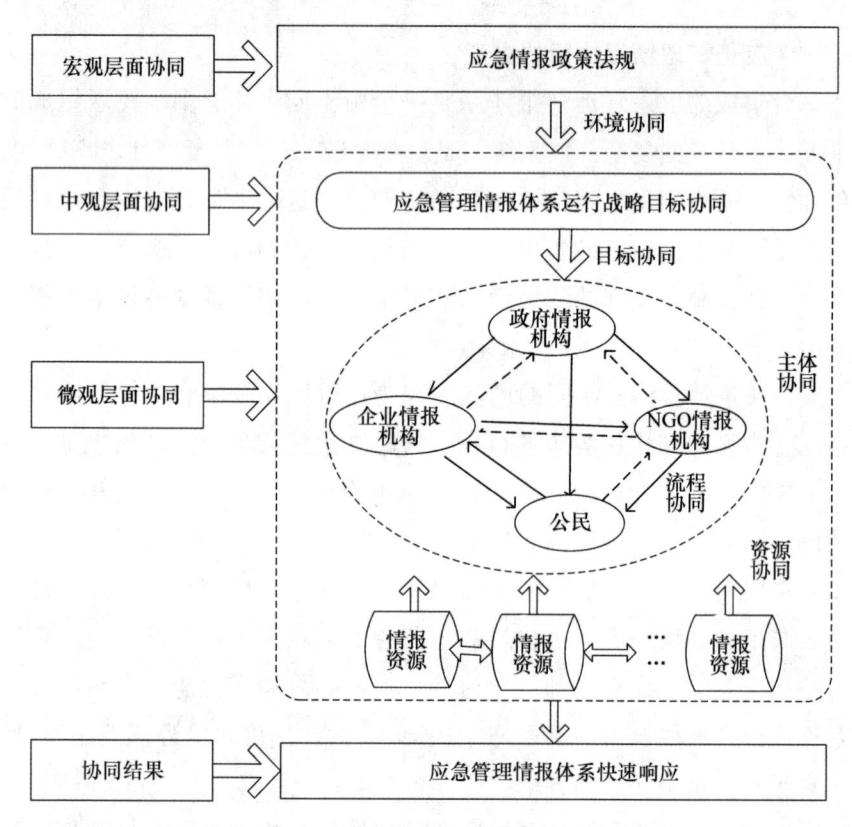

图 6-3　突发事件应急管理情报体系协同层次图

应急管理情报协同是从系统的观点出发，综合运用各种情报资源、技术和人力资源，根据应急决策情报体系功能目标和优化组织目标，合理配置与布局各组织功能单元，在高质效、低消耗等意义上实现最大功能价值，并使整个应急管理情报体系最优化。协同运行的目标和主要策略是彻底改变传统的条块管理模式下由于职能条块分割而造成的管理真空，以及由此形成的情报利用效率低下和资源浪费，更好地实现应急决策情报体系的快速响应。

应急管理情报体系协同运行机制的构建以相应的技术平台、情报情境和人本环境为支撑,同时通过协调多主体、优化全流程来进一步促进技术协调与人际合作。

二 应急管理情报协同的特征

与传统应急决策情报体系相比,协同的应急管理情报体系在主体关系、组织结构、运行机制等方面更为复杂,主要表现在以下方面:

(一) 多元主体合作化

应急决策情报体系的主体不局限于政府,社区、NGO、企事业单位、公民等都纳入到情报体系的主体中。各主体间也不再是资源竞争和交易关系,而是以共同目标为基础、以制度或契约为连接手段的新型合作关系。

(二) 组织结构网格化

应急决策情报体系涉及分属不同组织的情报共享、整合问题,各组织间为满足全方面获取情报、全方位传输情报的要求,组织间的配置结构由单一的纵向或横向连接发展成为以各个情报组织为节点的网格化结构。网格化组织结构在空间概念上缩短了情报获取、传输的距离,以其延展化、交叉性的特点在参与组织间协商情报资源的共享并提高组织得到特定目标资源的能力。

(三) 流程监管全程化

协同的应急决策情报体系改变了传统应急决策情报体系单单注重结果的模式,要求建立"过程—目标"双驱动流程监管模式。强调对潜伏性信息的挖掘、实时性信息的研判以及基础性信息的集成,注重应急决策情报流程的控制,构建衔接紧密的应急情报链条。

(四) 运行机制复杂化

从协同的应急决策情报体系内部运行来看,表现出各要素间配置的衔接性、要素互相作用的驱动性、发挥功能的层次性以及运行方式的非线性。协调联动的应急决策情报体系各要素协调作用、共同进化、动态适应特点使其更加趋向于呈现出复杂系统的特点。①

三　应急管理情报体系协同运行的要素

（一）应急管理情报体系协同要素识别

目标要素。目标是应急决策情报体系实现其快速响应的动力和支持。共同的价值对情报体系各主体以及情报体系内各要素的配置具有凝聚、导向作用。

主体要素。应急决策情报体系协同的主体彼此之间进行情报的交换、共享，存在着复杂的情报交互关系，是情报资源得以合理配置的直接决策者和执行者。情报体系协同效应也要通过主体之间的自组织相互作用来实现。

流程要素。突发事件的应对遵循危机事件生命周期。突发事件应急决策、情报体系协调联动流程可以看作是情报资源输入，经过一定规则控制下的某种转化方式，变为决策知识产出的过程。从情报资源流动的角度而言，协同流程可以看作情报资源开发、加工、处理、传递、利用的一系列过程。

环境要素。突发事件应急情报体系存在于一定的运行环境中，运行环境的保障为情报体系协同效应的实现与突发事件应急系统的整体运行提供了可能。对于突发事件应急情报体系而言，不仅需要人才队伍、技术平台、物资保障等方面的硬件环境，还要培育科学高效的软环境，包括权责体系、预案链、合作意识等，以此促进协同主体间的有序合作和监督沟通。

资源要素。指的是突发事件应急情报体系协同所需的各类情报信息。协同的情报体系通过内部以及与外界进行情报交互，演化为推进突发事件应急决策的动力。除突发事件应急即时信息以外，协调联动的开展还需要基础信息、历史数据的投入与融合，对这些资源进行充分的集成，使之发挥最大功效。

---

① 赵杨：《国家创新系统中的信息资源协同配置研究》，武汉大学出版社2010年版。

(二) 应急管理情报体系协同的要素关系

体系，按照现代汉语词典的解释，指"一定范围内或同类的事物按照一定的秩序和内部联系组合而成的整体"。应急决策协同情报体系包括五个基本要素，即主体要素、目标要素、资源要素、流程要素、环境要素。这五个要素相互影响、相互联系，共同构成了应急决策协同情报体系这一有机整体。在应急决策情报体系协同中，主体要素具备主体性、支配性、能动性的特点，起着主导作用，决定着应急决策情报工作协调的行为；目标要素具有指引作用，是将主体要素内各能动个体联系在一起的桥梁和纽带；资源要素是基础性配置，一切应急情报工作的开展都必须以基础信息与实时情报为根基；流程要素是规则性约束，应急决策情报协调工作不是单个业务或单个指令，是由一系列的工作流和业务流构成的；环境要素发挥着保障作用，一定的环境与条件为应急情报体系内工作的开展提供了物质流、信息流和能量流交换的时空。只有这五个要素在内部协调的基础上实现平衡动态发展，形成协调合力，应急管理情报体系才能取得良好的效果，突发事件才能得以妥善解决。

第三节 应急管理情报体系协同的工作流程

一 应急管理情报体系协同的工作流程描述

美国麻省理工学院的 Malone 提出协同过程的组成元素包括共同的目标、完成目标需要执行的活动、活动的执行者以及活动之间的相关性。[①] 简而言之，每个流程可视为目标、活动、执行者、依赖关系和其他相关参数构成的对象。协同问题的本质在于依赖关系，Malone 提出了流程依赖、分配依赖和集成依赖三种关系，其中流程依赖是指一种活动的产出成为另一个活动的投入或者一种资源衍生出另一种资源的依赖关系，可表示为活动—活动关系或资源—资源关系；分配依赖是指任务和所需的

---

① Malone Thomas W., Kevin G. Crowston, "What is Coordination Theory and How Can it Help Design Cooperative Systems", Proc. CSCW'90. New York: ACM, 1990, pp. 357-370.

已分配的资源之间的关系,可表示为活动—资源关系;集成依赖是指多个资源支持同一活动的开展,可表示为资源—活动关系。组织内各部门通过这三种依赖关系链接成为复杂的工作流程网络。[①] 在此基础上,Malone 等人提出对关键过程进行定义,通过定义好的流程要素和流程逻辑推进协同工作的进行,通过工作流建模和集成实现贯穿在各种信息节点的业务流程间的同步和异步操作。

应急情报部门工作过程应考虑的因素包括目标、活动、执行者、依赖关系。结合应急情报工作的实际情况,对元素进行补充,建立目标、角色、活动、规则、情报、依赖关系的六元维度。

定义1:目标。目标是应急部门实现其快速响应的动力和支持。一定的目标设置对应急各部门要素的配置具有凝聚、导向作用。目标是个二元组,记为:

$$Obj = (Effe, Effi)$$

其中 Effe 表示目标的预期效果,从功用维度对目标的实现进行了测定,Effi 表示目标预期效率,从时间维度对目标提出了要求。

定义2:角色。跨组织的工作流是跨域性的,参与者的角色定位不尽相同,每个角色通过完成一定的活动集合实现目标。角色具有层次性、可扩展性、转换性的特点。角色是一个四元组,记为:

$$Rol = (M, P, E, A)$$

其中,M(Decesion Maker)表示决策者,P(Performer)表示执行者,E(Expect)表示智囊团,A(Ator)表示参与者。

定义3:活动。活动在应急管理工作流中指代完成某一事件的指令,是一个三元组,记为:

$$Act = (T, T, O)$$

其中,T(Type)表示事件类型,T(Time)表示发生时间,O(Order)表示该事件在活动集合中的序列,包括事前预防、事发应对、事后

[①] Malone, Thomas W., Kevin G. Crowston, "The Interdisciplinary Study of Coordination", *ACM Computing Surveys*, Vol. 26, No. 1, 1994, pp. 87–119.

恢复三阶段。

定义4：规则。应急过程中不管情报的传递处理抑或是决策的实行都是在一定的程序框架下的，记为：

$$Reg = (ProRes, TimRes)$$

该二元组，其中 ProRes（Procedures Restraint）表示程序约束，TimRes（Time Restraint）表示时间约束。其中时间约束是指在应急情报部门开展工作时，部门间以及活动间的时间规则和时间要求。程序约束是指应急管理过程中，各部门要根据自身职责设定和责任权限，按照一定的规章制度开展程序性应急工作。包括程序间的顺序组成（coppose）和异常关系（exception）处理。

定义5：情报。表示应急过程中的信息流，其中包括基础信息、实时情报、历史数据等。情报标记为：

$$Inf = (T, S, Q, F)$$

其中，T（Type）表示情报类型，S（Source）表示情报来源，Q（Quantity）表示情报规模，F（Format）表示情报格式。

定义6：依赖关系。主要指协同元素之间的相关性，表示为 ds（dependency relationship）。依赖关系可细分为流程依赖（flow dependency）、分配依赖（sharing dependency）、集成依赖（fit dependency）。具体到应急情报工作流中，流程依赖表示某一应急情报活动的情报产出可作为另一应急情报活动的输入，表示为活动—活动关系；分配依赖是指任务和所需的已分配的资源之间的关系，可表示为活动—资源关系；集成依赖是指某一项应急情报活动调用多种情报资源，表示为活动—资源关系。

二 应急管理情报体系协同的工作流程概念模型

基于 Malone 提出的跨组织工作流概念，明确不同组织间的核心活动，确定各活动间的依赖关系，以此表示工作流模型，并设计管理依赖关系的工作机制。为更加明确各活动间的依赖关系，可采用图例方式对应急情报工作流程进行描述，见图6-4。

要素		图例
角色		 👤
活动		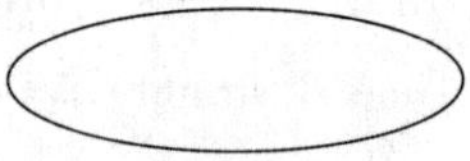 ⬭
情报		Information →
依赖关系	流程依赖	Flow →
	分配依赖	fit →
	集成依赖	sharing →
规则	组成关系	compose →
	异常关系	exception →
管理过程		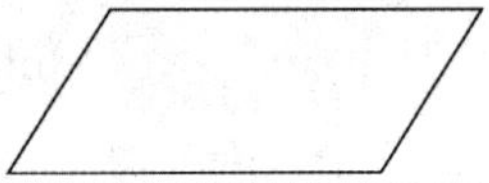 ▱

图 6-4 应急管理情报工作流程对象图例表示

  单个组织的应急决策过程包括应急情报准备、应急形势评估、制定应急方案、实施应急救援。各环节之间是流程依赖关系，前一阶段的情报工作输出成为后一阶段工作输入；其中应急情报准备又细化为收集应急信息、整理应急信息、分析应急情报三个部分，三个活动的进行都利用了情报工作中的基础信息、即时情报和历史数据，因此存在着分配依赖关系；分析应急情报的最终成果汇总整编为具有决策意义的情报，因此，分析应急情报与应急情报准备存在着集成关系。组织内形成应急决策方案后，提交虚拟信息协作平台，进行情报匹配、对比，并反馈检查组织内工作流程存在的异常情况，见图 6-5。

  与单个组织应急情报协作的流程类似，多主体、多组织的应急情报协作的核心问题仍然是确立应急情报在不同组织的情报流程、相互依赖关系，确认关键信息流并处理多个组织间情报依赖关系中时间异常和内容异常。Klein M.、Petti C. 提出管理分配依赖的协调机制是管理者实施

第六章 应急管理情报体系的协同机制

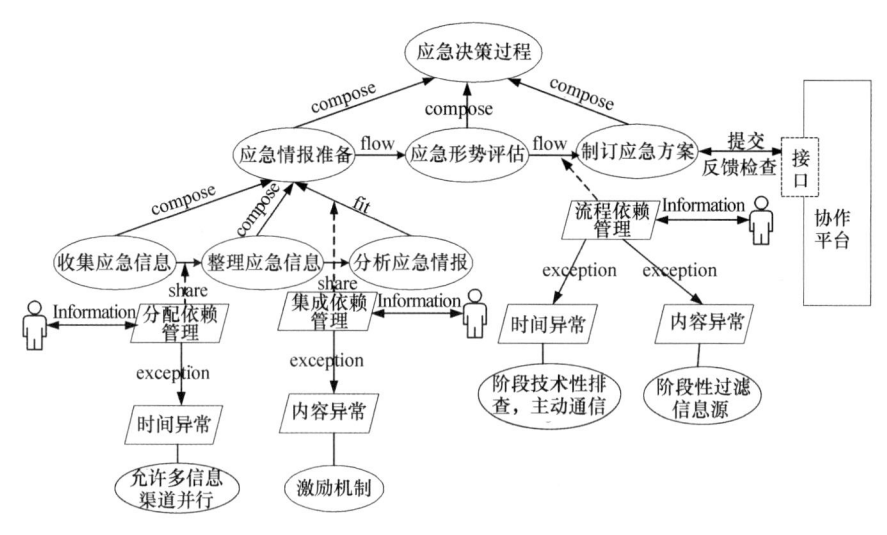

图6-5 组织内应急管理流程图

资源分配①，具体到应急情报工作流程中，对于此类分配依赖可能出现的时间异常，可通过建立多信息渠道机制加以解决。通过建立信息管网，多途径、多阶段、广范围地布置情报工作资源，不断扩充部门应急决策过程中的情报容量和流量。集成依赖的完美依靠于目标一致性的集成、时段同步的集成，当工作流程集成依赖出现内容异常时，应采取激励机制，对该应急情报工作子流程内的硬件和软件配备予以一定的鼓励措施，促进其向一致性和同步化的方向发展。当应急情报工作流程中流程依赖出现时间异常和内容异常，Klein M.、Petti C. 强调应该采取主动通信的协调机制②，主动推送核查情报，分阶段排查应急情报工作流程内的技术异常和信息异常，过滤掉可信度低及错误情报，见图6-6。

虚拟信息协作平台对各部门所提供的应急决策方案及应急意见进行综合集成、数据衔接、信息融合、格式配比和差异纠正，将情报处理结

---

① Klein M., Petti C., "A Handbook-based Methodology for Redesigning Business Processes", *Knowledge and Process Management*, Vol. 13, 2006, pp. 108-119.

② Ibid.

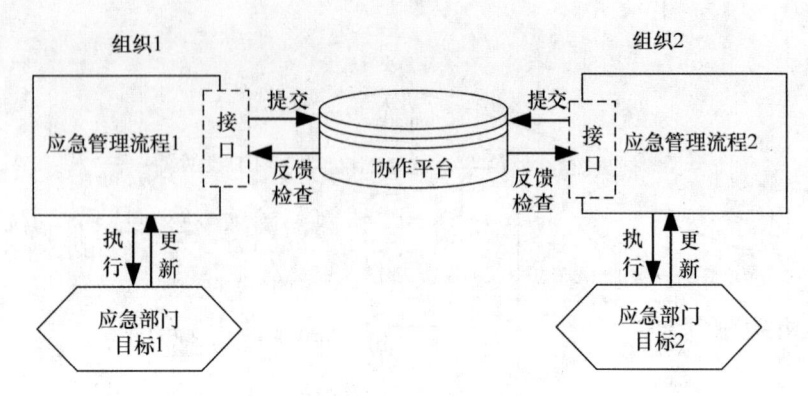

图 6-6 跨组织协作工作流程图

果反馈给各部门，部门针对工作流程各活动间的依赖关系，逐步排查出现异常的阶段和原因，从而进一步更新与完善部门内情报工作流程，从而形成更新—提交—反馈的循环模式。

三 应急管理情报体系协同的工作流程集成框架

正如上文所提到的，各部门工作流程的产物在虚拟信息协作平台实现情报协调和流程反馈，在充分保证应急部门组织内工作流完整独立的基础上，实现了跨组织的工作流协同。但是上文的描述只是说明了不同机构、组织、主体间情报协同的普遍规则或者是某个断面。情报协同的实际运行要复杂得多，所以还需要建立基于组织中资源流动和任务分配的协调框架，用于解决不同情境下组织遇到的协同问题。[①] 搭建面向应急情报资源的应急情报部门跨组织协同模型。该模型以层次化形式呈现，分为数据层、接口层和应用层，见图6-7。

该集成框架的构建旨在针对工作流节点上的信息建立仓储式管理，为应急情报各部门提供虚拟信息平台。根据职责授权部门数据中心间的访问权限，进一步保障信息输出的高匹配性，扩展部门与流程节点间的

[①] Malone, Thomas W., "Modeling Coordination in Organizations and Markets", *Management Science*, Vol. 33, No. 10, 1987, pp. 1317-1332.

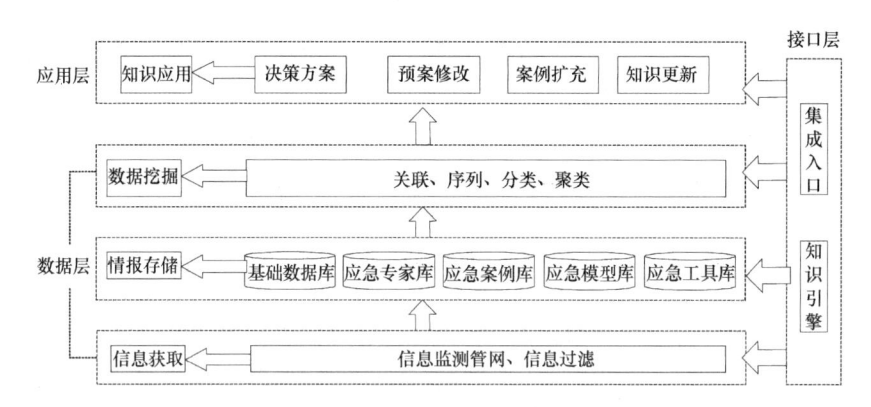

图6-7 应急情报部门体系跨组织工作流程集成框架示意图

映射关系。其中涉及以下六个工作模块：

（1）信息获取。在应急信息监测网的环境下，建立以智能监测与人工判别相结合的信息获取模式，以获得基础地理数据、动态灾情等基础原始数据。

（2）情报存储。这一层次将获取原始基础信息进行读取、转换、清洗、汇总，并存储为具有一定价值的可供进行深层次挖掘的数据格式。依据其内容指向，分为基础数据库、应急专家库、应急工具库、应急案例库、专门灾种知识库、模型库等。

（3）数据挖掘。挖掘模式有关联规则、序列模式、分类、聚类等，每种模式对应不同的算法，例如聚类模式有分裂法、层次法、基于密度的方法、基于网格的方法、基于模型的方法等算法。

（4）知识应用。这一层次是直接面向应急管理执行工作的，核心在于通过对数据的挖掘，实现知识的集成与增值，为应急决策提供知识参考。在这一层次形成了决策方案、预案意见，并完成了知识更新和案例扩充。

（5）集成入口。集成入口的设计使得各应急情报部门以统一的入口参与到面向情报资源的应急工作流中，它为各个应急情报部门访问信息平台设置了权限和入口，使得各部门能够更好地适应跨组织协作工作流环境，为多部门多角色流程协作奠定了基础，具有协作关系的应急部门通过统一调用情报，实现信息的对应性输入。同时，应急指挥中心也可以通过集成入口实现对各个部门应急情报的调用。

（6）知识引擎。知识引擎的引入帮助应急情报部门更好地建立突发事件与工作流模型间的映射关系，帮助应急情报部门搜索数据库中与其活动高度匹配的信息参数，调用更加准确的应急响应预案，能够帮助决策者在无法获得完全完美信息的情况下，做出匹配度更高的决策。

第四节　应急管理情报工作流程协同度评价指标体系

应急管理情报协同是应急管理的重要内容，情报的流动和处置贯穿应急管理的各个环节，发挥着基础作用，为各阶段、各类型的应急管理活动提供支持。它可以有效促进各应急主体间基础情报共享，灵敏启动预警系统；可以在短时间内进行即时情报集成，支持应急决策，控制事态发展；可以通过准确分析历史数据和案例，为预测突发事件发展趋势及产生的负面影响提供参考。可以说，应急情报工作流程协同是应急管理协同的前提条件与过程保障。

戴尼斯·温格尔（Dennis Wenger）、夸兰泰利（E. L. Quaranteli）和罗素·戴恩斯（Russell Dynes）指出成功的应急过程具备七个特质：良好的情报获取和情报共享、应急机构人员的协调化配置、充足的人力和丰富的物资、响应单位与协作单位的专业分工、合法权威的组织结构、内外部组织关系的整合与协调、政府与媒体的协调互动及事实化报道。[1] 阿金·波恩和保罗·哈特提出危机管理的有效性依赖于灵活畅通的情报、组织结构最大限度地发挥作用。低估媒体及情报作用、不重视沟通、情报传递共享不连续会造成应急管理的失败。[2] 因此，突发事件应急决策

---

[1] Dennis Wenger, E. L. Quaranteli, Russell Dynes, Emergency Management Offices and Arrangement, Final Project Report No. 34, Newark, D. E.：Disaster Center, 1986.

[2] Arjen Boin, Paul Hart, "Organizing for Effective Emergency Management：Lessons from Research", Australian Journal of Public Administration, Vol. 69, No. 4, 2010, pp. 357 – 371.

情报工作流程是否协同、协同程度如何的研究具有重要意义。

一 评价指标体系框架

在情报评估研究方面，1979 年质量管理大师克劳斯比（Crosby）提出了质量管理成熟度概念，并在著作 *Quality is Free* 中提出了基于该理论的成熟度框架。[1] 质量管理成熟度是在质量方面指挥和控制组织的协调活动的水平和成熟程度。[2] 随后拉迪斯（Rom Radice）、汉弗莱（Watts Humphrey）在此基础上提出了应用于软件产业的软件能力成熟度模型（Capability Maturity Model for Software，CMM 模型）。在 CMM 模型基础上，项目管理成熟度模型（PMMM）[3]、知识管理成熟度模型（KMMM）[4]、信息质量管理成熟度模型（IQMM）相继得到发展。信息质量管理成熟度评价通过评价信息质量管理中的关键流程以及子活动执行情况，来找出流程中的劣势，确保信息管理流程的一致性和信息管理活动的协调性，并进行有针对性的改进。信息质量管理成熟度评价涵盖了信息资源质量、信息管理能力、信息使用效率、信息技术创新以及信息配置等。

借鉴信息质量管理成熟度模型，构建突发事件应急决策情报工作流程协同度评价框架。参考信息质量管理成熟度模型对于关键流程、关键情报资源和关键技术的关注，结合我国突发事件政府应急情报工作的实际情况以及情报工作流程的阶段，有针对性地构建了突发事件应急管理情报工作流程协同度指标体系。其中包含应急情报获取协调、应急情报共享协调、应急情报公开协调、应急情报技术系统协调 4 个维度。其中应急情报获取协调能力核心在于多主体协作收集尽量全面且准确的应急

---

[1] Crosby P. B., *Quality is Free: The Art of Making Quality Certain*, New York: Penguin Group, 1979.
[2] 宋立荣：《信息质量管理成熟度模型研究》，《情报科学》2012 年第 7 期。
[3] Kwak Y. H., Ibbs C. W., "Project Management Process Maturity Model (PM) 2", *Journal of Management in Engineering*, ASCE, Vol. 3, 2002.
[4] Klimko G., "Knowledge Management and Maturity Models: Building Common Understanding", Bled, Proceedings of the 2nd European Conference on Knowledge Management, 2001.

情报；应急情报共享能力核心在于应急情报工作各主体在各环节、各流程进行较为密切的应急情报交换与沟通；应急情报公开协调能力的核心在于将公众纳入到应急情报工作中，从全程、全域角度保证公民的知情权；应急情报技术系统协调能力的核心在于从技术角度破除各应急组织间应急情报系统的阻隔，实现功能和技术的复用性和标准化。

二 评价模型

（一）突发事件应急管理情报工作流程协同度评价指标的获取方法

突发事件应急决策情报工作流程协同度评价涉及多个因素，如何从众多因素中找出关键且无重复的因素显得至关重要。本书基于以下四个方面较为完整全面地对指标进行了综合选取。

1. 基于学术文献获取应急管理情报工作流程协同度评价指标

通过搜集、整理、鉴别文献，形成对文献的认识的方法称之为文献研究法。文献研究法大量运用于科学研究中，是一种古老且富有生命力的科学研究方法。本章运用文献研究法，研读政府应急、应急能力评估、政府协调、信息管理等相关文献，从文献获取应急决策情报工作流程协同度评价相关指标。

2. 基于理论分析获取应急管理情报工作流程协同度评价指标

理论分析就是对研究对象的特征、内容构成要素、内涵与外延等进行综合性研判，找出能突出反映评价对象特征和研究目的的核心指标。突发事件应急决策情报工作流程协同度评价指标体系的构建，需要理论分析法，对应急情报工作协调涉及的维度、内涵与要素进行透视，层层分解为可供比较的具体性指标。

3. 基于实践获取应急管理情报工作流程协同度评价指标

近年来世界范围内突发事件不断发生，造成了重大的人员伤亡和经济损失，严重威胁社会安定与平稳发展，各类突发事件的发生引起各界对政府突发事件应急能力越来越深切的关注，各国中央和地方政府都开展了突发事件政府应急能力建设，制定了应急能力评价指标体系。其中将情报工作协调作为一项必不可少的重要环节。突发事件应急管理情报工作流程协同度评价体系的构建结合美国、日本、德国、加拿大等国的建设经验，同时综合考虑我国各级地方政府在应急情报工作建设方面的评价指标体系尝试，抽取了关于应急情报工作协同方面的内容，系统性地建立应急决策情报工作流程协同度评价体系。

4. 基于访谈法获取应急管理情报工作流程协同度评价指标

专家访谈法是以口头形式进行，调查者设计访谈提纲，通过与被调查者的交流来搜集客观、不带偏见的事实材料。突发事件应急决策信息协调能力评价指标体系的构建过程中，分别对四川省应急办、雅安市应急办、四川省卫生局、四川省地震局等事务部门进行访谈，了解政府应急情报工作状况及影响因素。同时对四川大学灾后重建管理学院等学术部门相关学者进行访谈，从学术层面进一步指导了突发事件应急决策情报工作流程协同度评价指标体系的构建。

(二) 突发事件应急管理情报工作流程协同度评价指标权重计算方法

1. 德尔菲法

德尔菲法（Delphi method），其通行方式为背对背征询专家小组成员的预测意见。在经过几轮征询后，专家小组的预测意见将趋于集中。最终将做出符合实际情况和发展趋势的预测结论，这种决策方法又名专家意见法或专家函询调查法。

2. 层次分析法

20 世纪 70 年代美国运筹学家、匹兹堡大学萨第教授（T. L. Saaty）提出了一种系统分析方法——层次分析法（Analytic Hierarchy Process，AHP）。它是一种多目标属性决策分析方法，在分析过程中将定性与定量相结合。特别适用于涉及众多非定量化数据，目标结构复杂的事件分析。

运用层次分析法，决策者将复杂问题分解为若干层级和若干因素，运算和比较因素之间的数学模型，得出不同层级和因素的权重，为最佳决策方案的选择提供依据。Saaty 教授认为，若某个问题涉及 N 个元素，需要知道每个元素在整个元素集中所占的比重，当依据不确切充分时，只能依靠经验进行判断。但当 N≥3 时，专家就很难说出一组确切的数据。层次分析法就是将所有元素集中的任意两个元素进行对比，将"同等重要""稍微重要""明显重要""强烈重要""绝对重要"等定性语言量化。

三 构建应急管理情报工作流程协同度评价指标体系

(一) 应急管理情报工作流程协同度评价指标内容

第一,应急情报获取协调。应急情报是应急管理的重要基础和核心要素,应急管理是一个情报处理和交流的系统,也是一个情报输入、处理、输出的过程。应急情报获取是突发事件政府做出决策和采取应对行为的基础。应急情报不足、应急情报失真、应急情报超载、应急情报不对称等都可能进一步加剧突发事件朝着失控方向发展,因此加强对应急情报获取的管理在应急管理工作中显得尤为重要。

范维澄提出我国应急管理基础研究最近5—10年内迫切需要解决的关键科学问题之一——突发公共事件的情报获取及分析,包括实时动态情报获取、情报挖掘和处理、情报监测、情报传播等。[①] 邵东珂认为风险状况评估、做出应急决策的基础是情报,对情报的获取和监测有利于应急效率的提高。[②] 李大帅设计了应急信息管理过程评价指标体系,将信息获取敏感度、信息获取完整性作为重要指标。[③] Alvaro Monares 与 Sergio F. Ochoa 认为通信渠道较少以及渠道不通畅制约了应急状态下情报的传递。[④] 贾又衡在其构建的突发事件政府应急能力中,选取情报传送渠道及有效性作为评价情报获取协调能力的重要指标。[⑤]

---

① 范维澄:《国家突发公共事件应急管理中科学问题的思考和建议》,《中国科学基金》2007年第2期。
② 邵东珂:《应急管理领域的大数据研究:西方研究进展与启示》,《国外社会科学》2015年第6期。
③ 李大帅:《社会突发事件应急信息管理评价初探》,《科技情报开发与经济》2008年第31期。
④ Alvaro Monares, Sergio F. Ochoa, Josc A. Pinoect, "Mobilc Computing in Urban Emergency Situations: Improving the Support to Firefighters in the Field", Expert Systems with Applications, Vol. 38, No. 2, 2011, pp. 1255 – 1267.
⑤ 贾又衡:《西部地区突发公共事件中的政府应急能力建设》,硕士学位论文,陕西师范大学,2013年。

美国国家海洋和大气管理局的国家数据中心建设了包括灾害天气、海啸、地震、火山等在内的历史数据库，从1851年开始对所有大西洋热带风暴和飓风进行了记录，形成了飓风数据库。Emmett 就使用这个数据库推演出了飓风风速的分布规律，为美国应对飓风提供了决策支持。日本建立了以 DB2 为基础的地震应急基础数据库，内容包括地质数据、生命线数据、土地与建筑数据、危险物设施数据、环保信息等。这些基础数据库的建立使得日本在发生地震时能够通过调用这些数据获取相关情报，极大地提高了地震应急的效率。

按照上述指标设计与获取方法，我们选取了基础数据库建设情况、历史数据库建设情况、情报传送网络情况等指标。

表6-1　　　　　突发事件应急管理情报获取协调评价指标

基本指标	具体指标
情报获取协调	情报上报时限要求明确情况
	建立情报传送网路情况
	建立基层情报员等多种情报报告渠道情况
	涉密情报的保密机制建设情况
	应急情报监测机构权责明确程度
	设置专门与具有危险源的生产企业对接的人员情况
	情报监测系统建设情况
	历史数据案例库建设情况
	基础数据库建设情况

第二，应急情报共享协调。李大帅设计了应急信息管理过程评价指标体系，将信息共享度（已共享的应急信息/共享的全部信息；已共享的应急信息/全部的应急信息）作为重要指标。[①] 顾明玉从信息资源安全性、信息资源易存取性、信息资源传递服务满意度等角度来评价信息共

---

① 李大帅：《社会突发事件应急信息管理评价初探》，《科技情报开发与经济》2008年第31期。

享。① 常志平从作业信息层、管理信息层、战略信息层三个层面开展对信息共享的评价，对应到应急管理中分别是应急信息共享技术层面、应急信息共享制度层面、应急信息共享规划层面。② Nitesh Bharosa 分析影响情报共享的因素包括制度因素和技术因素，建立信息共享机制，加强信息规范化操作，执行标准统一将有利于信息的共享。③ 王恩雁等建议要建立组织间的信息共享信任机制，建立开放式信息传播方式，减少信息处理节点与信息流的层级关系，确保信息流通渠道的畅通。④

按照上述指标设计与获取方法，选取了协调各机构情报管理系统的程序明确情况、情报传送格式规定等指标。

表6-2　　突发事件应急管理情报共享协调评价指标

基本指标	具体指标
情报共享协调	常规通信设备配置情况
	专用无线通信网络建设情况
	部门情报共享机制建设情况
	部门间情报传送格式规定情况
	协调各机构情报管理系统的程序明确情况

第三，应急情报公开协调。在突发事件政府信息管理中，政府应急信息公布是其重要组成部分。伴随着中国电子政务的建设，我国突发事件政府应急信息公开得到了一定的推进。特别是自 2003 年 SARS 疫情发生之后，我国进一步加强了突发事件政府应急信息公开工作。《国家突发公共事件总体应急预案》于 2006 年 1 月份公布，该文件制定者国务院

---

① 顾明玉：《交通科技信息资源共享的综合评价研究》，硕士学位论文，武汉理工大学，2014 年。
② 常志平：《供应链中信息共享的层级及其影响因素分析》，《工业工程与管理》2003 年第 2 期。
③ Nitesh Bharosa, JinKyu Lee, Marijn Janssen, "Challenges and Obstacles in Sharing and Coordinating Information During Multi-agency Disaster Response Propositions from Field Exercises", *Inf Syst Front*, Vol. 12, 2010, pp. 49–65.
④ 王恩雁、李向阳：《大灾难应急响应中的跨组织信息共享与协调规划研究》，《第八届（2013）中国管理学年会——管理与决策科学分会场论文集》，2013 年。

指出,"突发公共事件的信息发布应当及时、准确、客观、全面。事件发生的第一时间要向社会发布简要信息,随后发布初步核实情况、政府应对措施和公众防范措施等"。① 2007年11月施行的《中华人民共和国突发事件应对法》首次以法律形式规定"有关人民政府及其部门作出的应对突发事件的决定、命令,应当及时公布"②。《中华人民共和国政府信息公开条例》于2008年5月实施,该条例以行政法规的形式规定"突发公共事件的应急预案、预警信息及应对情况"应予以及时公布。③ 2011年8月《关于深化政务公开加强政务服务的意见》由中共中央办公厅、国务院办公厅印发,意见指出要"及时、准确、全面公开群众普遍关心、涉及群众切身利益的政府信息"。④ 这就对信息公开时限、内容与范围做出了要求。

斯坦利·J. 巴伦在著作《大众传播概论》中指出,政府面对无法完全垄断的灾害情报时,最明智的选择就是客观及时地发布情报。⑤ 彭雅愉指出应急信息公开涉及信息公开时间、信息公开内容、信息公开手段、政府与媒体关系四个方面。⑥ 李大帅设计了应急信息管理过程评价指标体系,将信息公开及时度、信息公开覆盖度作为重要指标。⑦ 吴珮嘉就应急信息公开的内容、原则与方式进行了信息公开所涉及的主要环节的论述。⑧ 高云燕指出目前我国缺乏统一的应急信息发布机构,造成信息发布上的混乱,降低了其权威性,并指出要借助媒体进行发布和谣

---

① 《国家突发公共事件总体应急预案》,国务院第79次常务会议,2005年。
② 《中华人民共和国突发事件应对法》,中华人民共和国第十届全国人民代表大会常务委员会第二十九次会议,2007年。
③ 《中华人民共和国政府信息公开条例》,国务院第165次常务会议,2007年。
④ 《关于深化政务公开加强政务服务的意见》,中共中央办公厅、国务院办公厅,2011年。
⑤ 吴珮嘉:《政府应急信息公开的制度缺失与制度创新研究》,硕士学位论文,湘潭大学,2011年。
⑥ 彭雅愉:《重大突发事件应急信息公开的问题及对策研究》,硕士学位论文,湘潭大学,2013年。
⑦ 李大帅:《社会突发事件应急信息管理评价初探》,《科技情报开发与经济》2008年第31期。
⑧ 吴珮嘉:《政府应急信息公开的制度缺失与制度创新研究》,硕士学位论文,湘潭大学,2011年。

言控制。①

根据对我国关于政府信息公开的法律条文的解读以及地方政府官员对于信息公开关注的问题的分析，按照上述指标设计与获取方法，我们选取了情报公开时限、情报公开范围、情报公开内容、与媒体的沟通与协调机制等指标。

第四，应急情报系统协调。对于突发事件政府应急情报管理，除了在情报获取、情报共享、情报公开的协调外，还需要支撑技术予以支持，这种支撑就是各种情报技术聚合而成的情报系统。随着突发事件情报工作参与主体的多元化，应急管理开始要求情报系统能够跨越组织边界进行情报获取、处理、传递，借助应急主体间情报系统形成全方位的合作伙伴关系。应急管理面向多个应急组织，链接了多个成员组织内部系统，类型和结构各异，相互之间的作用关系复杂，因此突发事件应急需要在政府部门间、政府与政府间、政府与其他组织间进行情报系统的相互协调、相互匹配、相互合作，全面发挥整体性应急情报系统的功能，实现整体应急的增值。

整体性治理理论主张结果导向，要求部门信息系统建设破除部门职能划分的界限和鸿沟，克服应急资源和应急部门信息所有制，构建整体性的突发事件政府应急信息系统。这就势必对政府部门间信息系统、政府间信息系统、政府与其他组织间信息系统的协调关系与协调程度提出了要求。要求信息系统间进行标准和规划的协调、技术指标与功能模块的协调、制度规范与法律保障的协调，等等。

喇娟娟指出城市公共安全应急管理信息系统绩效评价从救灾效果、使用便利度、使用效果、技术架构、标准化、安全化、系统柔性、可靠性、组织可持续性、商业可持续性、法律可持续性、功能可复用性、技术可复用性、商业可复用性来考量。②许振宇构建的应急管理信息系统评价体系中包含维护成本、人力成本、物力成本、可靠性、可扩充性、

---

① 高云燕：《论公共危机与政府信息公开》，《软科学》2010 年第 3 期。
② 喇娟娟：《城市公共安全应急管理信息系统绩效评价研究》，博士学位论文，西南交通大学，2006 年。

规范性等指标。① 侯洪凤从系统技术先进性、技术联动性、技术规范性等层面对应急管理信息系统进行了评价。② 何清华指出信息系统协同主要考察系统建设完善程度、系统性能良好程度以及系统效益。③

2004 年，意大利建立了面向突发公共事件的应急救援情报共享系统，各机构的灾害监测系统通过借助网络与通信技术实现相连，各种突发公共事件实时情报得以获取。④ 日本的 EPEF 中，将可复用性作为一个重要指标，从技术、功能角度分别予以考量。同时也将成本效益单独列出，注重投入产出比。

根据整体性治理理论对信息系统整体性建设的要求、国内学者对信息系统协调的见解、国外政府的实践以及地方政府工作人员在应急管理工作中的切实体会，按照上述指标设计与获取方法，我们初步设计了情报系统技术模块可复用程度、领导对系统支持程度和稳定性、紧急情报接报平台整合情况等指标。

表 6 - 3　　突发事件应急管理情报系统协调评价指标

基本指标	具体指标
情报系统协调	情报系统遇到重大故障时的恢复速度和程度情况
	异地数据备份系统建设情况
	统一受理报警的应急联动系统建设情况
	情报系统功能模块可复用程度（功能通用性、产品化程度、商业复用）
	情报系统技术模块可复用程度（跨平台、模块复用性、性能复用性、数据复用性）
	情报系统和各层级、各部门单位信息系统互连互通情况
	领导对系统支持程度和稳定性
	系统投资合理性（系统实际投资与正常合理投资之间的比例）
	紧急情报接报平台整合情况

---

① 许振宇：《多维度应急管理系统评价》，《现代情报》2013 年第 5 期。
② 侯洪凤：《应急管理信息系统评价指标体系构建和评价方法研究》，《科技管理研究》2013 年第 6 期。
③ 何清华：《大型复杂工程项目群管理协同与组织优化集成》，科学出版社 2014 年版。
④ 邹逸江：《国外应急管理体系的发展现状及经验启示》，《灾害学》2008 年第 3 期。

(二) 应急管理情报工作流程协同度评价指标权重

1. 建立层次结构模型

根据德尔菲法获得指标体系的相对重要性系数,构建了突发事件应急管理情报工作流程协同度评价指标体系层次的结构模型。以最高层(目标层)—中间层(准则层)—基层(方案层)的形式排列出来。突发事件应急决策情报工作流程协同度评价指标体系的层次划分如图6-8所示。

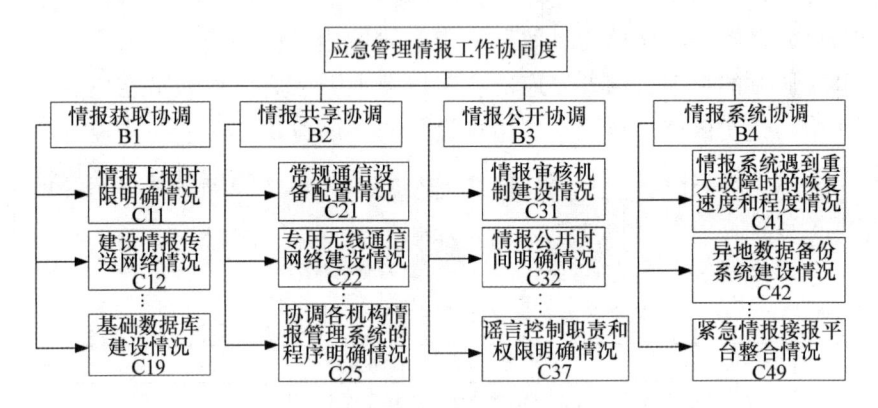

图6-8 应急管理情报工作流程协同度评价指标体系层次结构图

2. 构造判断矩阵

通过两两比较构造判断矩阵计算,确定B层对整个指标系统目标的贡献度。根据40位专家的意见,两两比较因素间的重要性,得到判断矩阵。

表6-4 突发事件应急管理情报工作流程协同度B层指标判断矩阵

A	B_1	B_2	B_3	B_4
B_1	1	1/3	2	1/3
B_2	3	1	4	1
B_3	1/2	1/4	1	1/4
B_4	3	1	4	1

第六章 应急管理情报体系的协同机制

计算得到 B 层指标权重向量 B = [0.1422，0.3854，0.0871，0.3854]，即情报获取协调 B1、情报共享协调 B2、情报公开协调 B3、情报系统协调 B4 权重分别为 14.22%、38.54%、8.71%、38.54%。

（三）一致性检验

首先求得判断矩阵的最大特征根 λ_{max}，$\lambda_{max} = \sum_{i=1}^{n} \frac{(AW)_i}{mW_i}$，须先求得判断矩阵 A 与各准则层权重 W 的乘积，AW 的计算公式如下：

$$AW = \begin{bmatrix} 1 & 1/3 & 2 & 1/3 \\ 3 & 1 & 4 & 1 \\ 1/2 & 1/4 & 1 & 1/4 \\ 3 & 1 & 4 & 1 \end{bmatrix} \times \begin{bmatrix} 0.1422 \\ 0.3854 \\ 0.0871 \\ 0.3854 \end{bmatrix} = \begin{bmatrix} 0.5733 \\ 1.5458 \\ 0.3509 \\ 1.5458 \end{bmatrix}$$

λ_{max} = 0.5733/（4×0.1422）+ 1.5458/（4×0.3854）+ 0.3509/（4×0.0871）+ 1.5458/（4×0.3854）= 1.0079 + 1.0027 + 1.0072 + 1.0027 = 4.0205，得到 $CI = \frac{\lambda_{max} - m}{m - 1} = 0.0068$，CR = CI/RI = 0.0077 < 0.10，此矩阵具有满意的一致性。相同的方法得到 C 层指标相对于 B 层指标的权重，权重分配如下：

表 6-5 突发事件应急管理信息协调权重系数表

基本指标（权重）	具体指标	权重
情报获取协调 （0.1422）	情报上报时限要求明确情况	0.0327
	建立情报传送网路情况	0.0162
	建立基层情报员等多种信息报告渠道情况	0.0171
	涉密情报的保密机制建设情况	0.0069
	应急情报监测机构权责明确程度	0.0097
	设置专门与具有危险源的生产企业对接的人员情况	0.0073
	情报监测系统建设情况	0.0321
	历史数据案例库建设情况	0.0065
	基础数据库建设情况	0.0137

续表

基本指标（权重）	具体指标	权重
情报共享协调 （0.3854）	常规通信设备配置情况	0.0375
	专用无线通信网络建设情况	0.0536
	部门情报共享机制建设情况	0.1163
	部门间情报传送格式规定情况	0.1073
	协调各机构情报管理系统的程序明确情况	0.0708
情报公开协调 （0.0871）	情报审核机制建设情况	0.0051
	情报公开时间明确情况	0.0201
	情报公开范围明确情况	0.0081
	情报发布发言人明确情况	0.0062
	瞒报迟报惩治机制建设情况	0.0123
	情报发布职责和权限明确情况	0.0218
	谣言控制职责和权限明确情况	0.0135
情报系统协调 （0.3854）	情报系统遇到重大故障时的恢复速度和程度情况	0.0725
	异地数据备份系统建设情况	0.0175
	统一受理报警的应急联动系统建设情况	0.0717
	情报系统功能模块可复用程度（功能通用性、产品化程度、商业复用）	0.0305
	情报系统技术模块可复用程度	0.0345
	情报系统和各层级、各部门单位信息系统互连互通情况	0.0713
	领导对系统支持程度和稳定性	0.0176
	系统投资合理性（系统实际投资与正常合理投资之间的比例）	0.0137
	紧急情报接报平台整合情况	0.0562

（四）应急管理情报工作流程协同度评价指标体系构建建议

构建突发事件应急决策情报工作流程协同度评价指标体系是一项复杂的理论创造活动，在总结前人文献的基础上，大量参阅国内外政府、企事业单位应急实践报告，并综合专家意见，构建了此指标体系。该指标体系包括"情报获取协调""情报共享协调""情报公开协调""情报系统协调"4个基本指标，共计30个具体指标；其次，采用德尔菲法、AHP法构建了重要性判别矩阵，计算并赋予突发事件应急决策情报工作流程协同度评价指标体系 30 个指标权重。

然而在指标体系构建与分析过程中也存在一些需要进一步完善和改进的地方，需在后续研究中进行不断探索。

第一，需要深化数据开发工作，强化指标体系的实证研究。本研究突发事件应急决策情报工作流程协同度评价指标体系的构建和实证数据相当一部分来源于调查问卷。由于突发事件应急情报工作协调涉及维度的多样性，导致突发事件应急决策情报工作流程协同度评价指标数目较多，数据收集工作量较大。因此如果时间、人力、物力等情况允许，应使数据收集的覆盖面扩大，样本容量增加，从而得到更全面和准确的结论。

第二，突发事件应急决策情报工作流程协同度评价指标体系本身需要不断完善。在指标的设计与筛选中，指标的设计征集了来自政府与科研院所专家的意见，但未能对非政府组织人员进行调研，所以今后的研究中要融入非政府组织人员的意见，使指标更趋完善。

第五节　应急管理情报体系协同的分层推进

一　战略制度层面的协同

应急管理情报体系运行过程中由于不同主体组织隶属性的差异，协调联动的过程中涉及大量跨组织的运作。共同价值驱动的意义在于使情报体系各主体在统一的战略目标引导下进行应急管理情报体系的协同。共同价值驱动具有多维性，具体表现在三个层面：

第一，应急管理情报体系协同的宏观目标。应急管理情报体系协同运行是充分利用各情报主体所拥有的资源、知识，在技术支撑与人际合作的基础上，实现"1+1>2"的治理功效。应急管理情报体系协同运行的宏观目标为消弭社会危机，维护公共利益和社会安定。

第二，应急管理情报体系协同运行的中观目标。应急决策情报体系的中观目标在于整合情报体系各主体力量，构筑整体应急能力，达到应急管理情报体系快速响应的目的，达到效率、效能、效益三方面的一体化。

第三，突发事件应急管理情报体系协同运行的微观目标。情报体系协同的微观目标即将原本呈现离散、分布状态，内容和结构具有多元性、异构性特点的情报资源，以逻辑的或物理的方式重组为一个整体，使其便于管理、利用和服务。① 顺应信息化的发展趋势，以组织领导为保障，以实现情报资源的连续化、一致化和共享化。具体要做到如下：

（一）完善突发事件应急情报工作相关法律

法治意味着"良法的治理"，确保"良法"产生的重要条件就是立法的科学性。② 立法要追求正义性的价值意蕴，内容上具备公共性，形式上彰显科学性。目前我国以《突发事件应对法》为主导已建立一套应急法律体系，但内容体系上尚存在一定的缺陷，亟须加以完善。首先，明确政府权力与职责。要全方位清晰界定政府权力与职责，对政府权力运用范围划出界线，对政府职责履行进行规制，将政府应急纳入法制化轨道，拒绝"部门立法"，抵制政府部门利用自身权力谋取部门利益的情况出现。其次，明确社会力量参与应急的程序。人民是法律的决定者，"人民主权"是公众参与合法性的来源。因此要建立政府与非政府力量的专门协调机构，建立双方的议事机制和信息公开、信息获取机制，赋予非政府力量参与应急的合法性。最后，明确问责制度。责任的拷问、追究是考察政府应急职责落实情况，实现责任政府不可或缺的环节，也是公民行使监督权的有效途径。建立明确的问责制度，能够监督政府应急权力的使用情况以及应急执行力，保障公共利益的最大化，实现以"权利监督权力"的目的，达到权力与权利、政府与公众、效率与正义的平衡。③

（二）完善应急情报预案体系

应急预案是政府在应急管理过程中运用最为普遍的政策工具，它是

---

① 苏新宁、章成志、卫平：《论信息资源整合》，《现代图书情报技术》2005年第9期。
② 张渝田：《试论建构法治政府的逻辑》，《西南民族大学学报》（人文社会科学版）2014年第9期。
③ 刘冰：《构建突发事件应急管理法律机制的思考——兼谈河北省应急管理法律机制的完善》，《河北法学》2014年第10期。

政府应急响应的重要依据。预案本身的质量决定着应急响应的效果。因此应急预案体系的完善成为提升应急管理质量的重要命题。目前我国应急预案存在诸多问题，为使其完善，一是改进应急预案内容，要根据不同层次、不同突发事件类型、不同部门制定内容指向、详细程度有所差异的应急预案，避免预案的雷同化和模板化。对应急风险、应急情境有适当描述，明确不同状况下应急界限，明确应急机构、应急队伍、社会组织、公民的应急权利及义务，注重不同部门、不同领域预案之间的协调关系。二是完善预案修订更新程序。为保证应急预案的时效性与生命力，要定期对预案进行评估，并加以更新。要对预案的修订程序、修订时限、修订小组组成做详细的规定。

二　组织管理层面的协同

（一）建立政府主导的高效情报体系

突发事件应急决策情报体系因其各部门、各地域资源与权力分布造成了应急管理中资源碎片化较为严重，整体协调性差。将应急决策情报工作各部门以节点形式纳入网格化结构，形成一种权力、能力与责任的匹配、对等、制度化、常规化的多元治理结构，[①] 通过建立以政府为主导的多元主体参与机制，最终达到上下级闭环、横向联动、内外协调的情报组织运行模式。

（二）完善跨部门跨区域的协调联动情报体系

在著作《网格化治理》中，斯蒂芬·戈德史密斯和威廉·埃格斯提出网络化治理。其含义为：当横向政府合作并在此基础上推行纵向服务时，极为复杂的网络会经常出现。一些相互关联但又难以解决的问题经常困扰着地方政府。政府往往会将解决问题的各种网络编织在一起以使这些问题得到解决。[②] 根据突发事件日益跨域化、多灾种的发展态势，应急情报体系的设计应为网格化动态式的联动组织形式。

---

① 沙勇忠、解志元：《论公共危机的协调治理》，《中国行政管理》2010 年第 4 期。
② 刘红芹、沙勇忠、刘强：《应急管理协调联动机制构建：三种视角的分析》，《情报杂志》2011 年第 4 期。

首先，建立部门案例知识库。该库以案例为基础进行整合，把以往经验进行总结存储转化为知识，当面临新的突发事件时，对源案例进行搜索作为参考，以实现经验的重用，并将此次修正后的案例经验纳入到案例库，最终实现知识的循环增值。这种检索、重用、修正和保留的案例知识法为实现跨部门的信息调用提供了知识存储。

其次，搭建应急通信渠道和信息交换机制。信息交换是应急系统的生命线，从突发事件的预警到处理到恢复，每一个环节都离不开信息的交换和流通，因此搭建应急通信渠道尤为重要。设计包括数据整合、联动查询、应急传输等模块在内的通信系统，确定信息在各部门各地区间的流向关系，设计科学高效的跨部门工作流和业务流。加强各部门各区域间的基础信息共享，实时情报交互，综合调度部门和区域间的情报进行应急配置。

最后，健全利益均衡机制。奥斯特罗姆指出"政治发展以互惠为基础，就像经济发展与交换必不可分一样。互惠是发展的源头也是发展的目的"①。突发事件应急过程中，部门扯皮推诿、多头管理的背后其实质是利益之争。因此为避免内耗造成协调不力，在进行应急管理制度设计时应定位、把握多元应急主体的利益，以共同的战略目标为指引，通过利益协调策略的制定，在多方受益前提下推进应急协作，使之更具备理性和稳定性。同时要建立应急协调机构，该机构在多方参与的情境下，扮演的不单单是资源"分配者"角色，更应该担当"调节者"和"主持者"角色。应急协调机构的建立为各方进行利益诉求和利益调节提供了平台，在各方调和的努力下，利用公共政策达到对应急资源的合理分配。

三 人员层面的协同

在突发事件应急过程中，人员是应急预案和应急决策的执行者，是突发事件的直接应对者。政府应急协调能力的建设不可避免地需要人的作用。在《人的现代化》一书中，美国哈佛大学教授英格尔斯指出：不

---

① 奥斯特罗姆：《制度分析与发展反思——问题与决策》，商务印书馆1992年版。

可避免地会出现失败和畸形发展的悲剧结果，如果现代心理基础在一个国家的人民中普遍缺乏，如果在心理、思想、态度和行为方式上，执行和运用这些现代制度的人未经历一个向现代化的转变。这样的最终结果是先进的制度将会在一群传统人的手中变成废纸一堆，即便是最完美的现代化制度和管理方式，最先进的技术工艺。[①] 英格尔斯对于基于人员的制度论断无疑肯定了人的作用。突发事件演化发展趋势复杂，对于处置决策常常需要根据实际情境进行相应的调整，此时应急人员对于突发事件的认识、对其发展趋势的预测以及个人应急知识水平成为其作出正确应急行为的重要保障。因此，突发事件应急决策情报体系人员能力保障应从应急人员个人能力、社会应急公众教育以及激励机制三个层面加以探讨。

（一）应急情报工作人员能力的培训

应急培训旨在提高政府情报工作人员突发事件应对能力，注重应急意识、责任意识的培养，提升应急全流程管理能力。着重于信息获取能力、分析辨别能力、技术支持能力、指挥协调能力、团队合作能力等的培育。要将政府应急情报部门进行单一应急演习和跨部门联合应急演习常态化，以情境化模拟应急实践。其中美国应急培训经验值得借鉴，美国每年各级应急官员的轮训以 FEMA 专门培训中心为平台，以互联网为媒介，并结合实地培训，将实际操作技能作为培训重点。应急演练活动也成了各州、县应急机构和专门队伍的固定应急操练活动。[②]

（二）发展社会应急公众教育

应急公众教育其目的在于提高全民危机意识，掌握应急基本技能。日本是世界上地震较为频繁的国家，在日本大地震中日本国民表现出的应急能力和理性秩序充分印证了应急公众教育的必要性和良好功效。首先政府要通过多种手段（包括传统媒体和新兴媒体）进行应急宣传，广泛普及自救互救知识、公共安全知识、危机应对知识等。其次要以学校

---

① 徐婷婷：《应对突发公共事件中政府协调能力研究》，博士学位论文，苏州大学，2013 年。

② 唐华茂：《应急管理人才队伍建设研究》，《中国行政管理》2010 年第 12 期。

为阵地,开展应急知识进校的尝试。对此我们可以借鉴日本经验,"日本小学将危机教学内容安排在历史启蒙、国文、地理常识、人与自然等课程中,6 年下来有将近 40 个课时"①。最后要借助社区平台开展应急教育活动,如应急知识竞赛、应急文艺演出等形式,科普应急知识,提高社区群众的危机意识和应急处置能力。

(三) 建立激励机制

美国新奥尔良大学管理学教授迈克尔·勒波夫在其著作《神奇的管理》一书中阐述了"受到奖励的事会做得更好"这一管理原则,我国学者任全珍在此基础上指出首先要奖励的是团队合作、协调性的工作。②从 1999 年,香港公务员局就每两年举办公务员优质服务奖励计划,奖项分为部门合作奖、部门奖和队伍奖,并于 2011 年新增"突发事件支持服务奖",对在突发事件中有优秀表现的团队和个人给予表彰和奖励。奖励的设置对持续改进突发事件政府应急服务质量起到了重要作用。

四 流程操作层面的协同

(一) 预测预警机制多维度升级

利用综合集成性的技术与方法,制定一定的约束条件,动态获取灾害信息,并根据突发事件发展趋势和演变规律对接收到的非常规数据进行预判,对可能出现的灾情进行推断和预估。在此基础上,全面发布预警信息,使相关应急部门了解灾害态势,及时做好应急准备,减小灾害对于人民生命财产造成的损失。

(二) 指挥调度全过程控制

1. 建立应急情报共享机制

重特大灾害应急信息链各成员间的信息体系相互对立,这种现象造成信息链成员间衔接的不确定性,这在一定程度上增加了传统应急决策情报体系的不稳定性。信息的不充分和不对称引起应急决策过程中信息

---

① 王郅强:《12·23 特大事故思考》,《凤凰周刊》2003 年第 135 期。
② 任全珍:《奖励的 10 种策略》,《领导科学》1991 年第 12 期。

的失真和传递中的扭曲、延迟，建立应急情报共享制度是实现应急决策指挥调度协调的必要手段和重要步骤。

2. 建立应急情报反馈制度

应急情报反馈是检验应急部门处理效果的重要手段，其目的在于通过反馈应急过程中的形势变化、资源调度等信息，对应急决策过程进行干预和影响，为应急决策提供必要的情报支持和动态背景。政府等公共部门对于应急事件的处理具有共通性和普适性，建立网格化的应急情报反馈机制，使得应急部门不仅在应急过程中获取以事件为导向的反馈信息，同时获取异地异类应急部门所给予的应急经验。网格化背景下的情报共享为应急决策行为的施行和矫正提供了依据。

3. 建立应急情报工作监督制度

《突发事件应对法》规定"迟报、谎报、瞒报、漏报有关突发事件的信息，或者通报、报送、公布虚假信息，造成后果的""根据情节对直接负责的主管人员和其他直接责任人员依法给予处分"。这个规定未对具体的责任追究方式和惩处标准予以说明，整个应急情报工作处在随机和随意状态。建立全程化的应急情报工作监督机制，将责任分担与情报流转具体落实到每个应急参与单位和人员身上。

（三）善后恢复立体化完善

建立应急情报工作总结机制。应急情报工作的总结是将应急情报体系的运行情况和效果进行梳理，给予合理客观的评估和判断，通过此项评估总结经验，完善情报工作，改进情报体系各个衔接环节，最终优化情报体系，以提高应对突发事件的决策能力和处置能力。

建立应急预案修正机制。应急预案应对突发事件具有高度的情景依赖性，目前我国基本形成了"横向到边，纵向到底"的预案体系，但各级各类应急预案往往缺乏针对性，应急预案上行下效、千篇一律，应急预案原则性和概括性语言过多，缺乏针对性和可操作性。加之地域分割、条块分割、部门分割，造成各个地方、各个部门间各自为政，对于跨域、跨类型的灾害事件的应对缺乏联动性。因此，在灾害应急工作善后恢复阶段建立应急预案修正机制，根据灾害事件的风险评估建立参与式预案编制，在固定预案的基础上适当地根据事态发展进行动态调整和适当的授权。同时形成跨域跨类型的应急预案链,考虑地区间、灾害事件间联动处置的兼容关系,使应急预案形成一个统一、系统的联动体系。

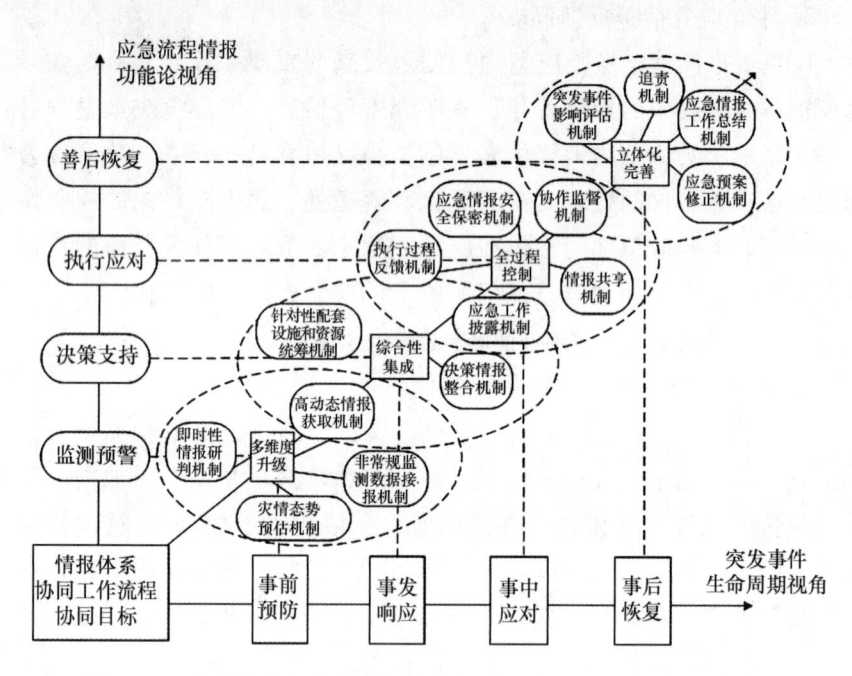

图6-9 基于突发事件生命周期的应急情报体系流程协同示意图

五 资金保障层面的协同

突发事件政府应急协调需要在财政安排机制上进行适当的调整与完善,有效利用财政工具为突发事件的快速解决提供坚强的后盾。当前政府需要根据多元化、均衡化、清晰化的原则来完善财政机制,提高其应急保障功能。

(一)推进财政来源多元化

一是提高预备费的比例。预备费作为突发事件应对的首选应急工具与资金支持,数量的多少直接关乎其他应急工具是否能够得以启动。我国预算法规定,各级政府将预算支出额的1%—3%提取作为预备费。但随着突发事件发生频次升高以及应急难度的增加,预备费提取额已远远达不到应急需求,难以发挥财政的支撑作用。因此应提高预备费的提取比例，这是财政工具回应应急现实需要的必然之选。二是建立以政府财政为核心的多元融资渠道。突发事件应急是一项复杂系统工程，需要耗费大量的财力、物力、人力，单单依靠政府的力量远远不够，需要充分调动市场、公众。综合运用金融、财政、税收、社会捐赠等手段来保障突发事件应急对于资金的需求，建立以政府财政为主导，企事业为支撑，公民广泛参与的应急资金筹集体系。三是建立巨灾保险机制。重特大自然灾害的影响范围广、损失严重，单纯的商业保险难以承担，应该在政府主导下建立巨灾保险制度，分摊风险，缓解政府应急资金压力，西方国家在巨灾保险方面有丰富经验可供借鉴。为保证巨灾保险制度的培育，政府在政策及税收方面给予保险业以支持，并积极与保险公司建立合作关系，扶持保险市场的发展，增加巨灾保险的供给。

（二）推进财政支出结构均衡化

我国目前财政支出大幅度倾向于应急处置，应急预防和应急准备投入较少，财政支出总体呈现不均衡态势。我国传统重应急重恢复重建，轻预防和准备的应急方式，使得在突发事件管理过程中事后补救损失比事前预防投入多数倍，财政压力巨大。因此政府应推进财政支出结构的优化，增加应急预防和应急准备的投入。例如加强预测分析技术的研发投入、监测信息系统的建设投入、应急演练和应急培训的支出等。

（三）推进财政预算制度清晰化

政府要完善应急预算制度，以制度来规制应急资金的供给。预算的局部调整是顺应社会经济发展水平、政府治理情况和突发事件应对的实际的，但如果预算执行过程中出现了"年年预算，预算一年"的情况，预算就失去了对政府治理的刚性约束，财政监督也失去了应有的效能，预算制度也就成了空中楼阁。[①] 因此要将预算制度严格化、清晰化，科学合理地分析未来一个时期内突发事件发生趋势的基础上制定预算。同时要加强预算执行的监督，明确预算执行的审计程序，实时披露预算执行进程，规范预算的编制、审批、执行与决算。

---

① 郭俊华、程琼：《我国重大自然灾害的公共财政应急措施研究——以5·12汶川大地震为例》，《上海交通大学学报》（哲学社会科学版）2009年第3期。

第七章　应急管理情报体系运行的模拟仿真

综合集成的应急管理情报体系是一个突发事件情报在流动过程中所涉及的各类、各级情报组织及其功能模块的有机整体。当突发事件发生时，综合集成的情报体系能够通过信息基础设施和信息网络获取情报资源，并利用情报分析技术进行信息的甄别、筛选、组织，形成相对完整和确切的情报，应用情报传递技术通过情报网络传递给相应的情报活动主体，用于突发事件的决策和应对，从而做到应急情报的快速响应、实时跟踪、智能匹配。

本章在以上各个章节的理论分析的基础上，运用综合集成思想，构建基于综合集成的应急管理情报体系，并以综合集成研讨厅为实践形式，对国内出现的若干次重大突发事件进行情报系统的模拟仿真，证明应急管理情报体系的应用价值。

第一节　应急管理情报体系的综合集成需求

根据应急管理的情报需求，综合集成的应急管理情报体系是一个以智能响应为目标、以情报资源为基础、以情报技术为支撑、以联动机制为保障的有机整体，如图 7-1 所示。

一　以智能响应为目标

一旦突发事件发生，能否在最短时间内采取最有效的措施将决定应

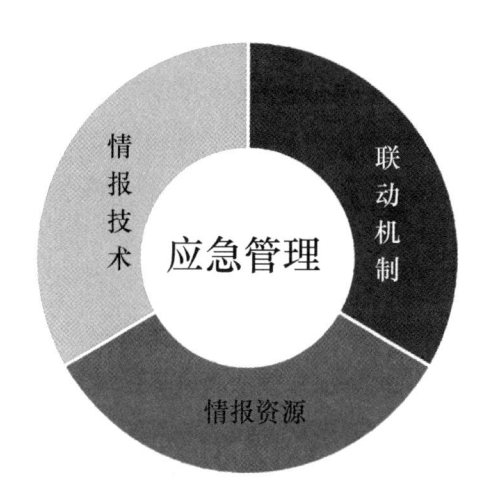

图7-1 应急管理情报体系的有机整体图示

急管理的成败。由于突发事件的高度不确定性,情报是突发事件中最稀缺的资源,情报系统的重要价值就在于尽可能地减少不确定性。同时,突发事件应急管理是一个复杂的巨系统,从流程和生命周期来看,应急管理有不同的发展阶段;从参与主体来看,有着众多不同性质、层级的参与者;这都对情报系统提出了不同要求。应急管理情报系统的目标是要在情报技术的支持下,对不同阶段各类主体的情报需求予以有效回应。情报系统的作用是要帮助主体建立关于突发事件整体情况和形势的"全景图",还能获得执行任务的充分情报,从而保证应急管理过程每个流程、每项活动都能得到最大限度的情报,减少管理行为的盲目性。

通常认为,快速是应急管理情报系统的工作目标,但是,速度并不能涵盖应急管理情报工作的全部要求,在应急管理的不同阶段,对于情报的时间要求也不相同,所以,智能响应才是应急情报系统的首要目标,智能响应包括了响应时间的快速性、提供情报的充分性、情报分析的准确性等多项要求。

以情报资源、情报人员、情报技术、情报服务等多要素构成的情报体系,要以最快速度满足不同时段不同主体的信息需求,为应急管理活动提供情报支持。

二 以情报资源为基础

突发事件应急管理生命周期包括预防、准备、响应和恢复四个阶段，在实际情况中，这些阶段往往是重叠的，但无疑的是，无论处于哪个阶段或者重叠阶段中，都以情报资源为基础展开相应工作。对于情报资源的种类、特征，不同的阶段有不同的要求，在突发事件发生以前，预防工作是以基础情报、业务情报和应急资源情报为基础的；在突发事件监测预警阶段，则是以环境（自然、经济、社会、政治等环境）和关键要素的监测情报为主，以发现存在的矛盾和致灾因素；在突发事件的处理与救援阶段，重点涉及突发事件基本情报、应急响应情报、应急处置情报和实时跟踪情报四类情报资源，及时进行相关反馈；突发事件事后恢复与重建阶段，则以事件评估情报、事件恢复情报、事件总结报告情报等为主，作为今后应对突发事件的宝贵案例和历史经验。① 因此，快速响应情报体系的构建工作一定是以情报资源为基础而展开，否则情报体系将是无源之水、无本之木。

三 以情报技术为支撑

情报技术作为人类社会科技进步的标志性技术，是应急管理情报系统的主要工具，在应急情报的支持下，系统能够快速、及时、准确地收集突发事件应急决策所需要的情报资料，为应急管理活动提供决策支持。几乎任何一种突发事件发生后的情报获取、传输及执行，都是多类型、多方向、多手段的，必须在信息网络中进行，利用情报技术加以实现和保障。因此，在自然灾害、事故灾难、突发公共卫生以及社会安全事件等领域，储备、研究、匹配各类情报技术是应急管理先导和基础性的工作。

以情报技术为支撑，建立地震、民防、气象、防汛、疾控、警务等

---

① 裘江南、王雪华：《突发事件应急知识管理的模型与方法》，科学出版社2016年版，第10—11页。

突发事件应急情报平台是应急决策的基础，也是当前政府部门有效开展应急管理的必要技术保障。

四 以联动机制为保障

目前我国面向突发事件应急管理仍存在"重单项、轻综合"的分区域、分行业的问题，亟待建立一个跨地区、跨部门、跨行业的应急管理联动机制，面向突发事件应急决策的快速响应情报体系亦是如此，有赖于各个地区、各个部门、各个行业的情报整合和共享，以解决情报不充分的困境。根据突发事件的种类，需要建立起互联互通、标准统一的信息情报体系，安排不同的节点和接口。在跨境突发事件中，需要动员不同区域的突发事件情报衔接。在特别重大的突发事件中，需要建立涵盖各级政府、社会组织、有关企业的情报网络。一个有效的情报体系能够通过强大的情报技术把人员主体加以联结，保障多元化的决策主体参与到实时的应急管理之中。

例如2015年的"东方之星"沉船事件的处理就需要湖北、重庆、江苏、上海等不同地区之间的情报联动。而类似汶川地震、雅安地震等重大突发事件需要建立起不同主体间的情报网络。

第二节 应急管理情报体系实践：综合集成研讨厅

一 综合集成研讨厅的发展

综合集成研讨厅（Hall for Workshop of Metasynthetic Engineering, HWME）是20世纪90年代初钱学森针对复杂巨系统问题提出的一种解决方案，强调利用信息技术的优势，将专家群体和各种数据、知识有机结合，形成一个集信息处理、知识生产和智慧集成于一体的高度智能化的人机结合系统。[①] 需要强调的是，综合集成研讨厅中的"厅"（Hall），

---

① 毕于慧、李鸿飞、曾熠等：《基于综合集成研讨厅的应急虚拟会商系统》，《计算机系统应用》2015年第5期。

构思是来自于专家讨论的会议厅，但实质上是解决复杂巨系统问题的专家体系、知识体系和机器体系一起工作的类似于"厅"的共同空间，这个"厅"是一个把专家和知识库、计算机、信息智能系统相互连接组织的智能系统。

现实中的专家往往分布在各个政府部门、各大高校以及各大科研院所，无法及时快速汇集在一个物理意义上的"厅"中。所幸的是，互联网的飞速发展为建立一个基于网络的虚拟综合集成研讨厅提供了强力技术支撑，能够有效将分布在不同地理位置的专家意见进行综合集成。"Cyberspace"（网络空间）正成为一个重要的概念，能够让复杂问题的参与者和决策者随时随地就拟解决问题进行探讨交流、互动研究，并能即时利用网络上的海量数据。互联网的发展就为综合集成研讨厅的实现提供了一种新的、可能的形式。因此，建立基于 Cyberspace 的综合集成研讨厅（Cyberspace for Workshop of Metasynthetic Engineering，CWME）是对传统综合集成研讨厅的一种扩展。从 HWME 到 CWME，是当前信息网络技术飞速发展的时代背景下，形成的一个由分布各个不同地理位置的子工作空间构建而成的新型虚拟研讨工作空间，具有显著的交互、动态、协同、智能等特点。[①]

综合集成研讨厅是综合集成思想从理论走向实践的具体应用形式，尤其是在泛信息化环境下，人机结合的综合集成研讨厅集中了专家群体的智慧和计算机的高性能，在当前社会发展中的部门规划、方案论证、前景预测、决策支撑、政策评价等方面发挥了重要的作用，如图 7-2 中所示。

近年来，随着可视化决策支持平台的发展，集成了虚拟现实、人工智能、系统工程等先进技术的高度智能化、人机结合的决策剧场成为综合集成研讨厅的一种新趋势。作为新兴起的一种决策方法，决策剧场的实质也是将专家的知识智慧、各种类型的情报资源与计算机的软硬件三

[①] 戴汝为：《从工程控制论到综合集成研讨厅体系——纪念钱学森归国 50 周年》，《复杂系统与复杂性科学》2006 年第 2 期。

第七章　应急管理情报体系运行的模拟仿真 ◆ ◆ ◆

图7-2　综合集成研讨厅实践的一个场景

者进行有机结合，有效实现公共危机管理、城市建设规划等多领域的公共政策问题。决策剧场目前已被华中科技大学、哈尔滨工业大学、中国人民大学、中国科学院等一些单位引进使用，图7-3呈现了决策剧场的一个应用场景。决策剧场是一个虚拟现实的可视化决策支持平台，让决策者在虚拟现实决策环境充分体验身临其境的立体视听感受；电子决策剧场实现了人与决策环境之间、人与人之间的充分交互；电子决策剧场有机集成了多学科的专家、知识与技术，多行业的经验，多类型的数据源，方便决策者进行决策活动。[①]

决策剧场能够充分利用现代信息通信技术进行情报资源的存储、加工与运算，实现情报融合共享，最终形成决策者"眼见为实"和"身临

---

① 毛子骏、徐晓林、许晓东：《电子决策剧场为科学民主决策导航》，《中国行政管理》2011年第9期。

其境"提出决策方案的管控一体化有机整体。在突发事件应急管理的决策剧场中，首先要聚合与问题相关的海量历史数据，实现突发事件情报资源的高度融合和共享。其次是由决策者和专家利用知识智慧，寻求解决当前突发事件的关键问题，进而建立模型。接着根据建成的模型通过高清立体图影系统，完成弧形幕投影成像，实现240度大视角场景的三维立体展现，就具体突发事件应急管理的决策方案、决策效果与决策者进行互动。决策者和专家既可以回顾此类突发事件的历史案例，又可以预视当前突发事件的态势演变，并控制着机器体系进行调整参数，持续建模与仿真，最终形成合理的应急管理决策方案。

图7-3 决策剧场的一个应用场景

二 应急管理情报体系综合集成研讨厅的实践思路

目前对于综合集成研讨厅的理论框架有着较为一致的认同，认为综合集成研讨厅主要基于学术讨论的Seminar、C^3I（Communication，Command, Control and Intelligence systems）及作战模拟、从定性到定量的综合集成法、信息情报技术、五次产业革命、人工智能、虚拟现实、人机结合的智能系统、系统学等基础理论，把综合集成法中的个体智慧明确上升为群体智慧。[①] 在综合集成研讨厅中，有一些基本的重要特征：(1) 人和计算机是研讨厅的主要组成部分，最终表现为综合集成的能力；(2) 研讨厅有能力接收外部环境变化的所有情报，并保证内部环境和外部环境直接的情报交换；(3) 研讨厅中的人员有层次之分、责任大小之分，但一些特殊人员对问题结论有最后解释权；(4) 研讨厅中人员对求解问题既有共识又有矛盾，且每一人员都具有独立思考能力，并愿意学习。因此，综合集成研讨厅是这么一个"厅"场所，利用专家人员、计算机信息系统、人工智能系统等，把专家人员的经验知识与计算机的情报资源进行高效组织，成为"人机结合"的巨型智能系统。

利用综合集成研讨厅实现面向突发事件应急决策的快速响应情报体系，不仅仅是一个贯穿情报资源管理的过程，更是一个通过人机结合产生新知识的过程。面向应急管理情报体系的研讨厅实践是在整体构成框架基础上，结合具体突发事件应急管理工作实际，搭建集知识体系、机器体系和专家体系于一体的工作平台，解决应急决策中用什么、如何用、谁来用、为何用等问题，如图7-4所示。快速响应情报体系的综合集成研讨厅实践意义在于把专家集成于系统之中，实现以人为本、人机结合的启发、碰撞和激活过程。

综合集成的应急管理研讨厅实践遵循较为成熟的综合集成研讨厅体系求解复杂问题的大致步骤，见表7-1中的戴汝为等的研究。[②] 这个综合集成研讨厅的实施过程，综合了专家意见和情报资源，将个体智慧上升为集体智慧。

---

① 李耀东、崔霞、戴汝为：《综合集成研讨厅的理论框架、设计与实现》，《复杂系统与复杂性科学》2004年第1期。
② 戴汝为、李耀东：《基于综合集成的研讨厅体系与系统复杂性》，《复杂系统与复杂性科学》2004年第4期。

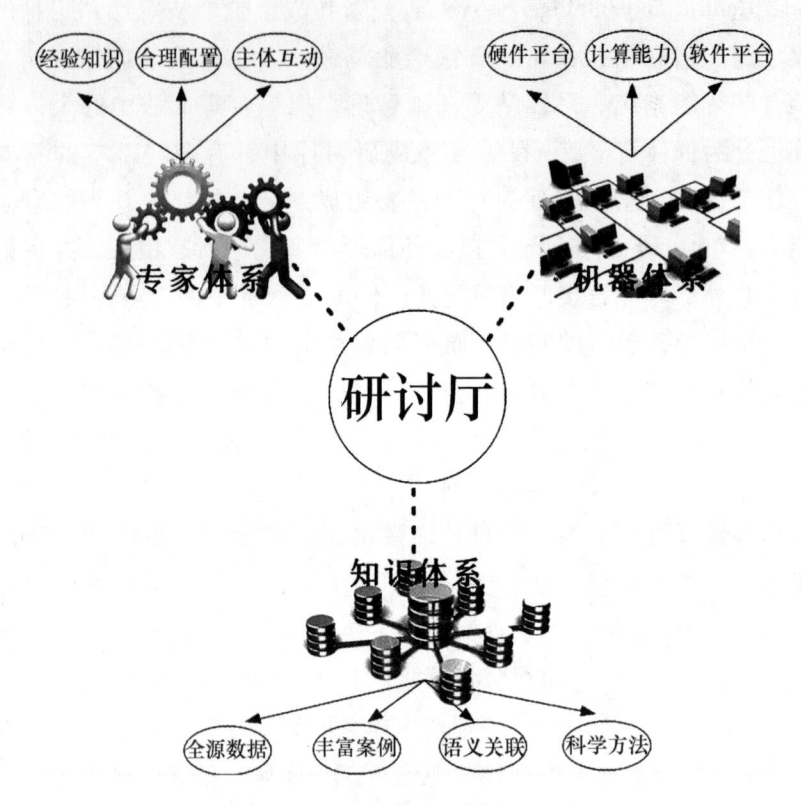

图 7-4　综合集成研讨厅示意图

表 7-1　　　　　综合集成研讨厅求解复杂问题的步骤

步骤	基本内容
第一步	明确问题和任务。
第二步	搜集资料情报，利用研讨厅的软硬件平台，请相关专家对问题进行研讨。
第三步	请专家依据直觉和以往经验，形成问题的初步认识。
第四步	请专家依据经验知识和形象思维，提出对复杂问题结构的分析方案。
第五步	将复杂问题结构进行逐步分析或者逐级定量化。
第六步	利用计算机建立复杂问题的局部模型或者全局模型。
第七步	在局部模型和全局模型基本上得到专家群体的认可后，合成模型以生成系统模型。
第八步	通过计算机的测算和专家群体的评价验证模型的可靠性，如果专家对模型不满意，那么重复第三步到第八步。

综合集成研讨厅实质上是基于人机结合的针对具体问题的概念形成、关系构建、方法建立、模型关联、应用产出的大智慧涌现实现形式，并依赖于有效的支撑环境和正确可行的实现路线设定。可见，综合集成研讨厅能够有效满足突发事件情报体系的情报实时共享、群体会商决策、方案智能选择、事件模拟处置等功能需求。结合综合集成的系统思想，图7-5描述了综合集成研讨厅的工作流程示意图。

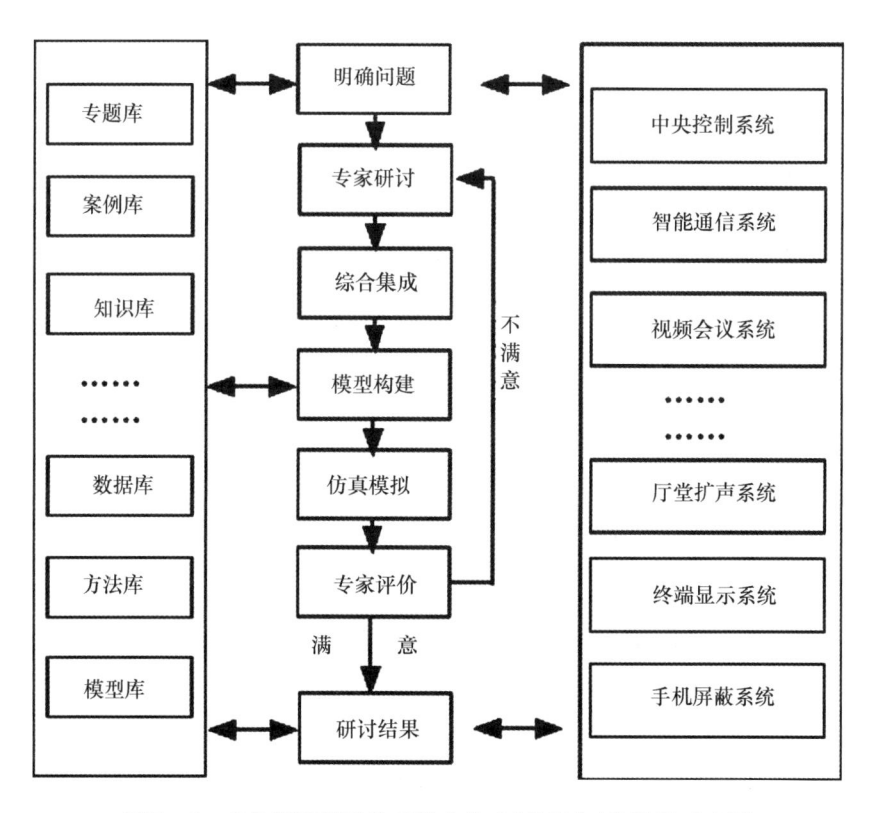

图7-5 应急管理情报体系综合集成研讨厅工作流程示意图

三 应急管理综合集成研讨厅实践路径

近年来，随着对综合集成研讨厅的进一步研究和实践开发，综合集成研讨厅作为可操作的工作平台，成为信息时代的重要决策工具。根据综合集成研讨厅的实践思路，可以看到综合集成研讨厅的实践路径中最重要的是定性专家分析、定量方案设计、应急决策优化三个阶段。

（一）定性专家分析

这个阶段是专家通过头脑风暴方法，对具体突发事件应急管理问题进行定性分析，知识体系为辅助专家提出观点提供证据支持作用。专家群体提出解决突发事件复杂问题的目标集 $T = \{T1, T2, T3, \cdots, Ti\}$，以及目标集合中各个具体目标的相关要素指标集 $T1 = \{T11, T12, T13, \cdots, T1n\}$，$T2 = \{T21, T22, T23, \cdots, T2n\}$，$\cdots$，$Ti = \{Ti1, Ti2, Ti3, \cdots, Tin\}$。随后将专家分析过程中构建的目标集和要素指标集输入到机器体系，能够为应急管理情报体系的决策支持系统所理解。

（二）定量方案设计

这个阶段是机器体系利用专家群体对于具体突发事件拟解决问题的定性分析结果，建立应急决策模型方案的过程。在这个过程中，利用知识体系中的案例、数据、模型等资源基础进行情景分析，与定性分析形成的目标集和要素指标集进行关联匹配，形成突发事件应急决策的方案模型，形成方案集合 $P = \{P1, P2, P3, \cdots, Pi\}$，从而为应急管理决策提供各类方案选择。

（三）应急决策优化

尽管突发事件快速响应情报体系中的机器逻辑计算是以专家定性分析为前提的，但机器体系构建的方案选择并不能完全体现专家的形象思维和创造力，因此需要专家群体进一步评价各项方案的优劣性。此时人工智能、虚拟现实、可视化等先进信息技术能够更好地帮助专家群体对决策方案进行有效评价，形成具体突发事件不同方案的评价意见集合 $S1 = \{S11, S12, S13, \cdots, S1n\}$，$S2 = \{S21, S22, S23, \cdots, S2n\}$，$\cdots$，$Si = \{Si1, Si2, Si3, \cdots, Sin\}$，最终生成总的评价结果。如果专家评价结果对突发事件应急决策方案不满意，将对之前的问题定性分析进行再次研讨、重新设计方案、生成评价意见，直到满意为止。

从面向突发事件应急决策的快速响应情报体系的综合集成研讨厅实践过程可以看出，一方面，涉及具体突发事件的相关领域专家在情报体系中起到应急决策的主导作用，通过这些专家群体的经验、心智、形象思维能力之间的互动交流和群策群力，涌现群体智慧，形成基本认识和初步方案；另一方面，由中央控制系统、智能通信系统、视频会议系统等构成的机器体系，为快速响应情报体系提供网络通信、数据管理、计算运行、预警监测、情景模拟、应急导航等功能，是对专家体系的一种补充；以专题库、案例库、知识库等构成的知识体系，则在快速响应情报体系中担当了资源基础的重要作用。因此，面向突发事件应急决策的快速响应情报体系综合集成研讨厅是一个以人为中心的定性综合集成、以机为辅助的定量综合集成和人机结合的定性定量综合集成的实现过程。

面向突发事件应急决策的情报体系研讨厅是以人为中心的定性综合集成。面向突发事件应急决策的情报体系是一个复杂巨系统，无论是对问题的明确，还是对问题的假设，都不是一个专家或一个领域的专家群所能够完成的，需要来自不同学科、不同行业、不同部门的专家深入讨论和反复研讨，最后达成共识。因此，突发事件情报体系的研讨厅实践一定是基于经验性假设和判断的以人为中心模式，需要将专家的理论知识和实践认识进行融会贯通，从具体突发事件的不同层面、不同方面、不同角度进行综合分析。类似于应急管理专家系统的技术实现，事实上都是以专家的思想和经验为基本素材转化为规则并有效利用的智能实现。

面向突发事件应急决策的快速响应情报体系研讨厅是以机为辅助的定量综合集成。为了验证专家对于突发事件的经验性假设和判断是否正确，需要进行相应的仿真、模拟和实验。来自于多源情报之间的汇集、比较和融合，并与专家推理判断进行对话，形成基于量化的判断结果。例如一些防汛专家认为始于2014年的厄尔尼诺事件容易造成长江流域的洪涝灾害。不谋而合的是，2016年3月31日国家防汛抗旱总指挥部办公室基于"长江流域部分地区因为降水偏多，已经提前进入汛期；湘江、赣江于2016年3月已经出现了超警洪水过程，入汛时间较常年提前了11天"的数据比较分析，认为2016年6月到8月的主汛期长江流域降水大部偏多，汛期长江中下游暴发大洪水可能性很大。

面向突发事件应急决策的快速响应情报体系研讨厅是人机结合的定性定量综合集成。"长江中下游暴发大洪水可能性很大"的判断结果是一个从定性到定量综合集成的完成结果。但从定性到定量的综合集成在很多突发事件情报工作实践中，并不是一次性就能够完成的，往往需要反复多次。突发事件的高度不确定性使得难以采取常规性管理方式进行处置，涉及突发事件的情报资源在事前、事发、事中和事后的分布结构，决定了围绕事前预防、事发响应、事中执行、事后处置的工作需要设计合理的情报采集变量、情报融合渠道、情报抽取处理、情报反馈总结的机器工作模式。如果这个过程中任一因子发生差错或者变动，都会影响着人机之间的交互和对话的结果，不足以证明定性分析和定量分析孰对孰错。这个时候专家就会提出新的判断意见和修正方案，将其经验、知识和智慧再次融入，经验性的定性认识和科学的定量认识将一直保持螺旋上升的状态，直到获得满意的综合集成结论。

当然，面向突发事件应急决策的快速响应情报体系综合集成研讨厅有着很多问题需要细致考虑，大到情报体系如何集成构成要素、如何实现情报资源融合，小到信息技术的迭新、专家库的更新、人机交互接口的扩展等，都将直接影响情报体系"人的心智与机的机智"综合集成的效果。

第三节 南方雪灾应急情报系统运行体系

一 2008年南方雪灾的案例描述

2008年南方雪灾是指自2008年1月10日起在中国发生的大范围低温、雨雪、冰冻等自然灾害。中国的上海、浙江、江苏、安徽、江西、河南、湖北、湖南、广东、广西、重庆、四川、贵州、云南、陕西、甘肃、青海、宁夏、新疆和新疆生产建设兵团等20个省（区、市）均不同程度受到低温、雨雪、冰冻灾害影响。其中湖南、湖北、贵州、广西、江西、安徽、四川等7个省份受灾最为严重。从2008年1月10日至2008年2月24日，此次雪灾共造成了129人死亡，4人失踪，166万人被紧急安置；全国共近1.78亿亩农作物受灾，8700多万亩成灾；造成直接经济损失1.5万亿人民币以上；受灾人口1亿人。

暴风雪造成多处铁路、公路、民航交通中断。由于正逢春运期间，大量旅客滞留站场港埠。另外，电力受损、煤炭运输受阻，不少地区用电中断，电信、通信、供水、取暖均受到不同程度影响，某些重灾区甚至面临断粮危险。而融雪流入海中，对海洋生态亦造成影响，台湾海峡即传出大量鱼群暴毙事件。

中国国家气象部门的专家指出，这次大范围的雨雪过程应归因于与拉尼娜（反圣婴）现象有关的大气环流异常：环流自1月起长期经向分布使冷空气活动频繁，同时副热带高压偏强、南支槽活跃，源自南方的暖湿空气与北方的冷空气在长江中下游地区交汇，形成强烈降水。大气环流的稳定使雨雪天气持续，最终酿成这次雪灾。

气象专家表示，华南地区持续低温，与拉尼娜现象及异常大气环流密切相关。专家指出，处于中高纬度的欧亚地区高空近几个月来形成了一个阻塞高气压，大气环流停留不动，导致北方冷空气连续不断入侵中国。在冷空气来袭的同时，来自南亚、东南亚的暖湿空气又源源不断向华南地区输送，冷暖气流在华南、江南一带交汇，导致罕见的长时间兼大范围低温雨雪。不过，专家强调，中国遭罕见冰雪灾害天气是多种因素造成，拉尼娜不是唯一祸因。

二 南方雪灾应急管理与应急情报工作反思

2008年南方雪灾发生时，我国尚未建立突发事件应急管理的体制机制，在面对雪灾及其造成的次生灾害时，整个社会应急能力的脆弱性凸显无余。从应急情报工作来看，也同样不容乐观。这次雪灾突破了人们对南方极端天气的认知，当地无论是政府官员还是专家都不具备应对这种异常天气的知识储备。从灾害准备来看，南方很多地区的电力、供水、通信、交通等基础设施并没有做好应对此类冰雪灾害的防护，在此类极寒天气下，各类基础设施都遭到不同程度的破坏，从而大大加剧了灾害破坏和灾害损失。

与其他自然灾害不同，气象灾害并非无迹可寻。2008年全球气候的大背景是拉尼娜现象，从2007年6月开始，赤道西太平洋海水温度发生持续性的偏暖，而且海水温度偏高的范围明显超过常年。而赤道东部、中部海水温度则明显低于常年。当年9、10月间，拉尼娜现象已经完全形成。虽然拉尼娜现象发生在遥远的东南太平洋，但它是一种世界性的气候现象，在洋流和信风的影响下，拉尼娜现象能够从遥远的秘鲁影响到西太平洋，尤其是中国。这是南方雪灾最主要的成因。

南方雪灾的另外一个成因是风带的异常。中国冬季气候的主要影响因素是极地冷气团，极地冷气团对我国造成的影响是全国性的寒冷干燥天气。在2008年拉尼娜现象的影响下，信风带势力扩张，大量温暖的西太平洋空气进入中国南方地区。

极地冷气团、信风带两大冷暖空气在中国南方交汇，从而造成了极端天气现象。2008年西风带也异常活跃，中国天气状况一般很少受到西风带影响，但是在当年，这股来自北大西洋的湿冷西风非常强劲，一路影响到西亚、中亚地区，当年处于干旱中心的巴格达竟然也下了雪。2008年来自印度洋的风带也造成了当年云贵高原的气温明显偏高。

另外，中国南方的地形因素也为雪灾的发生提供了便利，中国东南地区是平坦的平原，便于拉尼娜现象造成的东南太平洋暖湿气流的深入。而喜马拉雅山脉阻挡了来自印度洋的暖湿气流直接北上，引导其向中国东南方向流动。此外，极地冷气团在越过秦岭一线之后，遇到中国南方的湿冷空气，造成了大规模的雨雪冰冻天气。

雪灾的发生不仅仅是气象灾难，其危害不仅仅源自降雪、冰冻，现代社会建立在精致复杂的现代基础设施之上，一旦某些基础设施被破坏，必然引起连锁反应。在长达一个多月的异常天气过程中，降雪带来的电力中断、交通阻塞、供水管网被破坏等加剧了雪灾的破坏性。比如，在武汉等城市，供水管都是水泥管或铸铁管，在低温天气中很快爆裂，全市在雪灾期间共有5000多处爆裂出水点。而在贵阳，市区内的道路结冰，光滑如镜，导致交通事故频发。极寒天气下的用电量飙升使得很多城市不得不拉闸限电，而有些地方的电线电缆设计抵御覆冰厚度不足，整条线路瘫痪，更加剧了用电紧张。

事实上，如果存在着一个综合集成的应急情报体系，就可以最大限度地做好应急管理,减少灾难损失。南方雪灾的应急管理,应当从灾难发生前开始,首先要建立一个异常天气情况的采集系统,注意到当年发生的拉尼娜现象、中国云贵高原高温、巴格达降雪等现象。其次要利用知识体系分析这些异常状况背后的原因。再次要借助现代人工智能、仿真模拟对灾难发生的概率、规模等进行模拟和推理。最后要集合海洋、气象、地理、农业、交通、城市建设等方面的专家进行分析鉴别和灾难评估,并提出应对方案。

三 南方雪灾的综合集成研讨厅设计

根据上文对综合集成研讨厅的分析与对南方雪灾应急管理、应急情报工作的分析,笔者建构了一个雪灾的综合集成研讨厅框架,如图7-6所示。

雪灾应急管理的综合集成研讨厅如果能够建立并良好运行,至少能够实现以下几种功能:

一是灾难预警与准备。通过大数据情报收集,可以注意到全球范围内的天气异常现象,并可以确定背后的原因,进而利用情报分析技术和专家智慧可以得知哪些因素影响到我国的天气进程,进而利用计算机模拟未来天气演化的趋势,得知在哪种情况下,哪些因素的转变会导致灾害的发生,从而确定致灾的关键因素,并进行持续的监控,在关键因素达到极值之后,就可以提前预警,甚至可以得出灾难发生的强度、时间等关键信息。那么在灾害发生之前,有关部门就会进行物质的储备,如发电厂储备电煤、供水部门检修老旧输水管线、交通部门购入除冰除雪设备,而居民就可以提前进行食品、物资的储备,并合理安排出行日程等。

二是提高灾难应对措施的有效性。在南方雪灾中,政府和有关领域的专家都没有对灾害造成的影响进行准确的预判,没有在危害持续扩张之前拿出有效的应对方案。事件的应对整体上表现出非常强的冲击—应对特征,主动性很差。这与缺乏情报体系的有效支持是分不开的,当然,这与南方雪灾已经超出了人们对于南方雨雪天气的传统认知有关系,可

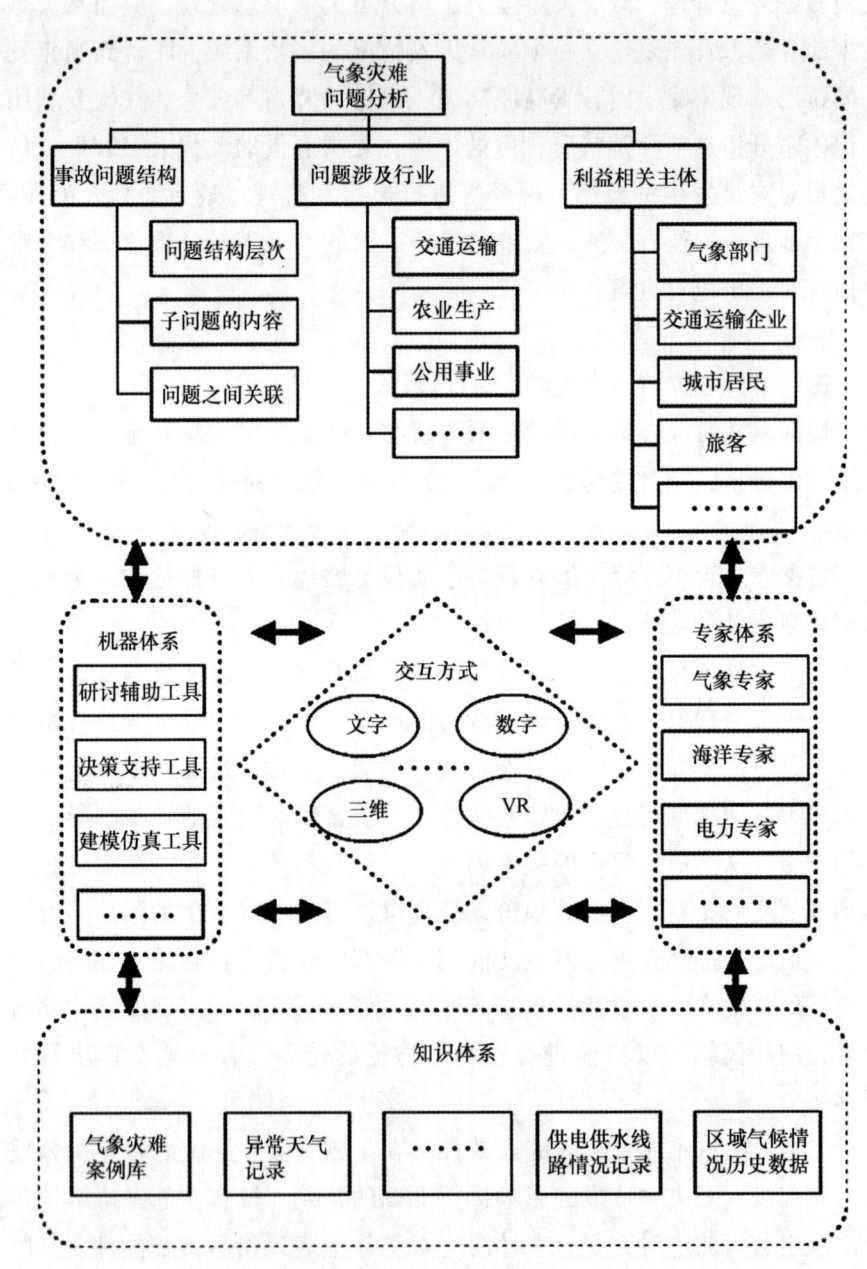

图7-6 雪灾应急管理综合集成研讨厅框架

能在专家系统中也缺乏这样的专家。而如果存在一个互联互通的、综合集成的情报系统，就可以突破地域的局限，通过信息的实时传递，由外地专家远程分析灾难形势，预估灾难会造成的问题，预先提出对策建议，比如基于气象专家对天气变化趋势的判断，市政管理专家、交通专家、电力专家等就可以依据自身智慧、有关设施设备的储备信息和知识等对灾难对相关领域的破坏程度进行推算、估计，并预先提出应对措施。基于现代突发事件的广泛影响性，在专家体系中，应该尽可能地扩大对象，将相关情报提供给他们。

三是实现部门、主体协同。2008年南方雪灾是由雪灾引起的综合性灾难，天降大雪、持续低温导致道路阻断，电力中断又加剧了交通阻塞，交通问题引起电煤紧缺，电煤紧缺又迟滞了电力恢复，电力不能及时恢复继续加剧了交通受阻。同时，不同部门之间缺乏协同的缺陷也导致了事件应对的不力。如在雪灾期间，广东省政府宣布天气情况不会短期内好转，呼吁农民工留在当地过年，而铁道部门则说将在几天内可以运送完滞留旅客，导致几十万人在火车站聚聚散散，而广东省政府与铁道部门也产生了冲突。这至少说明，不同部门是在依据不同的情报体系做出的决策，各个系统之间缺乏沟通，也没有一个确定的权威。所以，只有在一个各方参与的情报体系中，在获得充分情报、有效分析情报、形成正确情报结果的前提下，才能形成各方参与主体的协调一致的行动。

有必要指出的是，综合集成研讨厅发挥作用的前提是综合集成研讨厅的相关基础设施应当处于最高的防护等级，不能轻易被灾难破坏，同时要进行系统的备份。此外，在每次进行事件应对之后，相关的情况都要记录下来，充实案例库。

因此，综合集成研讨厅能够依赖知识体系、情报体系和专家体系的有效运行，气象、交通、电力、物理等相关领域的知识才能充分融合，有关部门才能有效配合，从而打破现代科学体系隔绝和现代公共管理的部门分割，快速及时、准确有效地发挥定性定量综合集成的分析预测作用，为雪灾应急管理提供有效的情报服务。

第四节 天津港"8·12"爆炸事故处置应急情报系统仿真模拟

一 天津港"8·12"爆炸事故的描述

2015年8月12日，位于天津市滨海新区天津港的瑞海国际物流有限公司危险品仓库发生特别重大火灾爆炸事故。根据国家安全生产监督管理总局发布的《天津港"8·12"瑞海公司危险品仓库特别重大火灾爆炸事故调查报告》，"8·12"天津港爆炸事故造成165人遇难（参与救援处置的公安现役消防人员24人、天津港消防人员75人、公安民警11人，事故企业、周边企业员工和周边居民55人），8人失踪（天津港消防人员5人，周边企业员工、天津港消防人员家属3人），798人受伤住院治疗（伤情重及较重的伤员58人、轻伤员740人）；304幢建筑物（其中办公楼宇、厂房及仓库等单位建筑73幢，居民1类住宅91幢、2类住宅129幢、居民公寓11幢）、12428辆商品汽车、7533个集装箱受损。依据《企业职工伤亡事故经济损失统计标准》等标准和规定统计，已核定直接经济损失68.66亿元人民币。国务院天津港"8·12"瑞海公司危险品仓库特别重大火灾爆炸事故调查组最终认定事故直接原因是：瑞海公司危险品仓库运抵区南侧集装箱内的硝化棉由于湿润剂散失出现局部干燥，在高温（天气）等因素的作用下加速分解放热，积热自燃，引起相邻集装箱内的硝化棉和其他危险化学品长时间大面积燃烧，导致堆放于运抵区的硝酸铵等危险化学品发生爆炸。

国务院天津港"8·12"瑞海公司危险品仓库特别重大火灾爆炸事故调查组认为该事故救援处置过程中存在不少问题：天津市政府应对如此严重复杂的危险化学品火灾爆炸事故思想准备、工作准备、能力准备明显不足；事故发生后在信息公开、舆论应对等方面不够及时有效，造成一些负面影响；消防力量对事故企业存储的危险化学品底数不清、情况不明，致使先期处置的一些措施针对性、有效性不强。

二 天津港"8·12"爆炸事故应急管理与应急情报工作反思

天津港"8·12"瑞海公司危险品仓库特别重大火灾爆炸事故发生后,人们在深深哀悼牺牲的消防官兵和无辜民众的同时,也在深刻反思救援行动中为何有那么多的消防官兵牺牲,此次事故为何是新中国成立以来消防员死伤人数最为惨烈的一次特大安全生产事故等问题。《凤凰资讯》曾经这样报道消防官兵出警时对于火灾现场情况的了解程度,"至少有两名消防队员对媒体证实,他们在接到火警时并没有人告知前方有不能沾水的危险化学品。一位名叫李广清的消防队员也说,出警时并不知道前方起火的原因。据一位不愿透露姓名的北京消防员介绍,通常情况下,消防中队抵达现场后,会一边灭火,一边评估燃烧物质、过火面积、火势强度、有无人员被困等,而后把灾情信息反馈给指挥中心,以便判断是否需要增援。在第一批消防队抵达现场后,长达半个小时的救火行动里,他们都在使用水与泡沫。直到二次爆炸后,23点40分,天津消防总队全勤指挥部发动,指挥中心调集9个消防中队35辆消防车赶赴增援。"《中国青年报》在《四问天津港"8·12"特大爆炸事故》一文中就提到,"不同种类的危险化学品的保存方式、可能引发的危害都不同,着火时扑灭方式也不相同,贸然用水扑灭某些危险化学品引起的火灾可能会导致二次爆炸,那么'8·12'天津港爆炸事故灭火方式是否正确?"不同的化学品需要采取不同的灭火方法,由于消防人员对爆炸现场的仓库里头储存了什么化学品及其特性、化学反应情况等信息无法有效把握,消防灭火工作变得异常困难,也使得自身在危险环境中更加不安全。"为了自身的安全,消防人员需要知道特定的危害和正确的战术来使用每种材料,这样他们能够应对下一步可能发生什么情况……应打电话向熟悉特定危险的知识源头咨询。"[①]

国务院天津港"8·12"瑞海公司危险品仓库特别重大火灾爆炸事

[①] 麻庭光:《交运事故背后的消防改革》,2015年8月13日,科学网(http://blog.sciencenet.cn/blog-302992-912700.html)。

故调查组指出应急处置过程中存在"消防力量对事故企业存储的危险化学品底数不清、情况不明"问题，这是当时应急管理工作中知识体系和机器体系不够健全的直接缩影。同样地，"8·12"瑞海公司危险品仓库特别重大火灾爆炸事故发生之后，应急管理工作需要一个能够集中防爆、防化、防疫、灭火、医疗、环保、刑侦等方面的专家团队提供智力支持，以应对爆炸发生之后的各项事宜。这也是对于消防部门缺少针对危险化学品相应预案、消防队员危险化学品事故处置能力不强、缺乏处置重大危险化学品事故相应装备、政府应急信息发布工作安排不周、应急信息发布应对不妥等问题的直接回应。

三 天津港爆炸事故的综合集成研讨厅设计

针对天津港"8·12"爆炸事故处理中暴露出来的问题，可以看出此次爆炸事故发生后的应急管理工作，既需要在充分获取危险化学品在各个环节中涉及的行政审批记录、爆炸辖区的人口基础数据、爆炸现场的环保监测数据、类似爆炸事故的案例库等知识体系，又强烈依赖于具体相关领域专家的群策群力和智慧涌现，能在救援和后期处置中发挥指挥作用的专家体系，并借助于现代研讨辅助工具、决策支持工具、建模仿真工具等机器体系，共同构建成面向灾难事故的综合集成研讨厅。图7-7初步设计了一个面向天津港"8·12"爆炸事故处置的综合集成研讨厅理论架构。

可以初步设想，通过天津港"8·12"爆炸事故处置的综合集成研讨厅的功能实现，能有效解决事故处理中出现的问题。例如调查组指出此次事故中，危险化学品在生产、储存、使用、经营、运输和进出口等环节中涉及的行政审批、资质管理、行政处罚等数据尚未构成知识链条，危险化学品信息管理平台的缺失又使得部门之间无法达到情报资料的互联互通，共享利用，就不能实时掌握危险化学品的去向和情况，最终加大了事故救援难度，加深了事故危害程度。正如调查组指出，如果在"8·12"瑞海公司危险品仓库特别重大火灾爆炸事故发生之前，能够利用大数据、物联网等信息技术手段，对危险化学品生产、经营、运输、

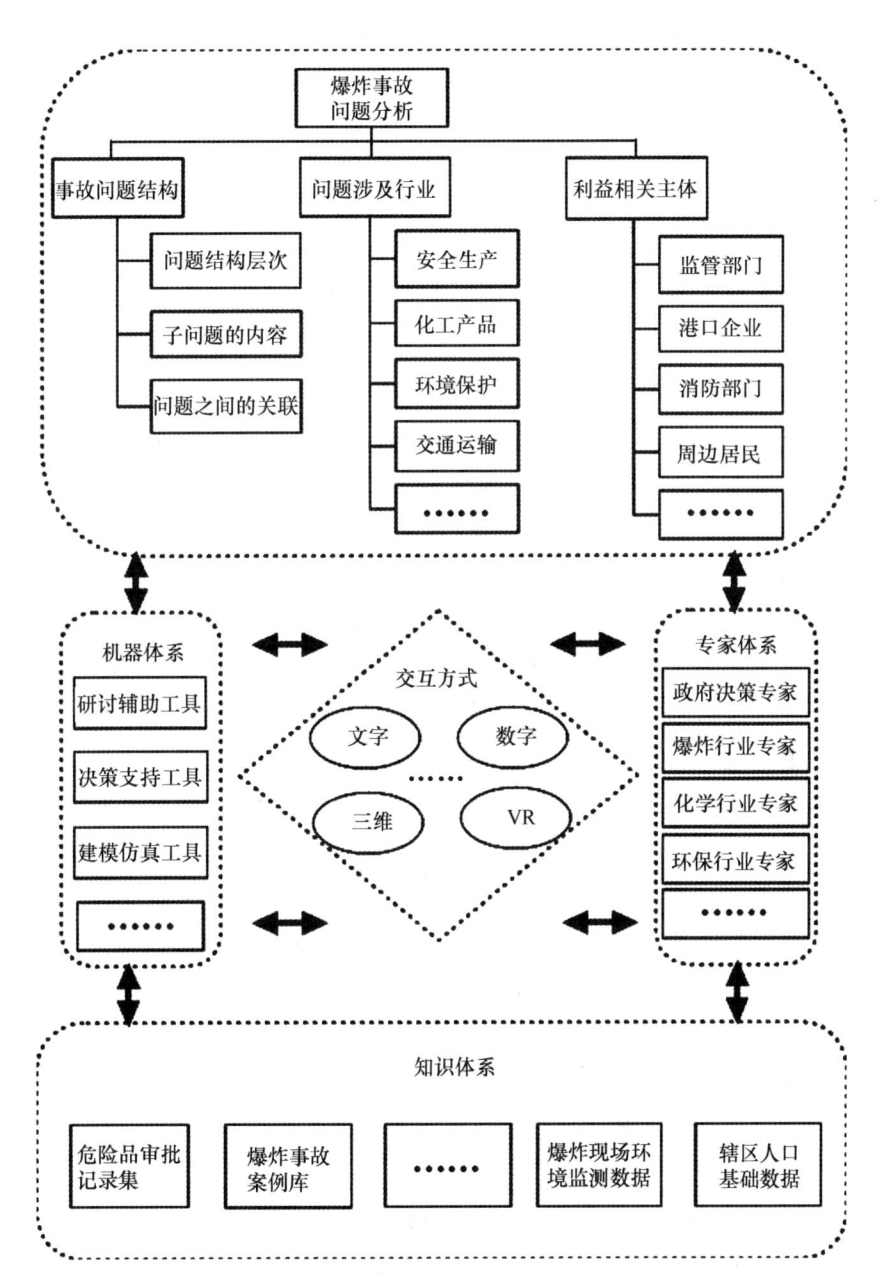

第七章 应急管理情报体系运行的模拟仿真 ◆◆◆

图 7-7 面向天津港"8·12"爆炸事故处置的综合集成研讨厅设计

储存、使用、废弃处置进行全过程、全链条的信息化管理,实现危险化学品来源可循、去向可溯、状态可控,为消防人员及时提供有关爆炸现场的这些危险化学品的相关登记信息,迅速让他们获取爆炸现场仓库里存储着气体、液体、固体各种形态的易燃易爆品,及其可能产生的各种物化反应、如何有效处置等情报资源,将大大提高救援行动的精准可能性,一定可以很大程度上减少救援过程中的人员伤亡。再如,当地居民非常关注大爆炸之后的次生环境污染问题,尤其是危险化学品的爆炸事故现场周边,是否会发生有毒有害空气环境污染的问题。这个时候,就需要气候、海洋、地质、化学、环保等方面的专家为面对次生环境污染问题提供集体智慧。国务院天津港"8·12"瑞海公司危险品仓库特别重大火灾爆炸事故调查组在经过专家研判后确定:指出天津渤海湾海洋环境质量未受到影响,没有因环境污染导致的人员中毒与死亡病例;对大气环境的影响已基本消除,受污染地表水得到有效处置;事故中心区土壤和地下水正在进行分类处置与修复;对事故可能造成的中长期环境和人员健康影响,有关方面正开展持续监测评估,并采取防范措施。专家体系在此次事故处置中发挥了重大的决策和技术支持作用,是面向突发事件应急决策快速响应情报体系中的关键主体。

因此,天津港"8·12"瑞海公司危险品仓库特别重大火灾爆炸事故的应急管理过程中,知识体系、机器体系和专家体系是不可或缺的组成部分,基于知识体系、机器体系和专家体系构建的快速响应情报体系综合集成研讨厅,能够更好地将这三个关键要素融合集成,快速及时、准确有效地发挥定性定量综合集成的分析预测作用。

第五节 "12·28"金昌社会安全事件的综合集成研讨厅设计

一 "12·28"金昌社会安全事件的描述[①]

金昌市永昌县女生跳楼事件发生于2015年12月28日,事件的起因

---

① 根据凤凰新闻2015年12月31日报道《甘肃金昌13岁女生跳楼引群众聚集》整理而成。

第七章 应急管理情报体系运行的模拟仿真 ◆ ◆ ◆

是一个初中女生因被怀疑在一家超市内偷窃食物而跳楼自杀,这本不足以引发群体性事件。但以此为导火索竟然发生了上千名群众围攻警察车辆、围攻金昌市委书记等干部的恶性事件,事件发生发展过程及其背后的原因值得深思。

据介绍,跳楼身亡的女生姓赵,年仅13岁,是当地一中学初一学生,其家境贫困,父母以售卖爆米花为主要收入来源。赵某28日中午到永昌县一家名为"华东超市"的超市内购买矿泉水有盗窃行为,被营业员发现,随后对赵某进行了搜身,发现了她藏匿的巧克力、衣帽钩等商品,营业员打电话通知赵某父母到超市进行处理。赵某的母亲到了超市后,责打了赵某,随后赵某自己离开了超市。当日下午两点五十五分,当地110接到报警,说一名女孩在金昌城市广场坠楼,当场死亡。经调查认定,这个女孩就是赵某。随后,赵某家属聚集到华东超市门口,讨要"说法",要求赔偿,他们还散发了传单,声称"外地有钱老板逼死当地贫穷女孩",引起大批群众围观,围观群众一度达到上千人,有部分人趁乱冲击超市。

当地公安机关调集警力维持秩序,围观群众遂于下午5时20分左右散去。随后,永昌县立即成立工作组对事件进行处理,抓紧进行事件调查、家属情绪安抚和舆论引导工作,并对华东超市进行了停业整顿。永昌县领导还走访了死者家属,稳定了家属情绪。应当说,截至这个时候,事件已经得到了控制和有效处理,事件应该结束了。然而接下来发生的事情令人十分意外。

到了30日,陆续有人到华东超市门口放置花圈并引起很多群众围观,公安部门进行了处置,围观人员散去。到了下午2点,又有数千人聚集到超市门口,冲击超市,并围攻现场民警,损害民警车辆,金昌市市长在冲突中受伤。直到当日傍晚,聚集的群众才陆续散去。

二 "12·28"金昌社会安全事件应急管理与应急情报工作反思

金昌女生跳楼的悲剧本不该发生,在发现了赵某盗窃巧克力、果冻、粘钩的过程中,收银员杨敏并没有选择报警,而是将赵某留在店里,打电话通知了赵某家长，在这个过程中，不断有顾客进出超市，有人围观、议论、拍照，却没有一个人报警。当赵某的母亲赶到超市后，除了对女孩进行了责骂，张某还动手打了女孩两个耳光，事态至此也没有人进行协调，也没有人报警，一直到女孩坠楼之后，警方才介入事件处理，可惜为时已晚，女孩已经身亡。

女孩死亡后的群体性事件更是令人大跌眼镜，这本是一起非常普通的案件，事实清楚明了，主要的当事人范围也非常小，可竟然两次因此发生大规模的群体性事件，参与人数达到了上千人之多，除了责怪有些群众聚集、发泄不满情绪之外，我们还应当深思，这起突发事件为什么会发生，当地社区没有采取有效的干预措施，又是什么原因造成了当地民众如此群情激愤，引发如此大规模的事件？

社会安全事件在成因、走向、影响等方面与自然灾害、公共卫生事件、事故灾难存在较多不同，但社会安全事件的应急管理同样需要情报的有效支撑。情报是社会安全事件应急管理的起点，也是正确决策的依据。所不同的是，社会安全事件面临着更为复杂的情报环境，对应急情报系统提出了更高的要求。对于社会安全事件应急管理来说，情报在应急管理者与实践参与者之间存在着信息不对称。群体行为是在一种自发、不稳定的情况下发生的，在群体的裹挟下，情绪可能会被放大，并在某个不确定的时段爆发出来。而如果进行深度分析，群体性事件背后则存在着复杂的经济、政治和文化关系，但是除非是事件的参与者，否则很难说清楚。

社会安全事件的背后有着深刻的经济、政治、社会原因，是各种因素长期积累的结果。如果只是头痛医头脚痛医脚，不可能解决问题。

三 "12·28"金昌社会安全事件的综合集成研讨厅设计

金昌事件中，在政府进行了女孩跳楼的调查、安抚家属情绪、舆论引导之后，28日聚集在超市门口的群众已经散去，但是到了30日，又一次因为女孩跳楼引发了社会安全事件，由此可以认定，必定是某些情报为当地政府没有掌握或者没有进行准确分析的。所以，对于社会安全事件来说，虽然面临着定量化和模拟的困难，但是一个综合集成的信息系统仍然是非常必要的，对于其中的定量分析困难，可以通过扩大信息范围，将熟悉事件参与者情况的社区工作者、利益相关人等纳入数据源从而掌握群体心理状态，通过引入社会管理专家、心理学专家等对群体行动进行预判，并提出应对的方案和建议。以下是金昌社会安全事件的综合集成研讨厅设计框架：

与所有的突发事件应急管理一样，社会安全事件应急的最佳处置应当是"防患于未然"，所以预警是社会安全事件应急情报系统最重要的功能，为此，在知识体系中，应当由处于社会基层和末梢的信息员提供的情报，对于一些重点分子、人群、常见社会安全事件、常见风险源等要发动群众进行监控。其次专家体系中的专家应当包括社会风险评估的专家、有丰富基层工作经验的政府官员、熟悉当地情况的社会管理者、社会治理专家、舆情引导专家及其他事件可能波及的领域的专家共同组成。

在金昌社会安全事件中，如果存在这样一个完善的系统，那么当地政府决策轨迹将会改变。在女生跳楼之后，当地公安机关已经接到报案，经过调查了解了案件来龙去脉，但是当地政府并未重视这一看似普通的案件亦属正常。在大规模的人群聚集之后，当地政府可以从基层信息员了解相关情报，也可以通过视频系统看到聚集人数的逐步增加，结合专家的判断，在人数达到一定规模之后就可以发出社会安全事件的预警信息，而不是在人数聚集多达千人之后才被动应对。

在政府安抚了跳楼女生的家属，进行了抚恤赔偿、舆论引导之后，第一次人群聚集已经结束之后，通过情报输入，政府可以对上一次事件处理结果进行评估，并结合对重点人群的访问，结合专家智慧，对整个事件进行梳理、了解事件的深层原因、重新认知事件，并对事前发生的表面原因、深层原因分别做出应对，而不是掉以轻心，错误判断事件已经结束。

即使忽略的对事故原因的深层分析，在第二次事件发生前，当地政府也可以得到有关人员聚集、行动的消息，而不至于毫无准备，等到人

◆ ◆ ◆ 跨学科综合集成的应急管理情报体系研究

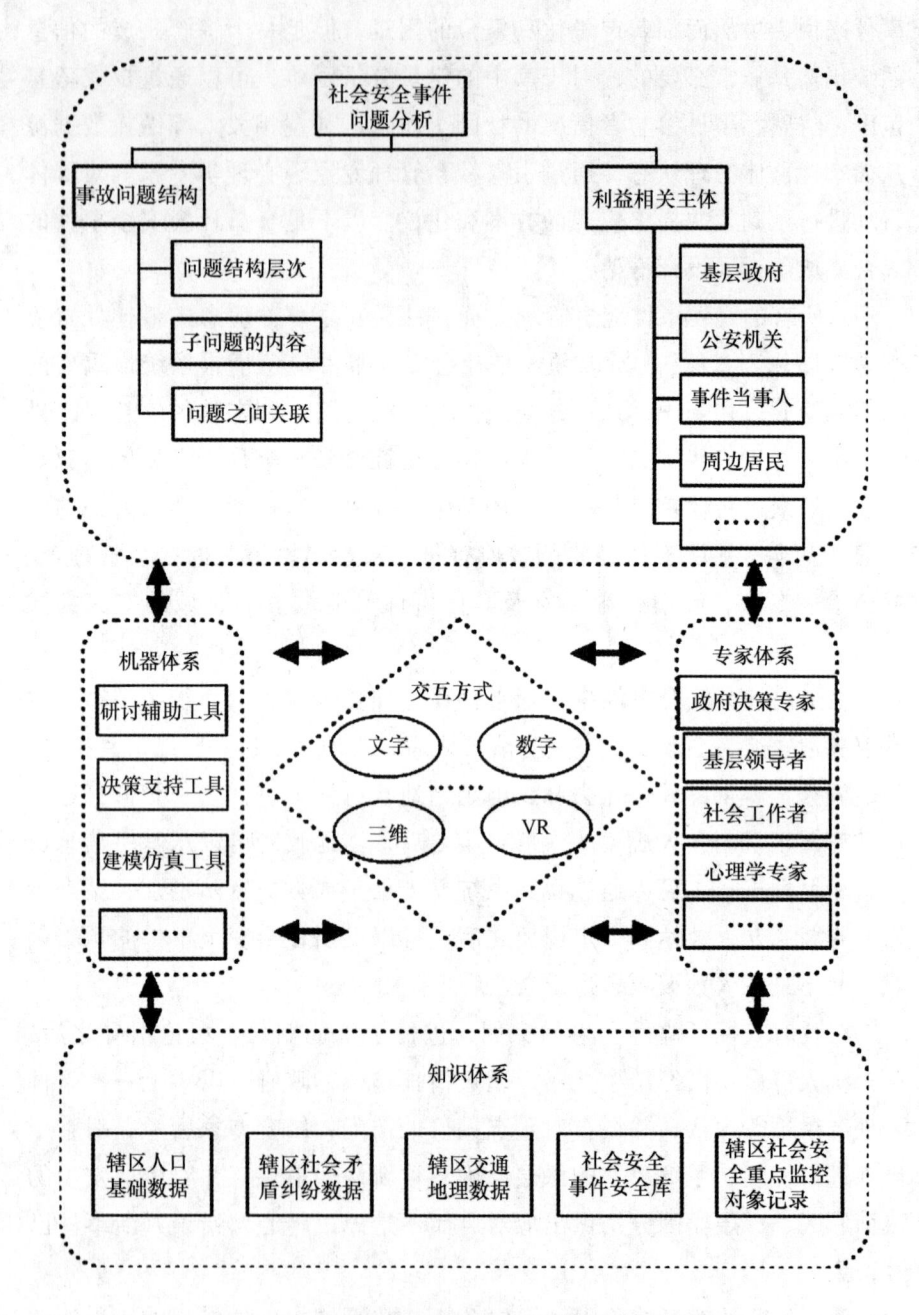

```
                    ┌──────────────┐
                    │ 社会安全事件 │
                    │  问题分析    │
                    └──────┬───────┘
              ┌────────────┴────────────┐
        ┌─────────────┐           ┌─────────────┐
        │ 事故问题结构│           │利益相关主体 │
        └─────┬───────┘           └──────┬──────┘
              │                          │
        ┌─────────────┐           ┌─────────────┐
        │问题结构层次 │           │ 基层政府    │
        └─────────────┘           └─────────────┘
        ┌─────────────┐           ┌─────────────┐
        │子问题的内容 │           │ 公安机关    │
        └─────────────┘           └─────────────┘
        ┌─────────────┐           ┌─────────────┐
        │问题之间关联 │           │ 事件当事人  │
        └─────────────┘           └─────────────┘
                                  ┌─────────────┐
                                  │ 周边居民    │
                                  └─────────────┘
                                  ┌─────────────┐
                                  │  ……         │
                                  └─────────────┘
```

机器体系 ↔ 交互方式 ↔ 专家体系

- 机器体系：研讨辅助工具、决策支持工具、建模仿真工具、……
- 交互方式：文字、数字、三维、VR
- 专家体系：政府决策专家、基层领导者、社会工作者、心理学专家、……

知识体系：辖区人口基础数据 | 辖区社会矛盾纠纷数据 | 辖区交通地理数据 | 社会安全事件安全库 | 辖区社会安全重点监控对象记录

图 7-8 社会安全应急管理综合集成研讨厅框架

群聚集超过两千人,最终酿成又一次大规模社会安全事件。

综合以上分析可以看出,如果可以采取综合集成研讨厅的方式处理这次事件,那么至少有多次重要的"窗口期"可以为政府所利用,结合专家建议,采取紧急措施予以有效应对,而不至于在整个事件过程中处于情报匮乏、被动应付的艰难局面。

第八章 应急管理情报体系的实证研究

本章是基于前文构建的应急管理情报体系框架展开的实证研究。研究首先将框架中的设想和与之相关的思维转化为概念模型；其次将概念模型转化为可被测量的变量，提出模型中各要素之间的理论假设；最后在已有研究成果之上进行理论分析和逻辑推演，运用科学的统计分析方法对提出的假设进行检验，进而达到实证研究的目的。

第一节 应急管理情报体系层次结构模型的构建

一 应急管理情报体系的功能要求

对于面向突发事件的应急管理情报体系的理解可基于两种途径，一是将其界定为应急管理体系与情报体系发展融合的结果，二是从情报流对应急管理体系的全程响应角度出发来理解。[①] 无论哪种理解，都揭示出应急管理情报体系涉及多层级、多部门、多环节、多方法的复杂性、综合性、整体性等基本属性。

基于应急管理情报体系的本征，情报工作各环节与突发事件应急决策过程（事前、事发、事中、事后）应充分匹配，通过对突发事件决策的全程响应满足应急管理中事前预防与预警、事中会商维稳、资源优化以辅助决策、智能管控的情报需求。

---

① 李阳、李纲：《应急决策情报体系：历史演进、内涵定位与发展思考》，《情报理论与实践》2016 年第 4 期。

面向突发事件应急管理的情报体系是一个多元主体、协同联动、快速响应、融入突发事件应急决策全过程的复杂巨系统，应该具备情报资源的优化管理与深度开发、情报技术的深入应用和整合优化、支持不同业务领域应急情报系统的互通互联互操作以及运作流畅的协作机制等相应功能。

第一是要能实现应急情报资源的优化管理与深度开发。应急情报及情报资源具有动态过程性、情景应对性、有序组织性和快速敏捷性，这些特征令应急情报及情报资源与泛在信息既联系又区别。应急管理情报体系要能支持泛在信息到应急情报及情报资源转化的各个环节，以技术、机制、标准规范保障应急情报资源的管理和开发。

第二是情报技术的深入应用和整合优化。情报技术本身已经广泛应用到各类、各领域的情报工作中，但应急管理情报体系需要各类技术的整合、优化，以支持应急情报工作的全流程，实现业务—功能—技术的最优匹配，支持情报的情景融合；并不断引入新型信息技术，强化智能化的预警、预测，与当前大数据时代背景、智慧化建设步伐接轨。

第三是能支持不同业务、领域应急情报系统的互通互联互操作，并构建应急综合平台。应急情报工作涉及众多业务、领域，不同业务、领域的应急情报系统有不同的目标和功能侧重。应急管理情报体系要能将这些不同业务的应急情报系统集成起来，通过统一的标准、规范、设计框架实现它们之间的互通互联互操作，进而搭建综合平台，从而实现以快速响应为宗旨的统一指挥调度。

第四是运作流畅的协作机制。从系统的观点出发，彻底改变传统的条块管理模式下，由于职能分割、目标分散而导致的应急管理工作中不同主体间处于"真空地带"的职能、权力、业务；以健全的法律法规政策机制、资金机制、预案机制、协同联动指南及手册和情报工作人员良好的协作能力和意识保障应急管理情报体系在合理布置与布局各组织功能单元的基础上，高质效、低能耗地实现最大化的功能价值、最优化的体系自组织状态。

二 应急管理情报体系层次结构模型的构建

构建应急管理情报体系的结构模型并对模型加以验证，是梳理清楚众多因素之间的相互关系以及这些因素对情报体系运作的影响的有效途径。本研究结合"物理—事理—人理"的系统方法论，根据跨学科综合集成的应急管理情报体系框架，将应急管理情报体系的层次结构分为3大板块，分别是应急情报资源、技术应用、协作机制及人员，并从5个维度考察应急管理情报体系的整体绩效。

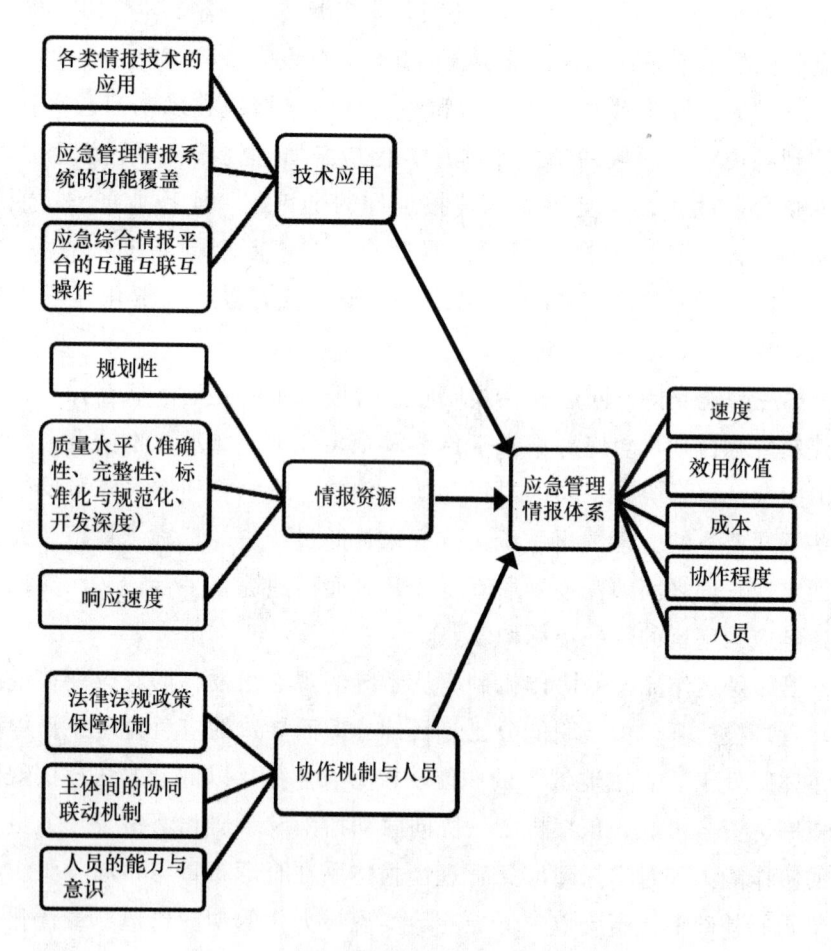

图 8-1 应急管理情报体系的层次结构模型

应急管理情报体系绩效是衡量应急管理情报体系以投入人力、物力、财力等实现其功能的效率水平，实质是一种产出与投入之比。结合其应急管理"快速响应"的核心要求，速度是衡量应急管理情报体系的第一要素。其次，情报体系有助于应急管理的事前预防与预警、事中会商维稳、资源优化、智能管控，这些功能的本质在于辅助决策。因此决策的有效性、科学性直接反映了应急管理情报体系的效用价值。决策成本的变化、决策人员决策习惯和方式的变化、应急情报工作各主体间的协作程度变化都反映了应急管理情报体系的主要"产出"。

综上，本研究建立如图8-1所示的应急管理情报体系的层次结构模型。

第二节 模型中各变量的测量及相关问题的假设

为深入研究图8-1层次结构模型中各部分对应急管理情报体系绩效的影响，研究将对图中各组成要素进行变量转换，并就它们与应急管理情报体系绩效之间的关系进行假设。

一 应急情报资源的变量设计及相关假设

（一）规划性

从理论研究来看，张晓军在译著中指出，情报计划作为情报周期的重要环节，主要内容包括确定情报需求，形成适当的情报架构，编制搜集计划，向各信息搜集单位发布命令和要求。[1]吕斌、李国秋指出，情报规划是情报过程的起始点，是采取预先行动，发现和确定情报需求，决定情报收集与分析的重点和所要解决问题的过程。在有限理性的基础上，分出轻重缓急，同时注意情报工作的系统性，考虑预算约束和时效性。[2]

---

[1] 张晓军：《美国军事情报理论研究》，军事科学出版社2007年版，第69页。
[2] 吕斌、李国秋：《组织情报学》，世界图书出版社2013年版，第173页。

应急管理情报资源规划是指对应急管理组织中情报的采集、处理、传输到使用的全面规划。只有做好资源规划工作，才能厘清并规范应急管理过程中的真正需求，才能消除因缺乏信息资源标准而产生的"信息孤岛"，从而整合政府部门间的情报资源，实现跨系统的资源集成共享。

基于上述分析可知，应急情报资源建设的规划性对应急情报资源的整体水平有积极的影响，所以本研究提出应急情报资源规划性与应急管理情报体系绩效之间关系的假设：

H1a：应急情报资源的规划性与应急管理情报体系绩效正相关。

（二）响应速度

应急管理第一阶段"黑箱期"处于空白状态，情报信息需求量最大，需要"快"的"初报"。此时，能否将基础应急资源库中的相关情报与实时情报进行融合实现快速响应直接影响应急管理情报系统的效率。所以，许振宇、郭雪松在其提出的应急管理信息系统评价体系中包含了突发事件来临时系统的及时响应速度这一指标维度。[①] 有关情报资源质量的分析里也包含大量对应急管理情报资源响应速度的内容。响应速度包含情报资源本身的时效性以及反映突发事件鲜活状态（时间的刻面）的即时性，无延时的理想状态。结合本实证分析对象的核心特质——快速响应，故将该因素单独提出，凸显它的重要影响作用。基于上述分析，本研究做出如下假设：

H1b：应急情报资源的速度与应急管理情报体系绩效正相关。

（三）质量水平

1. 准确性

高质量的情报必须首先客观、准确地反映事件本身，准确性越高，情报价值越大。所以，应急情报的准确性就是它所反映的内容与现实突发事件活动过程、结果或趋势相一致，而且这种一致性是情报活动主体

---

① 许振宇、郭雪松：《基于用户满意的应急管理信息系统评价研究》，《情报杂志》2011年第3期。

在克服各种认知偏差干扰的情况下获得的,并经得起独立验证。应急情报资源的建设不仅要注重基础信息资源的完整性(广)、事件过程信息的实时性(及时性)和响应性(响应速度快),更看重信息的准确性(精、准)。所以,张明红、佘廉在评价应急决策信息有效性时,将"信息内容可靠"作为信息"可信赖性"的第一要素。①

2. 完整性

1958年第一次全国科技情报工作会议,提出了"广、快、精、准"的情报工作要求。"广、快、精、准"的情报工作要求,对突发事件应急决策的情报服务同样具有指导作用,第一个字"广"的含义就是情报来源广、全面。侯丽在以决策为目标,从情报输入、情报加工、情报输出三个子系统来衡量情报系统质量的时候,提出情报输入子系统需要有全面、广泛的信息源;全面性、及时性和准确性是衡量情报输入子系统的最重要因素。②

3. 标准化规范化

严怡民指出,为了保证情报服务工作取得良好效果,使所有国家的情报用户都能迅速而方便地使用各国、各地区、各部门的情报资源,标准化工作就变得越来越重要。③ 缺乏标准化和规范化的情报资源,就不能进行有效的情报交流。在应急管理法律法规方面,从国家到地方,已出台《国家应急平台体系信息资源分类与编码规范》和《国家应急平台体系省级应急平台数据库表结构规范》《重大突发事件信息报送标准和处理办法实施细则》《广东省应急平台体系数据库规范基础信息地方标准》等相关的应急信息资源建设标准与规范,说明各级政府对应急信息资源的标准化与规范化建设非常重视。应急管理专家们在访谈中指出,当前应急决策情报工作存在的主要问题之一为各部门情报系统建设标准、数据格式、软件版本和开放接口不一致,导致各部门间基础信息资源、实时情报的融合难度较大。

---

① 张明红、佘廉:《政府应急决策信息有效性研究》,《情报杂志》2016年第1期。
② 侯丽:《基于决策的情报系统评价指标体系构建》,《情报理论与实践》2009年第1期。
③ 严怡民:《情报学概论》,武汉大学出版社1983年版,第278页。

4. 开发深度

从前文对"情报"和"信息"的含义辨析可知，对情报资源的深度开发是提高情报资源质量和价值的重要手段。陈远、罗琳等在探究竞争情报价值度量的时候，也将加工深度与质量、可靠性结合起来。① 而提高应急情报质量的主要途径之一是建立应急管理的相关案例库、专家库，形成专报、快报等。对于建立相关案例库、专家库的规定，《中华人民共和国突发事件应对法》第四十一条规定，县级以上人民政府及其有关部门应当根据自然灾害、事故灾难和公共卫生事件的种类和特点，建立健全基础信息数据库。第四十条、第四十四条规定，县级以上地方各级人民政府应当及时汇总分析突发事件隐患和预警信息，必要时组织相关部门、专业技术人员、专家学者进行会商，对发生突发事件的可能性及其可能造成的影响进行评估；组织有关部门和机构、专业技术人员、有关专家学者，随时对突发事件信息进行分析评估，预测发生突发事件可能性的大小、影响范围和强度以及可能发生的突发事件的级别。一些地区和行业领域对专报与快报做出明确规定，如国家气象局的《重大突发事件信息报送标准和处理办法实施细则》对应急信息报送标准与格式做了规定；《广东省环境保护厅突发环境事件应急预案》规定根据事发地环保部门和现场工作组反馈的情况，及时传递和报送事件调查处理信息和报告，编写突发环境事件信息专报，经厅应急领导小组审核后报送省委、省政府、环境保护部，或通报有关政府及部门。

在准确、可靠、完整的前提下，以标准化规范化为保障，深度开发情报资源，建立相关的基础数据库（案例库、知识库、预案库等）、专家库，有利于及时、快速地加强突发事件信息的分析评估；形成及时快速的专报与快报报送给上级和有关部门，提高应急情报体系的绩效。基于上述分析，本研究做出如下假设：

H1c：应急情报资源的质量水平（准确性、完整性、标准化规范化、开发深度）与应急管理情报体系绩效正相关。

---

① 陈远、罗琳、陈子夏：《竞争情报价值的度量探究》，《图书情报知识》2007 年第 5 期。

从规划性、响应速度、质量水平三个方面对应急情报资源进行测量的变量设计如表8-1所示。

表8-1　　　　　　　对应急情报资源进行测量的变量表

变量（属性）	变量的细化	变量描述	参考依据
规划性		具有最佳配套的情报资源建设规划或指导性文件	吕斌、李国秋（2013）
速度	响应性	应急情报资源的实时性和及时性高，能对突发事件及时做出响应	许振宇、郭雪松（2011）
	实时性	突发事件过程中的情报可以实时获取到	
质量水平	准确性	情报精确可靠；没有虚假信息和错误信息	张明红、佘廉（2016）；曹裕华、刘淑丽（2006）
	完整性	基础信息资源建设非常完整，应急管理中不存在情报资源缺乏或不足的情况	侯丽（2009）
	建设的标准化与规范化	情报资源按照相关标准、规范来进行加工和处理，没有不符合标准、规范的情报资源加工处理情况	严怡民（1983年）
	开发深度	对突发事件过程中的情报能即时形成专报与快报；建有相关专家库（智囊团）建有相关案例库（如灾害数据库、应急预案库）、知识库（灾害知识库、灾害常识库）	陈远、罗琳、陈子夏（2007）

二　应急情报工作技术应用的变量设计及相关假设

（一）各类型情报技术的应用

应急情报工作中所采用的技术非常繁多，学者们主要研究某种或某类技术在情报体系（系统）的应用及价值。对这些技术应用作用大小的评价则通常包含在对情报体系（系统）的整体评价中。本研究需要先将各种技术进行归类，再分析各类技术的应用与应急管理情报体系之间的关系。

第一类技术属于传统的信息资源加工、分析、开发技术，覆盖信息资源从采集到利用的整个流程。包括内容管理技术、Agent 技术、本体技术（Ontology）和后控技术、自动标引技术、自动分类与聚类技术、垂直检索技术等。第二类技术为计算机技术，主要包括操作系统技术、网络技术、数据库与数据仓库技术、联机分析处理技术、多媒体技术以及可视化技术、信息安全技术。第三类技术为通信技术，主要包括地理空间信息技术、GPS 技术、遥感技术（RS）等。第四类技术为新兴技术，主要是包括云技术、大数据、物联网、智联网的相关技术。

应用了上述各类技术，应急平台体系才能实现上下贯通、左右衔接、互联互通、信息共享、互有侧重、互为支撑、安全畅通，进而建设起一个标准统一的数据交换与共享系统，实现不同应急情报系统之间的数据传输和转换。①

基于上述分析，本书提出如下假设：

H2a：应急情报工作各类技术（情报资源开发管理技术、计算机技术、通信技术、新兴技术）的应用程度与应急管理情报体系绩效正相关。

（二）应急管理情报系统的功能覆盖

许振宇认为对应急管理情报系统功能的评价需考虑应对突发事件的决策支持及备用方案的能力；保证决策正确有效地执行并及时修改完善，有效处理监测信息的能力，即动态评估和实时检测能力；完成收集传输存储处理分析发布相关的应急信息，统计灾情进行评价总结等的能力，即全程支持、有序运转能力。② 实际上，不同业务应急管理情报系统由于系统目标、业务资源的不同存在不同的功能侧重，也就意味着它们对应急管理情报体系所要求的"全流程情报响应""动态评估和检测""综合研判与智能辅助决策"有不同的覆盖范围、实现程度。邱均平、谢辉、李进华在衡量竞争情报系统的综合绩效时提出：系统技术水平决定其先进程度，系统运行质量决定用户满意水平，系统功能完备程度决定

---

① 袁宏永、李鑫等：《我国应急平台体系建设》，《中国减灾》2013 年第 9 期。
② 许振宇、郭雪松：《基于用户满意的应急管理信息系统评价研究》，《情报杂志》2011 年第 3 期。

其应用状况。① 所以，本研究基于上述分析提出如下假设：

H2b：应急情报管理系统的功能覆盖与应急管理情报体系绩效正相关。

（三）应急管理情报系统的互通互联互操作

依据技术应用的复杂交错结构，应急情报系统居于最顶层位置。应急情报系统承担汇集所有应急管理数据的义务，享有数据的最高使用权，并为下级系统实现与其他系统的互联互通和资源的有序共享提供保障。实现各应急主体间的情报资源互通、应用互操作、业务协作。② 所以，可从系统互通互联、互操作、以各业务情报系统的情报资源为数据来源构建的数据仓库建设情况，以及平台的安全性为主要维度来评价应急平台的性能。所以，本研究做出如下假设：

H2c：应急管理情报系统的互通互联互操作能力与应急管理情报体系绩效正相关。

将技术应用的三个层面：各类具体技术的应用、应急情报体系的功能覆盖、应急管理情报系统的互通互联互操作的主要影响因素进行变量设计，汇总如表8-2。

表8-2　　　　应急管理情报工作技术支撑体系测量的变量表

属性（变量）	变量的细化	变量描述	参考依据
各类情报技术的应用	信息管理技术	应急情报工作应用信息管理的主要技术（包括收集技术、分析技术、加工技术、描述技术、安全技术）	自行设计
	计算机技术	应急情报工作应用了计算机技术（数据库技术、操作系统技术等）	
	通信技术	应急情报工作应用了无线传感器、地理信息系统、视频会议等通信技术	
	新兴信息技术	应急情报工作应用大数据、云计算、物联网等这些新兴信息技术	邱均平、谢辉、李进华（2011）

---

① 邱均平、谢辉、李进华：《竞争情报系统绩效综合评价研究》，《情报科学》2011年第4期。
② 袁宏永、李鑫等：《我国应急平台体系建设》，《中国减灾》2013年第9期。

续表

属性（变量）	变量的细化	变量描述	参考依据
应急管理情报系统的功能覆盖		应急管理情报系统能够对突发事件的全流程（事前预防、事发响应、事中处置、事后恢复）进行支持和响应	侯丽（2009），许振宇（2011），邱均平、谢辉、李进华（2011）
		应急管理情报系统实现了对突发事件发展的动态评估和实时监测功能	
		应急管理情报系统实现了对突发事件的综合研判和智能辅助功能	
应急管理情报系统的互通互联互操作	互通互联	实现了不同业务应急管理情报系统间的互联和互通	袁宏永、李鑫等（2013）
	互操作	实现了不同业务应急管理情报系统间的互操作（即可以调用非本部门业务应急信息系统的数据和应用）	
	数据仓库	应急综合信息平台的数据仓库建设情况	
	平台的安全性	平台能够确保数据与信息的安全性与保密性	

三　应急管理协作机制及人员的变量设计和相关假设

（一）法律法规政策保障机制

1. 法律法规政策对不同应急主体的覆盖

高小平指出法制是应急管理体系的基础和归宿，应急管理法制建设就是通过应急工作的依法开展，努力使突发公共事件的应急处置迈向规范化、制度化和法制化。[①] 林鸿潮认为应急法律协调在于通过法律规范和一些原则规定实现国家权力之间、国家权力与公民权利之间、公民权利之间的协作关系。他指出要想实现国家与公民社会之间的整合，就要回答"非政府力量是否拥有一定的应急处置权限？又以何种方式确定非政府力量在应急管理中的权利义务、如何保证政府有效指挥民间应急能力？如何在应急管理中保证非政府组织和个人的利益？"这些问题。[②] 包含《中华人民共和国突发事件应对法》在内的针对突发事件应急情报工

[①] 高小平：《中国特色应急管理体系建设的成就和发展》，《中国行政管理》2008年第11期。
[②] 林鸿潮：《论我国公共应急体制的再改革及其法律问题》，《行政法学研究》2010年第2期。

作的法律法规在实践中依旧存在定位不明确、制度不够完善、更新缓慢等问题。① 完善、明确的法律法规对应急管理情报工作起到重要的导向作用。越是完善、明确的法律法规，越是有利于应急情报体系中不同主体间的协作，越是有利于整个应急管理情报体系的高效运作。

2. 应急预案

应急预案即预先制定的紧急行动方案，根据国家和地方的法律、法规和各项规章制度，综合本部门、本单位的历史经验、实践积累和当地特殊的地域、政治、民族、民俗等实际情况，针对各种突发事件而事先制订的一套能切实迅速、有效、有序解决突发事件的行动计划或方案，从而使政府应急管理工作更为程序化、制度化，做到有法可依、有据可查。②

薛元杰等从完整性、充分性、可行性、可接受性、符合性五个方面对突发事件应急预案进行评估，其中"符合性"评估要素指出预案要最大限度地遵守我国现行应急预案法规政策标准和国家、地方上位应急预案的要求，相关预案之间要具有衔接性。③

3. 资金

孔祥敏认为我国应急资金来源于预备费、转移支付、捐赠资金、国际援助，并指出应急资金存在预备费设置比例偏低，管理上缺乏长期性、捐赠资金管理不规范的现象。④ 武玲玲等学者指出目前我国应急资金存在资金规模小、筹集比例不合理、预备费管理模式不当等问题，严重影响资金对应急的支持作用。⑤ 崔军等认为应该通过完善国家应急预算制度，建立政府应急基金，并由政府临时增拨应急经费来缓解每年中国政

---

① 林曦、姚乐野：《我国突发事件应急管理的情报工作现状与问题分析》，《图书情报工作》2014年第12期。
② 钟开斌：《"一案三制"：中国应急管理体系建设的基本框架》，《南京社会科学》2009年第11期。
③ 薛元杰、周建新、刘铁民：《突发事件应急预案的评估研究》，《中国安全生产科学技术》2015年第10期。
④ 孔祥敏：《我国应急财政资金来源及存在的问题》，《才智》2009年第32期。
⑤ 武玲玲、常延岭、彭青：《完善我国应急财政资金管理的途径》，《河北经贸大学》2015年第4期。

府安排的预备费难以应付各类突发危机事件的尴尬。①

4. 权责

应急体制主要解决两个问题：一是各种应急管理主体的角色、地位、组织形式和相互关系；二是各种应急管理主体权力与职能的设定与分配。② 陆嘉楠认为政府应急管理体制主要包括组织机构设置、职权职责、各单位之间的有机联系三个方面的内容。③ 美国《美国联邦反应计划》要求明确应急管理活动中联邦政府、各州政府、地方政府、部落、非政府组织、私人部门及公民的角色与义务。英国明确规定各部门的应急管理职责和分工，避免机构设置重叠、职责交叉和资源分散问题。④ 对比中美应急管理体系的不同，存在体制驱动和法制驱动的本质不同，存在政府为核心和政府与社会并重的参与主体的不同。在突发事件应急管理中，政府结构复杂性，以及责权分离的局限性，可能凸显中央与地方、地方与地方的特殊利益，造成应急管理利益的碎片化。所以，需要有清晰的权责界定、岗位责任来保障应急管理整个目标的最优化。

为此，本研究将从相关法律法规对于应急管理中作为主体的政府的信息工作的指导、规范作用，给予非政府组织参与的法律权限和边界的规定状况，专门的应急信息工作（包含收集、交流、报送、发布、反馈、评价）预案制定状况、资金保障、权责划分几个角度对法律法规政策的保障机制进一步分析、调研。并做出如下假设：

H3a：应急情报工作的法律法规政策机制与应急管理情报体系绩效正相关。

（二）多元主体间的协同联动机制

学者钟开斌利用历史分析法和文献分析法，指出中国应急协调机制

---

① 崔军、孟九峰：《我国应急财政管理相关问题研究》，《财政问题研究》2009年第3期。
② 林鸿潮：《论公共应急管理机制的法治化：兼辨"一案三制"》，《社会主义研究》2009年第5期。
③ 陆嘉楠：《我国政府地震应急管理体制研究——以汶川地震应急救援为例》，上海交通大学，2011年。
④ 汪志红、王斌会、陈思玲：《国外突发事件应急管理体制的借鉴与思考》，《科技管理研究》2012年第16期。

的发展演变路径，指出目前我国既有政府应急管理机构的运转枢纽式协调，也有横向跨部门议事协调、军地合作、国际合作。①

杨巧云、姚乐野指出，重特大灾害应急信息链各成员间的信息体系相互对立，这种现象造成信息链成员间衔接的不确定性，这在一定程度上增加了传统应急决策情报体系的不稳定性。信息的不充分和不对称引起应急决策过程中信息的失真和传递中的扭曲、延迟。因此建立应急情报共享制度是实现应急决策指挥调度协同的必要手段和重要步骤。②

张维平指出政府需要与媒体在信息公开、国内外舆情收集和研判、信息发布、信息沟通、信息核实、舆论引导与服务等方面建立协调机制。③

综上，本书将从不同主体间的信息共享机制，保密机制，跨部门、跨区域联合演练机制和业务协同机制，以及地方政府和军队系统的情报部门的协同状况来衡量该变量，并提出如下假设：

H3b：应急情报工作的协同联动机制与应急管理情报体系绩效正相关。

（三）人员

李纲和李阳指出智慧城市的应急决策情报体系的人员要素是指从事城市突发事件信息收集、分析、评估与利用、决策与反馈工作的各类情报人员、决策者、民众，人员和机构一起构成情报体系的主体。④体系中人员配置的合理与否，人员的素质，人员的能力等都影响着整个情报体系的运转，从而影响突发事件的应对效果。⑤宋宜平等从装备保障系统人员能力的研究出发，提出应该具有基本素质、知识结构、作业技能三个层面的能力。⑥

---

① 钟开斌：《从强制到自主：中国应急协调机制的发展与演变》，《中国行政管理》2014年第8期。
② 杨巧云、姚乐野：《协同联动应急决策情报体系：内涵与路径》，《情报科学》2016年第2期。
③ 张维平：《应急管理中政府与媒体协调机制的完善与创新》，《政治学研究》2012年第3期。
④ 李纲、李阳：《智慧城市应急决策情报体系构建研究》，《中国图书馆学报》2016年第5期。
⑤ 郭春侠、张静：《突发事件应急决策的快速响应情报体系构建研究》，《情报理论与实践》2016年第5期。
⑥ 宋宜平、董键等：《基于灰色熵权法的装备保障人员能力评估模型研究》，《价值工程》2013年第31期。

美国哥伦比亚大学按照突发事件要求提出了公共卫生人员能力标准。该标准分为七个方面，包含了对突发事件应急指挥的工作流程了解；对在突发事件应急处理中本人的职责明确；对当地突发事件中应急预案熟悉；突发事件中能正确使用信息沟通设备，如广播、电话、传真机等；对沟通在突发事件处理中重要性明白；对自己应急处理知识、技能和工作职权等方面的局限性清晰化；在本人职权服务内，采用创新的、灵活的思维方式应对突发事件的挑战。七个方面既有技术能力的考察，也有对情报意识、应急处理综合能力的考察。

本研究重点考虑人员的情报意识和业务能力水平对应急管理情报体系绩效的影响，并提出如下的假设：

H3c：应急情报资源工作人员的业务能力和情报意识与应急管理情报体系绩效正相关。

从上述三方面来测量应急管理协作机制及人员状况的变量设计汇总为表8-3。

表8-3　　　　　　应急管理协作机制与人员测量的变量表

属性（变量）	变量的细化	变量描述	参考依据
法律机制		现行相关法律、法规对于应急管理中政府的情报工作起到重要的指导、规范作用情报信息工作没有法律法规的空白地带	高小平（2008）薛元杰、周建新、刘铁民（2015）
		现行相关法律、法规很好地规定了在应急情报工作中给予非政府组织参与的法律权限和边界	
		建立了专门的应急情报工作（包含收集、交流、报送、发布、反馈、评价）预案	
		在应急情报工作中建立了运行良好的资金保障机制	武玲玲、常延岭、彭青（2015）
		应急管理情报工作人员有明确的权责界定，没有界定不清楚的业务协同和模糊的岗位权责	陆嘉楠（2011）

续表

属性（变量）	变量的细化	变量描述	参考依据
主体间的协同联动机制	共享机制	在应急情报工作中建立良好的情报共享机制	杨巧云、姚乐野（2015，2016）
	保密机制	在应急情报工作中建立良好的情报保密机制	
	联合演练机制	在应急情报工作中建立良好的跨部门、跨区域联合演练机制	
	与军队的协作性	地方政府与军队在应急信息工作中建立了良好的协同联动机制	
	跨部门、跨区域协作机制	在应急情报工作中建立了良好的跨部门、跨区域业务协作机制	
人员的能力与意识	意识	在应急情报工作中各相关人员具有良好的业务协作意识和共享意识	李纲、李阳（2016），郭春侠、张静（2016）
	人员	在应急情报工作中各相关人员具备满足职责所需的能力、掌握职责所需的技术	
	人员激励	在应急情报工作中建立了良好的人员激励机制	

应急管理情报体系绩效测量涉及的变量如表8-4所示。

表8-4　　　　　　**应急管理情报体系绩效测量的变量表**

变量（属性）	变量的细化	变量描述	参考依据
速度		应急管理情报系统的响应速度	郭春侠、张静（2016）
效用价值	科学性	显著提高应急管理决策的科学性	邱均平、谢辉（2011），朱晓峰、冯雪艳、王东波（2014）
	有效性	显著提高应急管理决策的有效性	
	预测性	实现了对突发事件的先行预测与预警	
成本	成本	应急决策与应急管理的成本	自行设计
人员	人员	应急管理工作人员的决策方式和决策习惯	
协作机制	协作机制	应急管理相关主体间的协同联动	

第三节　问卷的设计与数据的收集

问卷调查是管理学实证研究普遍采用的量化数据的收集方式，它通过有效的问卷设计有助于获取高质量的研究数据。为了对前文的研究假设进行实证检验，本研究采用问卷调查收集应急管理情报体系实际运行的相关数据，再按照实证研究的具体步骤，从问卷设计与调研、数据收集及样本总体描述、数据的信度和效度检验几个方面对后续的实证分析做好前期的基础性工作。

一 问卷的设计

本研究的问卷包括以下几个部分：

第一，问卷的简单说明。包括调查的目的、名词的解释说明、各项的含义。

第二，被调查者基本情况。包括单位及级别类型、工作类型、所从事的主要工作内容以及学历水平。

第三，问卷的主体部分。包括对应急管理情报资源、应急管理情报工作的技术应用、应急管理协作机制及人员状况、应急管理情报体系的运行绩效4个方面，共计9个自变量，1个因变量，40个题项。

对应急管理情报资源的调查设计有9个题项，包含了应急情报资源规划性（Planning of Emergency Intelligence Resource，变量名为PEIR）、响应速度（Velocity of Emergency Intelligence Resource，变量名为VEIR）、质量（Quality of Emergency Intelligence Resource，变量名为QEIR）3个变量。

对应急管理情报工作的技术应用的调查分为3个变量：各类信息技术的应用（Application of Information Technology，变量名为AIT）、应急情报管理系统（Emergency Intelligence Management System，变量名为EIMS）、应急管理情报平台（Emergency Intelligence Management Portal，变量名为EIMP），共计11个题项。

对应急管理协作机制及人员状况的调查分为法律法规政策保障机制（Legal Guarantee Mechanism，变量名为LGM）、多元主体联动协同机制（Linkage and Cooperation Mechanism，变量名为LCM）、人员能力与意识（Abilities and Awareness of Human，变量名为AAM）3个变量，共计13个题项。

对因变量应急管理情报体系运行绩效P通过应急管理情报体系的响

应速度（Response of Emergency Intelligence System，REIS）、效用价值（Effectiveness of Emergency Intelligence System，EEIS）、成本（Cost of Emergency Intelligence System，CEIS）、人员（People of Emergency Intelligence System，PEIS）、协作机制（Cooperation Mechanism of Emergency Intelligence System，CMEIS）共计5个维度7个题项来测量反映。

上述各题项均采用5点Likert量表方式进行测量，其中，从1到5分别对应："非常不符合事实""不符合事实""一般""比较符合事实""完全符合事实"。

二 问卷的调研与数据的收集

为深入调查政府应急管理情报体系，本研究通过问卷形式向政府相关部门从事应急管理工作的人员进行了调查。本着调研的可行性和就近原则，将四川大学全国干部培训中心和四川省委党校进行培训学习的学员作为调查对象。他们的应急实践工作经验可以保障问卷调查的有效性，同时四川大学全国干部培训中心的学员来自全国不同地区，各自的岗位类型、单位级别也具有代表性。

具体调研时间在2016年7月，为期一个月，分别在上述两个地方选择了来自广东、湖南、四川三个省份的学员，他们的工作覆盖安监、检察院、纪委、审计、卫计等部门。共发放问卷280份，回收256份，其中有效问卷210份。

其中，单位类型为市级政府机关的占34.76%，区县级的占54.76%，其他类型占10.48%。岗位类型中，业务人员占50.5%，技术人员为12.9%，部门负责人占36.7%。学历方面，78.1%为大学本科学历，硕士研究生、硕士及以上学历为10%，11.9%的大专及以下学历。

三 数据的预处理

210份问卷的40个题项中个别题项存在2—3个缺失值，因此先对问卷的缺失值进行处理。在随机样本中，数据的处理方法大致都是用变量的集中位置指标来替代缺失值，所以，本研究采用样本平均值来替代缺失值。40个题项的总体统计描述如表8-5所示。

表8-5　　　　　　　　　各题项的描述性统计

变量	题项	数字	最小值（M）	最大值（X）	平均值（E）	标准偏差
PEIR	Q11	210	1.000	5.000	3.493	1.072
VEIR	Q13	210	1.000	5.000	3.599	1.002
	Q15	210	1.000	5.000	3.636	1.035
QEIR	Q12	210	1.000	5.000	3.368	1.112
	Q14	210	1.000	5.000	3.649	1.118
	Q16	210	1.000	5.000	3.589	0.914
	Q17	210	1.000	5.000	3.829	1.035
	Q18	210	1.000	5.000	3.135	1.226
	Q19	210	1.000	5.000	3.236	1.248
AIT	Q21	210	1.000	5.000	3.090	1.056
	Q22	210	1.000	5.000	3.163	1.090
	Q23	210	1.000	5.000	3.078	1.151
	Q24	210	1.000	5.000	2.729	1.163
EIMS	Q25	210	1.000	5.000	3.327	1.132
	Q26	210	1.000	5.000	3.191	1.116
	Q27	210	1.000	5.000	3.124	1.147
EIMP	Q28	210	1.000	5.000	3.148	1.154
	Q29	210	1.000	5.000	3.043	1.129
	Q210	210	1.000	5.000	3.024	1.172
	Q211	210	1.000	5.000	3.329	1.173
LGM	Q31	210	1.000	5.000	3.343	1.092
	Q32	210	1.000	5.000	3.352	1.030
	Q33	210	1.000	5.000	3.681	1.123
	Q34	210	1.000	5.000	3.459	1.110
	Q35	210	1.000	5.000	3.411	1.124
LCM	Q36	210	1.000	5.000	3.512	1.048
	Q37	210	1.000	5.000	3.660	1.020
	Q38	210	1.000	5.000	3.361	1.102
	Q39	210	1.000	5.000	3.389	1.079
	Q310	210	1.000	5.000	3.332	1.156

续表

变量	题项	数字	最小值（M）	最大值（X）	平均值（E）	标准偏差
AAM	Q311	210	1.000	5.000	3.425	1.018
	Q312	210	1.000	5.000	3.267	1.045
	Q313	210	1.000	5.000	3.243	1.094
REIS	Q41	210	1.000	5.000	3.517	1.019
EEIS	Q42	210	1.000	5.000	3.488	1.001
	Q43	210	1.000	5.000	3.546	1.028
	Q44	210	1.000	5.000	3.443	0.988
CEIS	Q45	210	1.000	5.000	3.356	1.010
PEIS	Q46	210	1.000	5.000	3.434	1.045
CMEIS	Q47	210	1.000	5.000	3.532	1.033
有效 N（成列）		210				

由表 8-5 可知，本研究所涉及的变量中有由 2 个题项来测量的 VEIR，由 3 到 6 个题项进行测量后反映的潜变量 QEIR、AIT、EIMS、EIMP、LGM、LCM、AAM 和 EEIS。为此，需要对这些潜变量进行赋值处理。通常的赋值方法是因子分析法和均值赋值法，前者用计算出来的因子值作为变量值，后者用各题项的均值作为变量值。本研究则根据各题项的含义和彼此间相关性来选择赋值的方法。

对于 VEIR 的 2 个题项分别测量的是应急情报资源速度的两个不同方面，即实时性和响应性，因此采用均值赋值的方法。同理，EIMS 的 3 个题项分别对应三种完全不同的功能，AAM 和因变量 P 的各题项也衡量不同方面，均采用均值赋值的方法。而对 QEIR、AIT、EIMP、LGM、LCM 则采用因子赋值法。

采用因子赋值法即通过因子分析从变量的测量题项中提取公共因子，根据公共因子的得分系数矩阵得出公共因子的得分，进而利用它们对应的方差贡献率计算得出潜变量值。

进行因子分析之前，需要先进行数据是否适合这种方法的检验效度。KMO 和 Bartlett 球度检验是判断数据是否可以用于因子分析的重要指标。一般说来，KMO 在 0.9 以上，说明数据非常适合做因子分析；0.8—0.9，很适合；0.7—0.8，适合；0.6—0.7，不太适合；0.5—0.6，很勉强；0.5以下，表明数据不适合做因子分析。因此，如果 KMO 在 0.7 以上，且 Bartlett 球度检验的显著性 $P<0.05$，说明数据可以进行因子分析。

此外，因子提取常规的两个标准，一是特征值大于 1，另一个是累计方差贡献率在 80% 以上。本研究遵循第二条基本标准以尽量保证因子赋值的结果能解释尽可能多的信息。

表 8-6 至表 8-13 是利用 SPSS 22.0 统计分析软件，采用主成分分析的提取方法、最大方差法对 QEIR 进行因子分析进而赋值的分析过程。

表 8-6　　　　　　　　QEIR 的相关系数矩阵

		完整性	准确性	标准化规范化	开发程度
相关系数	完整性	1.000	.540	.605	.509
	准确性	.540	1.000	.529	.495
	标准化规范化	.605	.529	1.000	.553
	开发程度	.509	.495	.553	1.000
相关系数	完整性		.000	.000	.000
	准确性	.000		.000	.000
	标准化规范化	.000	.000		.000
	开发程度	.000	.000	.000	

表 8-7　　　　QEIR 因子分析的 KMO 和 Bartlett 球度检验

	KMO 取样适切性量数	.805
Bartlett 的球度检验	上次读取的卡方	285.951
	自由度	6
	显著性	.000

表 8-8　　　　　　　QEIR 因子分析的公因子方差

	初始值	提取
完整性	1.000	.845
准确性	1.000	.996
标准化规范化	1.000	.790

第八章　应急管理情报体系的实证研究

续表

	初始值	提取
开发程度	1.000	.982

注：提取方法：主成分分析。

表 8-9　QEIR 因子分析的总方差解释

组件	初始特征值			提取载荷平方和		
	总计	方差百分比	累计 %	总计	方差百分比	累计 %
1	2.617	65.425	65.425	2.617	65.425	65.425
2	.512	12.811	78.236	.512	12.811	78.236
3	.484	12.091	90.327	.484	12.091	90.327
4	.387	9.673	100.000			

注：提取方法：主成分分析。

表 8-10　QEIR 因子分析成分矩阵[a]

	组件		
	1	2	3
完整性	.824	-.181	-.365
准确性	.789	-.422	.443
标准化规范化	.835	.062	-.299
开发程度	.786	.546	.255

注：提取方法：主成分分析。

a. 已提取 3 个成分。

表 8-11　QEIR 因子分析旋转后的成分矩阵[a]

	组件		
	1	2	3
完整性	.856	.159	.294
准确性	.299	.228	.925
标准化规范化	.781	.378	.195
开发程度	.284	.922	.225

注：提取方法：主成分分析。

旋转方法：Kaiser 标准化最大方差法。

a. 旋转在 5 次迭代后已收敛。

表8-12　　　　　　QEIR 因子分析的成分变换矩阵

组件	1	2	3
1	.694	.516	.501
2	-.150	.785	-.601
3	-.704	.342	.622

注：提取方法：主成分分析。

旋转方法：Kaiser 标准化最大方差法。

表8-13　　　　　　QEIR 因子分析的成分得分系数矩阵

	组件		
	1	2	3
完整性	.803	-.372	-.100
准确性	-.312	-.177	1.216
标准化规范化	.638	.049	-.297
开发程度	-.323	1.172	-.161

注：提取方法：主成分分析。

旋转方法：Kaiser 标准化最大方差法。

经过上述过程最终得到潜变量 QEIR 的值，统计性描述为表8-14。

表8-14　　　　　　　　QEIR 的描述统计

	数字	最小值（M）	最大值（X）	平均值（E）	标准偏差
QEIR	210	0.980	3.270	2.288	0.543
有效 N（成列）	210				

按照同样的方法，对潜变量 AIT、EIMP、LGM、LCM 进行因子赋值，各自的 KMO 和 Bartlett 的球度检验，提取公共因子的系数以及各公共因子的方差贡献率如表8-15 所示。

表8-15　AIT、EIMP、LGM、LCM的因子分析及赋值过程

		Bartlett 的球度检验				公因子系数[a]			公因子方差贡献率[b]			
		KMO	上次读取的卡方	自由度	显著性	1	2	3	1	2	3	累计
AIT	Q21	0.831	462.426	6	.000	-.499	1.246	-.163	36.93	29.247	27.135	93.312
	Q22					-.347	-.302	1.301				
	Q23					.957	-.629	.046				
	Q24					.617	.319	-.55				
EIMP	Q28	0.852	636.507	6	.000	-.627	1.417	-.21	36.655	30.224	28.185	95.063
	Q29					.88	.049	-.575				
	Q210					1.058	-.575	-.144				
	Q211					-.653	-.242	1.543				
LGM	Q31	.853	592.747	10	.000	.567	-.087	-.147	36.006	31.459	21.475	88.941
	Q32					.760	-.323	-.147				
	Q33					-.199	-.366	1.249				
	Q34					-.500	.715	.274				
	Q35					.121	.793	-.654				
LCM	Q36	.820	662.610	10	.000	.636	-.294	.069	36.655	33.625	21.862	92.141
	Q37					.798	-.384	-.104				
	Q38					-.178	.689	-.183				
	Q39					-.414	.888	-.122				
	Q310					-.072	-.283	1.105				

注：a 提取方法：主成分分析。
　　b 旋转方法：Kaiser 标准化最大方差法。

由表 8-15 可知，每个变量的 KMO 均大于 0.8，很适合做因子分析。累计方差贡献率可知，4 个变量都提取了 3 个公共因子，累计方差贡献率均高于 85%，能很好地表达原题项中含有的信息。采用因子赋值后潜变量 AIT、EIMP、LCM 的统计性描述如表 8-16。

表 8-16　因子赋值后 AIT、EIMP、LGM、LCM 的描述统计

	数字	最小值（M）	最大值（X）	平均值（E）	标准偏差
AIT	210	.690	3.449	2.10643	.667338
EIMP	210	.745	3.723	2.31195	.780684
LGM	210	.624	3.119	2.13678	.573314
LCM	210	.657	3.283	2.27133	.583790
有效 N（成列）	210				

第四节　样本数据的方差分析及效度和信度检验

一　方差分析

为了避免调研对象由于单位类型、岗位类型、学历水平的差异对调查结果的影响，需要对样本进行齐次性检验和方差分析。方差齐次性检验可以判断不同类型的总体方差是否相等，这是进行数据合并分析的基础，而方差分析则可以判定多组相关样本之间的均值是否存在显著差异。

表 8-17 显示了样本按照单位类型、岗位类型、学历水平划分的应急情报体系运作绩效的 Levene 检验结果，Levene 检验值均大于 0.05，说明依照单位类型、岗位类型、学历水平划分的所有样本应急情报体系运作绩效具有方差齐次性。进一步对不同单位类型、岗位类型、学历水平样本的应急情报体系运作绩效进行方差分析，结果如表 8-18，F 统计值均大于 0.01，表明依照单位类型、岗位类型、学历水平划分的所有样本应急情报体系运作绩效之间没有显著差异。

表 8 – 17　　　　　　　　　样本方差齐次性检验

P

划分依据	Levene 统计	df1	df2	显著性
单位	1.494	2	207	.227
岗位	.442	2	207	.643
学历水平	1.723	3	206	.163

表 8 – 18　　　　　　　　　　样本方差分析表

P

划分依据		平方和	df	均方	F	显著性
单位	组之间	1.576	2	.788	.953	.387
	组内	171.243	207	.827		
	总计	172.819	209			
岗位	组之间	5.398	2	2.699	3.337	.037
	组内	167.421	207	.809		
	总计	172.819	209			
学历水平	组之间	1.075	3	.358	.430	.732
	组内	171.744	206	.834		
	总计	172.819	209			

二　样本信度检验

信度和效度是检验量表质量的两个重要指标。其中信度是用以评价测量结果的一致性（consistency）、稳定性（stability）和可靠性。对于 Likert 式量表的信度检验多采用 Cronbach 的 alpha 系数。该系数在 0—1 之间，数值越接近于 1，代表量表的信度越高。在社会科学研究中，通行规则是一个量表的 Cronbach's alpha 值大于 0.60，表示量表信度可接受，最好大于 0.70。

本研究采用 Cronbach 的 alpha 系数法检验量表的内部一致性，表 8 – 19 为样本信度检验结果，除应急情报资源的速度 VEIR 为 0.713，其余变量的 Cronbach's alpha 均大于 0.8，说明测量量表的各变量具有很好的内部一致性。

表8-19　　　　　　　　　　样本信度检验结果

变量	测量题项数量	Cronbach's alpha
应急情报资源的速度（VEIR）	2	.713
应急情报资源的质量（QEIR）	6	.835
各类信息技术的应用程度（AIT）	4	.888
应急信息管理系统（EIMS）	3	.900
应急综合信息平台（EIMP）	4	.924
法律机制（LGM）	5	.893
主体间的协同与联动（LCM）	5	.879
人力的能力与意识（AAM）	3	.863
应急管理情报体系运行绩效（P）	7	.958

三　样本效度检验

样本效度反映的是通过量表所测量的题项与研究真实想要度量的理论构念内涵的一致性，反映的是测量的正确性。一般而言，效度检验包括内容效度（content validity）和建构效度（construct validity）。其中内容效度反映量表题项即测量内容的适当性和相符性，而建构效度是指量表能够测量理论的概念或特征的程度。

本研究设计的调查问卷参考了大量文献研究和综述，充分分析问卷中各变量之间的关系形成的，因此具有较好的内容效度。

在建构效度检验方面常用的方法为因子分析，但在进行因子分析之前，需要先检验数据是否适合这种方法检验效度，KMO 和 Bartlett 球度检验是判断数据是否可以用于因子分析的重要指标（能否进行因子分析的判断依据前文在因子赋值中已经说明，此处不再重复）。

因子分析法对量表题项数目和样本数目也有要求，通常社会科学研究中认为样本大小视变量（题项）数目而定，要获得可靠的因素结构，每个变量（题项）需要5到20个样本。[①] 本研究有效样本210份，

[①] J. Stevens, *Applied Multivariate Statistics for the Social Science*, New York: Lawrence Press, 2002, pp. 52-53.

题项为40个,因此平均每个题项5个样本,符合因子分析对样本的要求。

本研究利用SPSS22.0对量表进行KMO和Bartlett球度检验,结果如表8-20,KMO为0.96,Sig值为0.000,小于显著水平0.05,量表适合做因子分析。

表8-20 样本量表的KMO和Bartlett球度检验

KMO取样适切性量数。		.960
Bartlett的球度检验	上次读取的卡方	7472.950
	自由度	703
	显著性	.000

进而采用主成分分析法,基于特征值大于1的公共因子抽取,采用最大方差法进行旋转,得到表8-21的因子分析总方差解释和表8-22的旋转的因子载荷表。表8-21表明提取的5个公共因子总共解释了总方差的71.164%,与指标设置时的变量结构基本一致,说明量表具有建构效度。

表8-21 总方差解释

组件	初始特征值			提取载荷平方和			旋转载荷平方和		
	总计	方差百分比	累计%	总计	方差百分比	累计%	总计	方差百分比	累计%
1	20.607	54.228	54.228	20.607	54.228	54.228	7.791	20.503	20.503
2	2.489	6.550	60.778	2.489	6.550	60.778	6.173	16.246	36.749
3	1.522	4.005	64.783	1.522	4.005	64.783	5.286	13.911	50.660
4	1.405	3.697	68.480	1.405	3.697	68.480	3.997	10.518	61.178
5	1.020	2.684	71.164	1.020	2.684	71.164	3.795	9.986	71.164
6	.861	2.267	73.431						
7	.797	2.097	75.528						
8	.708	1.864	77.392						
9	.666	1.754	79.146						

续表

组件	初始特征值			提取载荷平方和			旋转载荷平方和		
	总计	方差百分比	累计%	总计	方差百分比	累计%	总计	方差百分比	累计%
10	.606	1.594	80.740						
11	.582	1.532	82.272						
12	.499	1.313	83.585						
13	.470	1.237	84.822						
14	.423	1.114	85.936						
15	.393	1.034	86.970						
16	.384	1.011	87.981						
17	.365	.960	88.941						
18	.351	.925	89.866						
19	.339	.892	90.758						
20	.308	.810	91.564						
21	.291	.766	92.334						
22	.279	.734	93.067						
23	.267	.702	93.769						
24	.246	.648	94.417						
25	.237	.624	95.041						
26	.212	.557	95.598						
27	.195	.514	96.112						
28	.180	.475	96.587						
29	.174	.457	97.044						
30	.169	.444	97.488						
31	.157	.414	97.902						
32	.142	.373	98.275						
33	.133	.349	98.624						
34	.123	.324	98.948						
35	.117	.308	99.256						
36	.102	.270	99.526						
37	.095	.249	99.775						
38	.086	.225	100.000						

注：提取方法：主成分分析。

表 8-22　　　　　　　　　旋转后的成分矩阵[a]

	组件				
	1	2	3	4	5
Q11	.265	.139	.080	.591	.505
Q12	.330	.237	.334	.516	.205
Q13	.130	.225	.122	.730	.315
Q14	.157	.165	.403	.697	.064
Q15	.209	.299	.296	.635	.032
Q16	.297	.275	.549	.423	-.068
Q110	.466	.208	.406	.388	.243
Q21	.693	.316	.155	.331	.129
Q22	.667	.174	-.054	.433	.213
Q23	.730	.260	.020	.228	-.086
Q24	.752	.236	.150	.186	.094
Q25	.623	.321	.098	.325	.230
Q26	.706	.307	.246	.200	.184
Q27	.781	.238	.229	.134	.160
Q28	.692	.132	.327	.066	.244
Q29	.744	.228	.407	-.010	.221
Q210	.760	.165	.373	.026	.219
Q211	.694	.177	.302	.091	.325
Q31	.131	.262	.377	.220	.669
Q32	.220	.298	.233	.242	.633
Q33	.233	.378	.428	.309	.385
Q34	.203	.345	.532	.330	.308
Q35	.161	.336	.495	.315	.462
Q36	.318	.373	.663	.244	.196
Q37	.216	.289	.656	.319	.174
Q38	.236	.347	.641	.193	.351
Q39	.312	.292	.649	.131	.357
Q310	.377	.253	.099	-.001	.537
Q311	.257	.274	.423	.290	.597
Q312	.400	.370	.554	.164	.373
Q313	.354	.367	.401	.136	.334
Q41	.304	.755	.247	.256	.208

续表

	组件				
	1	2	3	4	5
Q42	.278	.749	.290	.213	.209
Q43	.293	.739	.270	.277	.219
Q44	.260	.779	.233	.240	.125
Q45	.297	.718	.225	.165	.281
Q46	.312	.722	.276	.143	.216
Q47	.346	.695	.312	.148	.286

注：提取方法：主成分分析。

旋转方法：Kaiser 标准化最大方差法。

a. 旋转在 12 次迭代后已收敛。

第五节　模型中假设关系的检验和验证分析

在数据预处理、方差齐次性分析、信度和效度检验的基础上，研究进一步采用多元回归分析方法对前文提出的有关应急情报资源的各维度、应急情报技术应用的各部分、应急情报多元主体协作机制及人员对应急情报体系运行绩效的影响的假设进行验证，深入探索它们之间的关系。

一　层次结构模型中各部分对因变量的影响机理检验

（一）应急情报资源与应急管理情报体系运作绩效之间关系的检验

为了验证应急情报资源与应急管理情报体系运作绩效之间的关系，本研究构建多元线性回归模型 1 （Model 1）以揭示应急情报资源的规划性 PIER、响应速度 VIER、质量 QIER 对应急管理情报体系运作绩效间的关系。此外，为了检验回归模型是否存在多重共线性问题，在进行多元线性回归分析时分别计算各变量在模型中的方差膨胀因子。[①]

如表 8-23 所示，Model 1 的各自变量 VIF 值在 3 以下，一般而言，

---

① 郭润萍：《高技术新创企业知识整合、创业能力与绩效关系研究》，博士学位论文，吉林大学，2015 年。

VIF 值<10，表明数据不存在显著的多重共线性。Model 1 数据分析结果表明：调整后的 R^2 为 0.535，说明 Model 1 具有较高的解释率；应急情报资源的规划性（$\beta=0.243$，$P\leqslant0.01$）、质量（$\beta=0.387$，$P\leqslant0.01$）、响应速度（$\beta=0.231$，$P\leqslant0.05$）具有积极影响，而且在其他影响因素和条件一定的情况下，情报资源的质量水平比规划性和响应速度更具有积极影响，这样的结论与前文的理论分析是一致的。

表 8-23　应急情报资源与应急管理情报体系运作绩效关系的回归模型

模型摘要 a

模型	R	R^2	调整后的 R^2	标准估算的错误	更改统计量				
					R 方变化	F 更改	df1	df2	显著性 F 更改
1	.736 b	.542	.535	.620032	.542	81.179	3	206	.000

注：a. 因变量：P。

b. 预测变量：（常量）PIER，VEIR，QEIR。

系数 a

模型		非标准化系数		标准系数	t	显著性	共线性统计	
		B	标准错误	β			容许	VIF
1	（常量）	.624	.195		3.202	.002		
	PIER	.190	.045	.243	4.235	.000	.678	1.475
	VEIR	.234	.070	.231	3.333	.001	.462	2.166
	QEIR	.648	.131	.387	4.966	.000	.366	2.732

注：a. 因变量：P。

因此，假设 H1a、H1b、H1c 通过检验，即应急情报资源的规划性、响应速度、质量对应急管理情报体系运作绩效具有积极影响。

（二）应急情报体系技术应用与应急管理情报体系运作绩效之间关系的检验

为了验证应急情报技术应用中各类技术的应用情况（AIT）、应急情报管理系统的功能覆盖（EIMS）、应急综合信息平台的互通互联互操作

（EIMP）与应急管理情报体系运作绩效之间的关系，本书构建多元线性回归模型2（Model 2）以揭示 AIT、EIMS、EIMP 与应急管理情报体系运作绩效间的关系。

应急情报工作的技术应用与应急管理情报体系运作绩效关系的回归模型如表8-24所示，Model 2 的各自变量 VIF 值在 3.7 以下，表明数据不存在显著的多重共线性。Model 2 数据分析结果表明：调整后的 R^2 为 0.492，说明 Model 2 具有较高的解释率；AIT、EIMS、EIMP 的标准 β 系数分别为 0.154、0.383 和 0.225，$P \leq 0.05$，因此 AIT、EIMS、EIMP 对应急管理情报体系运作绩效有积极的影响，假设 H2a、H2b、H2c 通过检验。同时比较三个标准 β 系数可知，应急情报管理系统的功能覆盖对应急管理情报体系运作绩效的积极影响高于各类技术的应用、应急综合信息平台的互通互联互操作的积极影响。

表8-24　技术应用与情报体系运作绩效关系的回归模型

模型摘要[a]

模型	R	R^2	调整后的 R^2	标准估算的错误	更改统计量				
					R方变化	F更改	df1	df2	显著性 F更改
2	.706[b]	.499	.492	.648429	.499	68.341	3	206	.000

注：a. 因变量：P。
　　b. 预测变量：（常量），EIMP, AIT, EIMS。

系数[a]

模型		非标准化系数		标准系数	t	显著性	共线性统计	
		B	标准错误	贝塔			容许	VIF
2	（常量）	1.342	.158		8.488	.000		
	AIT	.210	.105	.154	1.994	.047	.409	2.446
	EIMS	.337	.083	.383	4.058	.000	.273	3.661
	EIMP	.262	.102	.225	2.582	.011	.320	3.126

注：a. 因变量：P。

(三) 应急管理协作机制及人员状况与应急管理情报体系运作绩效之间关系的检验

为了验证应急管理协作机制及人员状况与应急管理情报体系运作绩效之间的关系，本书构建多元线性回归模型3（Model 3）以揭示LGM、LCM、AAM对应急管理情报体系运作绩效间的关系。

如表8-25所示，Model 3的各自变量VIF值在3.9以下，表明数据不存在显著的多重共线性。Model 3数据分析结果表明：调整后的R^2为0.650，说明Model 3具有较高的解释率；LGM、LCM、AAM的标准β系数分别为0.242、0.340和0.283，$P \leq 0.05$，因此LGM、LCM、AAM对应急管理情报体系运作绩效有积极的影响，假设H3a、H3b、H3c通过检验。同时比较三个标准β系数可知，在其他条件和变量不变的情况下，主体间的协同联动机制对应急管理情报体系运作绩效的积极影响高于法律法规政策方面和人员能力及意识方面的积极影响。

表8-25 应急协作机制及人员与应急管理情报体系运作绩效关系的回归模型

模型摘要[a]

模型	R	R^2	调整后的R^2	标准估算的错误	更改统计量				
					R方变化	F更改	df1	df2	显著性F更改
3	.809[b]	.655	.650	.537918	.655	130.419	3	206	.000

注：a. 因变量：P。
　　b. 预测变量：（常量），AAM，LGM，LCM。

系数[a]

模型		非标准化系数		标准系数	t	显著性	共线性统计	
		B	标准错误	贝塔			容许	VIF
3	（常量）	.540	.154		3.506	.001		
	LGM	.383	.122	.242	3.130	.002	.281	3.561
	LCM	.529	.124	.340	4.276	.000	.265	3.767
	AAM	.276	.078	.283	3.544	.000	.263	3.806

注：a. 因变量：P。

二 层次结构模型中各部分交互作用的影响机理验证

面向突发事件的应急管理情报体系的"物—事—人"三大要素之间并非彼此独立的,而是相互作用、互动的有机整体。应急情报资源是应急管理情报体系的核心内容,突发事件事前情报资源的相关储备是否充分到位、事中情报资源是否有效支撑应急决策、事后归档与经验总结的情报资源是否全面可靠是情报资源管理与突发事件各环节无缝衔接的体现。各类信息技术是应急管理情报体系的基础设施,其集成应用是提升情报资源响应速度和质量水平、实现情报资源情景融合的工具和手段;应急管理信息系统和综合信息平台不仅能提升情报资源的整体性、形成合力以支持快速响应的应急决策,更有助于实现跨机构与组织、流程、行业领域的应急协同和合作。协作机制及相关人员是情报资源管理和应用技术的"软环境",它需要技术应用的支撑,更影响情报资源的管理与开发水平乃至应急决策的执行力和效果。因此有必要通过调研数据来验证应急管理情报体系的情报资源、技术应用、协作机制及人员三大要素板块之间的互动机理,从而更清晰地把握应急管理情报体系的整体运作原理。

(一) 交互作用检验法

在变量间的作用关系上,交互作用的检验与调节作用相似,但在内涵上存在差异。调节作用是指调节变量影响了自变量对因变量的影响,自变量和调节变量的位置不可以互换。而交互作用是指两个变量的地位可以是对称的,也可以不是对称的,只要其中一个变量具有调节作用,交互效应就存在。[①]

如图 8-2 所示,β_1 反映的是自变量 X1 对因变量 Y 的影响系数,而 β_2 反映的是另一个自变量 X2 对因变量 Y 的影响系数,而 β_3 是指 X1 × X2 对因变量 Y 的影响系数。交互作用反映的是 X1 和 X2 共同作用于 Y,

---

[①] 罗胜强、姜嬿:《调节变量和中介变量》,载陈晓萍、徐淑英、樊景立《组织与管理研究的实证方法》,北京大学出版社 2010 年版,第 312—331 页。

并且这种交互影响不等于两者分别影响 Y 的简单数学和,其检验与调节作用检验相似,即 X1 和 X2 的乘积项对因变量 Y 的影响系数 β3 显著,这表明 X1 和 X2 在对 Y 的影响上存在交互作用。① 交互作用包括增强型交互作用和干扰型交互作用,前者是指随着 X2 的变大,X1 对 Y 的正向影响越来越强;干扰型交互作用是指随着 X2 的变大,X1 对 Y 的正向影响越来越弱。由于 X1 和 X2 可能处于对称的地位,同理,X1 对 X2 与 Y 的关系的影响分析也是相似的。②

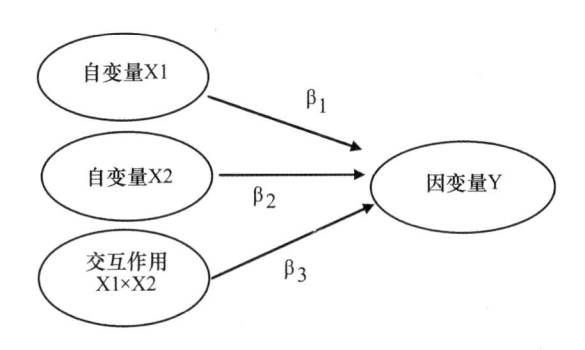

图 8 - 2　交互作用检验图

考察变量间的交互作用须先对变量作定性分析。若变量均为分类变量则采用方差分析来检验自变量对因变量的影响以及各自变量间的交互作用。若变量均为连续变量,则采用在回归方程中纳入变量的乘积项,通过检验其回归系数的显著性来判断变量间是否存在交互作用,如果回归系数为正,则变量间存在正交互作用,如果回归系数为负,则变量间存在负交互作用。本部分研究的应急情报资源建设(CEIR)、应急情报工作的技术支撑(TEIR)、应急情报协作机制及人员(CMHEIR)均为连续变量,因此基于变量乘积来进行交互作用的检验。

---

① 罗胜强、姜嬿:《调节变量和中介变量》,载陈晓萍、徐淑英、樊景立《组织与管理研究的实证方法》,北京大学出版社 2010 年版,第 312—331 页。
② 郭润萍:《高技术新创企业知识整合、创业能力与绩效关系研究》,博士学位论文,吉林大学,2015 年。

在进行验证前,先对应急情报资源建设(CEIR)、应急情报工作的技术应用(TEIR)、应急情报协作机制及人员(CMHEIR)采用均值赋值法,结果的统计性描述见表8-26。在检验方法上,学者们建议在进行交互分析时一个重要的步骤是将属于连续变量的自变量进行中心化处理,即减掉均值,这有助于减小自变量与自变量间乘积之间的多重共线性。

表8-26　CEIR、TEIR 和 CMHEIR 的统计性描述

	数字	最小值(M)	最大值(X)	平均值(E)	标准偏差
CEIR	210	.993	4.423	2.87846	.719968
TEIR	210	.812	4.057	2.54415	.760302
CMHEIR	210	.760	3.801	2.57328	.653470
有效 N(成列)	210				

(二)应急情报资源建设与应急情报工作的技术应用交互作用的验证

为验证应急情报资源建设与应急情报工作技术应用间的交互作用,本研究构建 Model 4 和 Model 5 进行对比。Model 4 以 CIER 和 TEIR 为自变量,Model 5 在 Model 4 的基础上引入 CEIR 与 TEIR 中心化处理后的乘积 CEIR × TEIR。

表8-27　CEIR 与 TEIR 的交互作用检验[a]

模型	调整后的 R^2	因变量	非标准化系数 B	非标准化系数 标准错误	标准系数 贝塔	t	显著性	共线性统计 容许	共线性统计 VIF
4	.556	(常量)	.827	.173		4.786	.000		
		CEIR	.552	.101	.437	5.459	.000	.331	3.020
		TEIR	.416	.096	.348	4.343	.000	.331	3.020
5	.565	(常量)	.898	.174		5.170	.000		
		CEIR	.564	.100	.446	5.624	.000	.330	3.027
		TEIR	.401	.095	.335	4.223	.000	.330	3.033
		CEIR × TEIR	-.152	.066	-.105	-2.301	.022	.995	1.005

注:a. 因变量:P。

如表 8-27 所示,两个模型的 VIF 均小于 4,不存在显著的多重共线性。并且 Model 5 比 Model 4 调整后 R^2 增加 0.009,说明 Model 5 在 Model 4 的基础上略增加解释力。Model 5 中 CEIR × TEIR 的标准 β 系数为 -0.105（$P<0.05$）,表明 CEIR 与 TEIR 对应急管理情报体系的绩效存在交互作用,并且当 CEIR 较大时,可以较少地依赖 TEIR 的提高来提高应急管理情报体系的整体绩效,当 CEIR 较小时,需要增加更多的 TEIR 来提高应急管理情报体系的整体绩效。对 TEIR 而言,反之亦然。

（三）应急情报资源建设与协作机制及人员的交互作用验证

为验证应急情报资源建设与应急情报工作协作机制及人员的交互作用,本研究构建 Model 6 和 Model 7 进行对比。Model 6 以 CEIR 和 CMHEIR 为自变量,Model 6 在 Model 7 的基础上引入 CEIR 与 CMHEIR 中心化处理后的乘积 CEIR × CMHEIR。

如表 8-28 所示,两个模型的 VIF 均小于 4,不存在显著的多重共线性。比较 Model 6 和 Model 7 调整后的 R^2,无明显变化。Model 7 中 CEIR × CMHEIR 的显著性 $P=0.607$,远大于 0.05,所以拒绝原假设,即应急情报资源的建设与应急工作协作机制及人员间不存在显著的交互作用。

表 8-28　　　　　　CEIR 与 CMHEIR 的交互作用检验[a]

模型	调整后的 R^2	因变量	非标准化系数		标准系数	t	显著性	共线性统计	
			B	标准错误	贝塔			容许	VIF
6	.677	（常量）	.344	.156		2.209	.028		
		CEIR	.327	.076	.259	4.309	.000	.428	2.339
		CMHEIR	.850	.084	.611	10.167	.000	.428	2.339
7	.676	（常量）	.369	.164		2.257	.025		
		CEIR	.330	.076	.262	4.329	.000	.425	2.354
		CMHEIR	.842	.085	.605	9.846	.000	.411	2.434
		CEIR × CMHEIR	-.035	.068	-.021	-.515	.607	.949	1.053

注：a. 因变量：P。

（四）应急情报工作技术支撑与协作机制及人员的交互作用验证

为验证应急情报工作协作机制及人员与应急情报工作技术支撑间的交互作用，本研究构建 Model 8 和 Model 9 进行对比。Model 8 以 CMHEIR 和 TEIR 为自变量，Model 9 在 Model 8 的基础上引入 CMHEIR 与 TEIR 中心化处理后的乘积 CMHEIR × TEIR。

表 8-29　　　　　　　CMHEIR 与 TEIR 的交互作用检验[a]

模型	调整后的 R^2	因变量	非标准化系数		标准系数	t	显著性	共线性统计	
			B	标准错误	贝塔			容许	VIF
8	.675	（常量）	.484	.147		3.283	.001		
		CMHEIR	.875	.081	.629	10.805	.000	.459	2.179
		TEIR	.290	.070	.243	4.174	.000	.459	2.179
9	.683	（常量）	.580	.151		3.840	.000		
		CMHEIR	.851	.081	.611	10.549	.000	.452	2.213
		TEIR	.299	.069	.250	4.342	.000	.458	2.185
		CMHEIR × TEIR	-.153	.063	-.095	-2.423	.016	.981	1.019

注：a. 因变量：P。

如表 8-29 所示，两个模型的 VIF 均小于 3，不存在显著的多重共线性。相比 Model 8、Model 9 调整后的 R^2 增加 0.008，说明 Model 9 在 Model 8 的基础上略增加解释力。Model 9 中 CMHEIR × TEIR 的标准 β 系数为 -0.095，P 为 0.016，小于 0.05，表明 CMHEIR 与 TEIR 对应急管理情报体系的绩效存在交互作用，并且当应急情报工作的协作机制及人员状况较好的时候，可以较少地依赖应急情报工作技术支撑改进来提高应急管理情报体系的整体绩效，当应急情报工作的协作机制及人员状况较差时候，需要更多地加强应急情报工作技术支撑来提高应急管理情报体系的整体绩效。对应急情报工作技术支撑而言，反之亦然。

三　实证分析小结

本章研究的目的在于运用实证研究的方法，利用 SPSS 22.0 统计分析软件对通过问卷调查收集到的数据进行相关分析、回归分析，进而对模型中各要素间的关系假设进行检验。

为了确保数据的有效性，本章从层次结构模型的设计、问卷设计、样本数据的采集三个方面进行了严格的把关。在具体的统计分析中，先采用实证研究中所普遍采用的信度、效度检验法对问卷量表进行质量的检验。在各类检验通过的基础上，先采用均值赋值法、因子赋值法对潜变量赋值，再利用多元线性回归的分析方法检验了应急情报资源的规划性、质量水平、响应速度、各类情报技术的应用、各类应急信息系统的功能覆盖、应急综合平台的互通互联互操作水平、应急管理的法律法规政策、应急人员的能力与意识、多主体间协同联动机制，共9个方面对应急管理情报体系运作绩效的积极影响及影响的大小。

实证研究证明，应急管理情报体系中，"协作机制及人员"对其运作绩效的积极影响最大，其次是"情报资源建设"，最后是"技术应用"。研究进一步基于交互作用原理对层次结构模型的三大要素间的关系进行探索性的分析验证发现，"技术应用"与"情报资源建设"、"技术应用"与"协作机制及人员"之间都具有明显的交互作用，而"情报资源建设"与"协作机制及人员"之间不存在明显的交互作用。

第九章 应急管理情报体系的发展趋势

应急管理情报体系是以我国现有的《突发事件应对法》和应急管理体系等作为指导，以情报学和系统科学理论知识为基础，综合运用管理学、运筹学、协同学、信息学、经济学等进行的跨学科研究，在深入探讨应急管理情报体系本征机理、情报资源、技术支撑、协同机制的基础上，构建起科学、高效、可操作的情报体系。

在未来的研究和实践中，还需进一步重视应急管理情报学这一学科体系的建设，重视情报体系对国家应急管理的支撑和保障作用的发挥，重视大数据战略下的智慧应急服务，加强情报工作的体制机制建设，推进国际交流与合作，使情报体系真正成为我国应急管理向科学化、精细化、制度化转变的有力保障。

第一节 建立应急管理情报学

一 应急管理情报学的学科价值

伴随着大数据时代的来临，应急管理情报工作已成为决定应急管理成效的重要因素。突发事件的复杂性对态势评估提出了高要求、网上网下快速信息传播加大了应急响应难度、情报发布和流通不力降低了应急处置效率，要在快速、复杂、多变的应急管理中及时响应，已不是需不需要情报工作的问题，而是如何通过系统科学的情报体系来提供支持的问题。

情报学是研究情报的收集、组织、传递、利用规律，并通过现代信息技术对情报加以有效利用的一门科学。情报学在多个领域发挥重要作用，并形成了以科技情报学、军事情报学、金融情报学等为代表的一系列情报学分支学科，分别对科技、军事、金融等专门类型情报的本质、特点、方法、内容及其在各自领域中的地位和作用进行探讨，并对其在相应领域范围内的情报工作过程及规律进行研究。我国应急管理情报体系研究已积累了大量成果，要使情报学在应急管理中充分发挥作用，就必须将应急管理情报学学科建设提上日程。

近年来在应急管理领域，情报学相关研究逐渐丰富、情报实践作用日益凸显，一大批国家重大项目围绕应急管理情报体系展开，大量学术研究成果对我国应急管理情报工作提供了有力的指导。伴随着相关理论和方法的逐渐丰富和完善，系统化、科学化开展应急管理情报研究，使之真正成为我国应急管理的"耳目、尖兵、参谋"，迫切需要一套系统完整的学科理论和方法。建立应急管理情报学符合这一趋势发展的要求，应急管理情报学将成为一门以应急管理情报和应急管理情报工作为研究对象的情报学分支学科。

二 应急管理情报学的学科定位

从学科定位来看，应急管理情报学是一门将应急管理学与情报学相融合的交叉学科，也是一门理论与实践相结合的综合型学科。

在基础理论部分，它准确定位应急管理中的情报工作，从整体上认识应急管理情报工作的一般发展规律，解释应急管理情报的本质，剖析应急管理情报工作的特点，分析应急管理情报工作的流程，对应急管理中的情报搜集、存储、传递、检索、研判、应用及组织管理进行全面探讨。

在应用实践部分，它研究应急管理情报工作的开展和实施，对应急管理情报组织体制机制建设、法律法规制度建设提出具体要求，对应急管理情报人员的培养进行规划，研究如何提升应急管理情报工作的整体能力，使其更好地服务于应急管理决策。

应急管理情报学将成为指导我国应急管理情报研究和实践的跨学科

理论和方法体系。

第二节 充分发挥面向应急决策的情报支撑和保障作用

应急管理情报体系面向政府应急管理发挥智库作用，不但为政府应急管理科学决策、民主决策提供支持，也要为社会公众担当起阐释政策、引导舆论的职责。要将国家应急管理从"九龙治水"转变到"攥指成拳"，应急管理情报体系在未来实践中，还需进一步加强顶层设计、重视资源聚合、发挥多主体参与作用，提高其面向应急决策的情报服务能力。

一 加强情报体系顶层设计

碎片化的应急管理和碎片化的情报工作是应急管理"九龙治水"的主要表现之一，系统完整的应急管理情报体系能够从情报支撑的角度为应急管理碎片化问题的解决提供支持。

为构建系统完整的应急管理情报体系，应从全局视角对情报体系展开顶层设计和布局，不仅要关注情报资源的建设和情报技术的应用，还要充分考虑不同应急决策场景中情报主体的情报需求，将情报过程与决策过程有机融合。同时，通过顶层设计掌握应急管理情报体系未来发展的蓝图、关键点和时间表，使职能部门能够按照这一蓝图对照目前在情报资源建设、情报技术应用和应急响应过程中情报工作的问题和不足，确定发展目标和工作重点，制订具体的改进计划。在改进中，需重点关注情报资源、情报技术和应急业务流程中的情报工作制度和规范问题，通过统一的框架和制度规范确保应急管理情报体系各平台的兼容性和可扩展性，避免再次出现信息孤岛和重复建设的问题，使整个情报体系各部门职能清晰、任务明确，形成一股合力，最终达到 $1+1>2$ 的效果。

我国应急管理情报体系建设工作尚处于起步阶段，在建设过程中，需要不断汲取国外先进经验，认真分析其在应急情报体系建设中值得我国借鉴的经验，通过对美、加、俄、日等国应急情报体系的考察，其对

第九章　应急管理情报体系的发展趋势

情报体系进行顶层设计和整体规划的思想值得我们参考，同时，结合我国应急管理的现状和需求，应将建设重点放在多元主体协同联动、情报资源建设和情报基础设施建设上，自顶向下对情报体系进行整体设计。

顶层设计保障下的应急管理情报体系，将通过多主体的协同联动、现代信息技术的合理部署以及情报资源的规范建设，为应急决策的情报服务提供坚实基础，而如何在此基础上通过智库情报服务推动协同创新，是未来应关注的重要问题。

二　建设智库情报资源

发挥应急管理情报体系的智库服务能力，还需加强情报资源建设。按照国务院 2015 年提出的《促进大数据发展行动纲要》[①]（以下简称"纲要"）的要求，应急情报资源在应急管理中发挥"用数据说话、用数据决策、用数据管理、用数据创新"的积极作用，能帮助应急管理实现基于数据的科学决策。

在实施政府开放数据这一大背景下，按照"纲要"的要求，应急管理作为事关人民生命财产安全的重要保障，其信息资源应在 2017 年以前形成政府跨部门共享格局，并于 2020 年实现民生保障服务相关的政府数据集面向社会开放。

应急情报资源所涉及的公共基础信息资源部分，可依托"纲要"提出的构建国际基础信息资源体系这一契机，建立政府公共部门和相关单位的公共数据资源清单，实现"增量先行"，在国家统筹下对人口、交通、经济、气象、空间地理信息等公共基础数据库进行统一规划和建设，同时加强其开放接口建设和对外服务能力的提升，争取早日建成从国家到地方的政府数据统一开放平台。

在应急业务实时情报方面，在明确各部门职责和理顺应急部门业务流程的前提下，重点在于对应急情报资源的动态聚合，动态聚合从情报

[①] 《国务院关于印发促进大数据发展行动纲要的通知》，2016 年 11 月 15 日，http://www.gov.cn/zhengce/content/2015-09/05/content_ 10137.htm。

资源组合和聚合手段两方面入手。情报资源的组织可逐步从最基础的资源外部形态（类型）组织，逐渐深入到知识单元的知识本体组织，初期重点解决资源格式、类型等方面的外在形态组织问题，后期则应通过构建应急信息资源元数据，并在此基础上实现机器可读可理解的资源语义化，通过资源注册和发布平台，实现应急情境与情报资源的动态关联。知识本体作为情报资源组织的最高形式，可作为构建情报资源的依据，本研究根据突发事件应急情景，通过简单事件模型 SEM 等提出的基于"事件、行动者、情景、资源、文档、预案与平台、防护对象"七方面的 SEM 要素及关系图，可作为应急情报资源动态组织的依据。同时，借助格式转换、元数据兼容转换、关联数据、知识图谱、本体映射和规则推理等情报资源聚合手段，最终实现情报资源的动态聚合。

三 推动多元主体参与

智库在协商民主中扮演着重要角色，它能够架起知识与政策之间的桥梁。伴随着社会治理格局由"大政府，小社会"向"大政府，大社会"转变，国家—社会协调治理成为社会治理的主流，为使应急管理政策更加贴近民众需要，在明确政府各应急部门职责的前提下，应充分发挥社会、公民的力量，在政府的组织和协调下，鼓励应急管理情报工作的市场化和社会化参与。

政府应急管理应继续坚持重心前移的思想，将工作重点转移到日常工作中来，在应急预防和准备阶段投入更多精力。在这一思想指导下，政府应进一步重视和培育社会力量，发挥各种社会资源的能动性，建立起政府与社会力量的联动机制。具体内容如下：

一是通过应急培训和教育，公民在参与应急管理的过程中，具备一定的情报意识和情报素养，能够在有序参与应急自救、处置和救援的同时，做好情报收集和传递工作。

二是为各领域专家学者以及图书馆、科技信息所等众多专业人员机构提供参与应急管理的途径，使其在情报体系建设中发挥其专业优势，不但在应急情报搜集和组织方面发挥作用，更充分发挥其情报分析和服务的能力，为应急决策提供专业化支持。

三是营造良好的多元主体参与的环境，可仿效美国情报部门充分利用Web2.0技术，设立"情报百科"（intellipedia）的做法，通过维基等方式建立情报信息库，使各政府机构间的情报能够快速融合和共享，专业情报人员也由此接触到更多的情报源，从而提供更为全面的分析和解读；还可以建立应急管理虚拟社区服务或社会化问答平台，面向国内各政府部门和公众，提供应急情报收集、交流和分享的服务。

在推动应急管理民主科学依法决策的过程中，情报分析和研判是发挥智库作用的主要表现，密切联系群众、有效服务群众、充分吸收群众的智慧，是应急管理情报体系建设未来应重视的问题。

第三节 发展国家大数据战略下的智慧应急

一 智慧应急符合国家战略发展要求

信息化战略已经成为我国国家发展战略之一。2016年，工业与信息化部发布的《国家"十三五"电子政务规划》明确提出，要通过信息化提高政府执政能力和水平[①]，党的十九大明确提出建设智慧社会，应急管理情报体系在与互联网、大数据和人工智能不断融合的过程中，向智慧化和智能化演进和升级，智慧应急成为未来发展的方向。

大数据时代的"互联网+"，对于应急管理来说代表着一种全新的管理思维，它通过充分发挥互联网在社会资源配置中其他载体无法替代的优化集成作用，来推动物联网、移动互联网、大数据、云计算等现代信息技术与应急管理的融合，提高应急管理工作效率，改造应急管理业务流程和管理方式，实现应急管理模式创新。最重要的是，通过互联网思维代替传统管理思维，将信息化与管理变革深度融合，在应急管理的减灾、准备、响应和恢复等各个阶段，都做到以公众需求为中心，实现

---

① 工业和信息化部信息化推进司：《国家"十三五"电子政务规划》，2018年6月16日，http://www.gov.cn/zhengce/content/2016-12/27/content_5153411.htm。

智能化决策、跨部门协调,变"急"为"不急"。

在政府治理能力现代化的要求下,政府应急管理信息化建设仍需进一步适应大数据时代的挑战,其工作重点应从应急业务本身的建设转向应急决策者提供数据支撑、为公众提供个性化的应急服务,通过信息化建设提升情报综合研判能力、优化政府应急服务、提高应急管理行政效能,助力政府打通传统官僚体制下的部门壁垒,促使政府应急管理向智慧化方向转型,并以此作为政府应急治理能力提升的切入点。

二 情报体系全面支持智慧应急

智慧应急关注如何通过技术手段发挥情报工作的效用,借助各种现代信息技术及其标准化应用逐步破解现有应急管理中存在的应急主体、资源和制度等方面的碎片化问题,为应急管理的协同联动创造良好的氛围。

以信息化手段进一步提高应急管理水平,首先应通过建立和完善信息化标准体系,整合现有资源,实现应急基础设施之间的接口标准、数据共享及互联互通互操作,发挥现有资源的最大效用。其次通过对数据资源的全面把握和统一规划,发现现有数据和应用的不足和缺失,进行下一步建设和完善。

在"物联网""大数据"和"云计算"等现代信息技术的支持下,应急管理情报体系通过规范标准,实现接口统一、编码一致;通过互联互通,实现数据共享、指挥协调;通过新技术应用,实现数据关联、数据可视化。智慧化的应急管理情报体系将充分运用通信技术和情报工具,以各种数据库、方法库、预案库和知识库为基础,以 GIS 系统、数据分析与挖掘系统、数据可视化系统为手段,探测、感知和分析应急系统收集到的各种数据信息,实现物联网化的应急监测系统、事故后果智能预测与模拟系统、应急专家系统和应急综合指挥调度系统等多系统的智能联动响应。

第四节　加强国家应急管理的情报工作体制机制建设

我国应急管理自"一案三制"提出以来逐渐步入正轨，2018年3月，应急管理部的成立更凸显了国家对应急管理工作的重视，要做好应急管理情报体系建设，同样需要重视体制机制建设。

一　建立健全应急管理情报体系的管理体制和运行机制

从发达国家的经验来看，应急管理情报体系的有效运作依赖于从中央到地方的自上而下的制度安排和明确的职责分工，通过建立起一套从战略到组织运行的协同联动机制，实现情报体系的有效运作。

我国应急管理情报体系在管理体制上，一直缺乏明确的职能划分，且应急管理涉及部门众多，因此，应急管理情报体系的参与主体、人员配置、制度规范等方面一直存在较为严重的碎片化问题，导致其整体协调性差。未来，应梳理我国应急情报组织，建立权威的情报机构统筹应急决策情报工作，明确各级情报组织职能和工作内容。坚持属地管理原则，发挥地方政府的作用，坚持当地政府情报部门为主负责应急处置、中央部门予以支持、其他地方互为支援的应急情报组织协调机制。

在政府大力推动社会治理创新的大环境下，还应依托电子政务平台，将应急情报体系设计为网格化动态式的联动组织形式，针对应急管理中各个节点问题和情报需求，将应急情报工作各部门分配到各个节点，形成一种权力、能力与责任的匹配、对等、制度化、常规化的多元治理结构①，有效实现资源联动和情报共享。

为避免各部门在应急情报工作中相互推诿、多头管理的情况出现，在进行应急管理情报体系的制度设计时，应尽可能全面考虑和把握多元应急主体的利益，围绕应急管理战略目标，通过建立应急协调机构，制定利益协调策略，使各方在共同的战略框架下，既实现应急管理的战略

---

① 沙勇忠、解志元：《论公共危机的协调治理》，《中国行政管理》2010年第4期。

目标又兼顾各方的合理利益诉求。在人员管理方面，通过培训、教育和激励机制，提高人员的应急参与意识和能力，并通过适当的激励机制调动人员的积极性。在操作层面，通过情报体系的综合集成，实现预警预防的全面升级，建立全程化的应急情报工作监督机制。在财政预算方面，通过配套的情报体系专项财政预算、保障应急预备资金和物资储备，在资金分配上调整以往重处置投入而轻预防投入的不合理结构，从而通过制度和政策保障应急资源的合理分配，有效推进应急协作。

二 完善应急管理情报体系相关的法律法规

应急管理情报体系建设需要有力的法制保障，但目前尚无专门针对应急情报体系的法律依据和指导，仅有《国务院关于全面加强应急管理工作的意见》《国民经济和社会发展第十一个五年规划》和《国家中长期科学和技术发展规划纲要（2006—2020年）》等少数几个文件中，提到了要加强应急指挥系统和应急管理平台建设的问题。

2007年《突发事件应对法》的颁布标志着我国应急管理进入法制化阶段，《国家突发公共事件总体应急预案》和《政府信息公开条例》等应急管理法律法规，对应急管理的原则和过程进行了进一步规范。相关法律法规中涉及情报体系的主要包括信息公开、信息报送和传媒参与等问题，但这些法律和条文主要提供的是原则性、框架性的指导意见，过于笼统，没有细化，不具备可操作性，各地方在具体的执行和落实方面，地方保护主义和部门利益往往造成客观上的不一致和跨域合作的困难，导致其在实际应用中难以有效发挥作用。

因此，应急管理情报体系的法律法规制度建设是需进一步关注的重要领域，《"十三五"国家信息化规划》表明了我国力图从整体上对信息化建设及与之相关的情报工作进行统筹规划，多国经验已明确了制度规范的重要性，因此，大力推进制度建设，建立和完善应急管理情报体系建设的相关法律法规体系，是未来研究的重点。

英国的《自由保护法2012》，欧盟的《公共部门信息再利用指令（修订版）》，以及美国的《情报监督法》《克林格—科恩法案》和《开放政府指令》等，为情报的获取和利用、情报的共享和互操作、情报体系的框架体系构建以及公共部门的情报利用提供了保障。借鉴各国的做法，我国应通过国家层面的立法对应急情报工作进行规范，对情报机构的工作进行授权和监督；同时，还需对已有制度规范和相关预案进行细化，制定应急元数据描述标准、互操作指南等，以详细具体的操作手册和指南指导情报体系实践，充分考虑如何将应急管理、信息、技术、安全等方面的ISO等国际标准与我国现有标准规范相融合，积极推广和实施已有的国际或国内标准，推动处于试行或征求意见状态的标准尽快通过论证转为正式标准，制定和落实缺失的标准，使我国政府应急管理情报体系建设能够更好地整合与国际接轨，实现未来全球应急管理的交流和共享。

三 开展政府应急管理情报工作的绩效评估研究

建立客观公正的以公共价值为导向的政府应急管理情报工作的绩效评估指标体系，是监督和控制应急情报体系向良性发展的重要依据。目前尚无较为完整的政府应急管理情报体系，因此对其评估问题的探讨也较少涉及，但没有评估则没有监督，因此，在构建应急管理情报体系的过程中，应主动考虑同步构建评估体系，并以此作为建立和考核应急管理情报体系的依据。

具体来说，政府应急管理情报工作的绩效评估，考察的是应急管理情报体系在构建及运行过程中的投入绩效、过程绩效和产出绩效，为充分体现这一评估内容及过程的科学性和完整性，相关研究应围绕应急管理情报工作绩效评估的原则、方法和步骤、评估要素及内容，以及具体的评估指标体系和标准展开深入研究。

参考文献

一 著作

包昌火、李艳、王秀玲：《竞争情报导论》，清华大学出版社 2011 年版。

曹闻民、李喜童：《政府应急管理概论》，兰州大学出版社 2012 年版。

陈玉梅：《应急管理信息平台建设及成功实施的实证研究》，暨南大学出版社 2012 年版。

何清华：《大型复杂工程项目群管理协同与组织优化集成》，科学出版社 2014 年版。

何任叔：《突发事件应对法学习读本》，首都师范大学出版社 2008 年版。

洪凯：《应急管理体制跨国比较》，暨南大学出版社 2012 年版。

靖继鹏、马费成、张向先：《情报科学理论》，科学出版社 2009 年版。

鞠英杰：《信息描述》，合肥工业大学出版社 2010 年版。

雷雨：《情报战争移动互联时代企业成功密码》，北京大学出版社 2012 年版。

吕斌、李国秋：《组织情报学》，世界图书出版社 2013 年版。

罗伯特·克拉克：《情报分析：以目标为中心的方法》，金城出版社 2013 年版。

沙勇忠：《公共危机信息管理》，中国社会科学出版社 2014 年版。

沈蓉华：《国外防灾救灾应急管理体制》，中国社会出版社 2008 年版。

王超：《重大突发事件的政府预警管理模式研究》，湖北科学技术出版社 2010 年版。

王文华：《钱学森学术思想》，四川科学技术出版社 2007 年版。

夏征农、郑中侠:《大辞海军事卷》,上海辞书出版社2007年版。

谢尔曼·肯特:《战略情报:为美国世界政策服务》,金城出版社2012年版。

严怡民:《情报学基础》,武汉大学出版社1987年版。

袁宏永、黄全义、苏国锋等:《应急平台体系关键技术研究的理论与实践》,清华大学出版社2012年版。

张晓军:《美国军事情报理论研究》,军事科学出版社2007年版。

张学栋、刘杰:《政府应急管理体制与机制创新》,社会科学文献出版社2012年版。

中共中央马克思恩格斯列宁斯大林著作编译局:《马克思恩格斯选集》第4卷,人民出版社1995年版。

钟开斌:《中外政府应急管理比较》,国家行政学院出版社2012年版。

周光召:《现代科学技术基础》,群众出版社2001年版。

[美]罗伯特·克拉克:《情报分析:以目标为中心的方法》,马忠元译,金城出版社2013年版。

[美]斯蒂芬·戈德史密斯:《网络化治理》,北京大学出版社2008年版。

[美]罗伯特·希斯:《危机管理》,王成、宋炳辉、金瑛译,中信出版社2001年版。

[英]奥斯特罗姆:《制度分析与发展反思——问题与决策》,商务印书馆1992年版。

Bahha D. A. , *Emergency Software System:Quick Response Styles and Techniques*, Outskirts Press, 2011.

Crosby P. B. , *Quality is Free:The Art of Making Quality Certain*, New York: Penguin Group, 1979.

Perri 6. , *Towards Holistic Governance:The New Reform Agenda*, New York: Palgrave, 2002.

Rao, Ramesh R. , Jon Eisenberg, Ted Schmitt, et al. , *Improving Disaster*

Management: The Role of IT In Mitigation, Preparedness, Response, and Recovery, National Academies Press, 2007.

Stevens, Applied Multivariate Statistics for the Social Science, New York: Lawrence Press, 2002.

二 期刊论文、学位论文

安娜（Barabash Anna）：《中俄应急管理体系的比较及其影响因素研究》，硕士学位论文，大连理工大学，2013年。

"非常规突发事件应急管理研究"指导专家组：《面向重大需求 夯实理论基础 推动集成创新——国家自然科学基金重大研究计划项目"非常规突发事件应急管理研究"综述》，《中国应急管理》2013年第12期。

《天津港"8·12"特别重大火灾爆炸事故》，《中国安全生产》2016年第3期。

《天津港"8·12"特别重大火灾爆炸事故调查报告公布》，《消防界》（电子版）2016年第2期。

《天津港"8·12"特别重大火灾爆炸事故调查报告公布》，《中国消防》2016年第4期。

《新加坡SG-SPACE及OneMap智慧地图平台》，《数字城市专刊》2011年第3期。

《中华人民共和国突发事件应对法》，《中华人民共和国国务院公报》2007年第30期。

包昌火：《情报缺失的中国情报学》，《情报学报》2007年第2期。

本刊编辑部：《天津港"8·12"瑞海公司危险品仓库特别重大火灾爆炸事故原因调查及防范措施》，《中国应急管理》2016年第2期。

毕强、尹长余、滕广青等：《数字资源聚合的理论基础及其方法体系建构》，《情报科学》2015年第1期。

毕于慧、李鸿飞、曾熠等：《基于综合集成研讨厅的应急虚拟会商系统》，《计算机系统应用》2015年第5期。

曹树金、马翠嫦：《信息聚合概念的构成与聚合模式研究》，《中国图书馆学报》2016 年第 3 期。

曹羽、温家洪、景垠娜：《我国应急预案体系现状及展望——以上海为例》，《灾害学》2010 年第 1 期。

柴守权、曲涛、朱云峰、赫传杰、汪运利：《突发林业有害生物事件应急平台体系建设设计》，《浙江林学院学报》2009 年第 2 期。

常志平：《供应链中信息共享的层级及其影响因素分析》，《工业工程与管理》2003 年第 2 期。

陈丽：《基于共同价值的多维度组织协调机理与方法研究》，博士学位论文，天津大学，2010 年。

陈远、罗琳、陈子夏：《竞争情报价值的度量探究》，《图书情报知识》2007 年第 5 期。

陈祖琴：《面向应急情报采集与组织的突发事件特征词典编制》，《图书与情报》2015 年第 3 期。

程新章：《组织理论关于协调问题的研究》，《科技管理研究》2006 年第 10 期。

程元栋：《基于物联网的非常规突发事件的情报搜集》，《南阳理工学院学报》2013 年第 5 期。

储节旺、郭春侠：《突发事件应急决策的情报支持作用研究》，《情报理论与实践》2015 年第 11 期。

崔军、孟九峰：《我国应急财政管理相关问题研究》，《财政问题研究》2009 年第 3 期。

戴汝为：《从工程控制论到综合集成研讨厅体系——纪念钱学森归国 50 周年》，《复杂系统与复杂性科学》2006 年第 2 期。

戴汝为、李耀东：《基于综合集成的研讨厅体系与系统复杂性》，《复杂系统与复杂性科学》2004 年第 4 期。

邓向国：《论警察指挥自动化系统的构成》，《中国西部科技》2007 年第 12 期。

董时军、胡玫、卢福昱等：《传染病突发公共卫生事件预防和控制情报研究及其实践》，《医学信息学杂志》2011年第4期。

樊博、洪佳玉：《物联网区域监控中的应急预警情报挖掘研究》，《情报科学》2012年第12期。

樊博、李锦红：《联动型应急情报系统的规划方法研究》，《情报杂志》2011年第7期。

樊博、孟庆国：《顶层设计视角下的政府信息资源共享研究》，《现代管理科学》2009年第1期。

范维澄：《突发公共事件应急信息系统总体方案构思》，《信息化建设》2005年第9期。

范维澄、陈涛：《国家应急平台体系建设现状与发展趋势》，载《中国突发事件防范与快速处置优秀成果选编》，2009年。

范维澄、袁宏永：《我国应急平台建设现状分析及对策》，《信息化建设》2006年第9期。

范炜、胡康林：《面向突发事件应急决策的情报支撑作用研究》，《图书情报工作》2014年第23期。

范炜、胡康林：《突发事件应对中的情报资源观及动态聚合研究》，《图书情报工作》2016年第23期。

封锦昌：《未来20年世界军事综合信息系统的技术发展探究》，《无线电通信技术》2001年第4期。

付文达、戴艳梅、王一帆：《基于综合集成方法的反恐全源情报分析体系研究》，《情报杂志》2015年第12期。

高大伟：《信息化顶层设计的理性思考》，《中国建设信息》2014年第1期。

高小平：《中国特色应急管理体系建设的成就和发展》，《中国行政管理》2008年第11期。

高云燕：《论公共危机与政府信息公开》，《软科学》2010年第3期。

顾基发：《物理事理人理系统方法论的实践》，《管理学报》2011年第3期。

顾基发、唐锡晋、朱正祥：《物理—事理—人理系统方法论综述》，《交通运输系统工程与信息》2007年第6期。

顾明玉：《交通科技信息资源共享的综合评价研究》，硕士学位论文，武汉理工大学，2014年。

郭春侠、张静：《突发事件应急决策的快速响应情报体系构建研究》，《情报理论与实践》2016年第5期。

郭俊华、程琼：《我国重大自然灾害的公共财政应急措施研究——以5·12汶川大地震为例》，《上海交通大学学报》（哲学社会科学版）2009年第3期。

郭润萍：《高技术新创企业知识整合、创业能力与绩效关系研究》，博士学位论文，吉林大学，2015年。

国务院办公厅赴俄、日应急管理考察团：《俄罗斯、日本应急管理考察报告》，《中国应急管理》2007年第2期。

何水：《从政府危机管理走向危机协同治理——论中国危机管理范式革新》，《领导科学》2008年第12期。

贺德方、曾建勋：《基于语义的馆藏资源深度聚合研究》，《中国图书馆学报》2012年第4期。

侯丽：《基于决策的情报系统评价指标体系构建》，《情报理论与实践》2009年第1期。

侯洪凤：《应急管理信息系统评价指标体系构建和评价方法研究》，《科技管理研究》2013年第6期。

胡象明、唐波勇：《整体性治理：公共管理的新范式》，《华中师范大学学报》（人文社会科学版）2010年第1期。

黄兰秋、姚伟、刘建准：《面向社会预警的情报收集过程中的情报行为模型构建》，《图书情报工作》2014年第7期。

尹文嘉：《基于协同理论的应急管理机制构建论析》，《生态经济》（学术版）2013年第10期。

贾永江、王燕、王晓端：《应急管理平台开展社会管理服务探讨》，《科技风》2012年第3期。

贾又衡：《西部地区突发公共事件中的政府应急能力建设》，硕士学位论文,陕西师范大学,2013年。

蒋勋、苏新宁等:《突发事件驱动的应急决策知识库结构研究》,《情报资料工作》2015年第1期。

靳娟娟:《普通情报在事件危机预控中的运用研究》,《情报理论与实践》2010年第3期。

柯丹倩:《国内外突发事件驱动的应急决策情报研究现状及展望》,《现代情报》2015年第8期。

孔祥敏:《我国应急财政资金来源及存在的问题》,《才智》2009年第32期。

喇娟娟:《城市公共安全应急管理信息系统绩效评价研究》,博士学位论文,西南交通大学,2006年。

赖茂生:《EA、制度与顶层设计》,《电子政务》2010年第8期。

兰德:《论信息与情报的区别》,《科研管理》1986年第4期。

黎昕、王晓雯:《国外突发事件应急管理模式的比较与启示——以美、日、俄三国为例》,《福建行政学院学报》2010年第5期。

李安楠、邓修权、赵秋红:《分形视角下的非常规突发事件应急组织动态重构——以8·12天津港爆炸事件为例》,《管理评论》2016年第8期。

李斌:《基于供应链管理的纺织服装企业的快速反应》,《物流工程与管理》2009年第4期。

李春雷、凌国卿:《风险再造:新媒体对突发性事件的报道框架分析》,《新闻界》2013年第16期。

李大帅:《社会突发事件应急信息管理评价初探》,《科技情报开发与经济》2008年第31期。

李纲、陈璟浩:《突发事件情境下网络问答社区用户构成和行为分析——基于问题胶囊事件的实证研究》,《图书情报工作》2013年第24期。

李纲、李阳:《关于突发事件情报失察的若干探讨》,《情报理论与实践》2015年第7期。

李纲、李阳:《关于智慧城市与城市应急决策情报体系》,《图书情报工作》2015年第4期。

李纲、李阳:《情报视角下的突发事件监测与识别研究》,《图书情报工作》2014年第24期。

李纲、李阳:《情报视角下的突发事件应急决策研究》,《情报理论与实践》2015年第8期。

李纲、李阳:《智慧城市应急决策情报体系构建研究》,《中国图书馆学报》2016年第5期。

李俊、聂应德:《日本灾害信息系统及其运作:经验与启示》,《东南亚纵横》2009年第2期。

李琦、朱庆华、李强、池建新:《危机管理过程中的情报搜集》,《情报资料工作》2005年第6期。

李兴林:《省级交通应急平台体系框架及关键技术研究》,《公路交通科技》(应用技术版)2008年第1期。

李阳:《太原市小店区和迎泽区灾难性地震避难所的规划与设计》,硕士学位论文,太原理工大学,2013年。

李阳、李纲:《应急决策情报体系:历史演进、内涵定位与发展思考》,《情报理论与实践》2016年第4期。

李耀东、崔霞、戴汝为:《综合集成研讨厅的理论框架、设计与实现》,《复杂系统与复杂性科学》2004年第1期。

廖建军、郭秋萍、李筱宁:《基于垂直搜索的网络监督情报预警系统研究》,《情报理论与实践》2010年第6期。

林甫:《专利情报服务体系的顶层设计研究》,《情报理论与实践》2014年第6期。

林鸿潮:《论公共应急管理机制的法治化:兼辨"一案三制"》,《社会主义研究》2009年第5期。

汪志红、王斌会、陈思玲:《国外突发事件应急管理体制的借鉴与思考》,《科技管理研究》2012年第16期。

林鸿潮:《论我国公共应急体制的再改革及其法律问题》,《行政法学研究》2010年第2期。

林曦、姚乐野:《我国突发事件应急管理的情报工作现状与问题分析》,《图书情报工作》2014年第12期。

刘冰:《构建突发事件应急管理法律机制的思考——兼谈河北省应急管理法律机制的完善》,《河北法学》2014年第10期。

刘红芹、沙勇忠、刘强:《应急管理协调联动机制构建:三种视角的分析》,《情报杂志》2011年第4期。

刘铁民:《重大突发事件情景规划与构建研究》,《中国应急管理》2012年第4期。

刘霞、向良云、严晓:《公共危机治理网络:框架与战略》,《软科学》2009年第4期。

刘奕、刘艺、张辉:《非常规突发事件应急管理关键科学问题与跨学科集成方法研究》,《中国应急管理》2014年第1期。

龙彧:《关于推进国家应急平台建设的建议》,《中国工程科学》2009年第9期。

卢胜军、王忠军、栗琳:《赛博空间与大数据双重视角下的钱学森情报思想》,《情报理论与实践》2013年第4期。

陆嘉楠:《我国政府地震应急管理体制研究——以汶川地震应急救援为例》,硕士学位论文,上海交通大学,2011年。

陆小敏、陈杰、袁伟:《关于智慧城市顶层设计的思考》,《电子政务》2014年第1期。

吕有生:《美国成立国土安全部的缘由》,《现代军事》2003年第2期。

马怀平:《日本应急管理之道》,《现代职业安全》2010年第1期。

马也、何洋洋:《基于复杂网络的国际煤炭贸易网络研究评述》,《中国市场》2013年第22期。

毛汉文:《对突发公共卫生事件开展情报服务的探索》,《医学信息学杂志》2009年第2期。

毛子骏、徐晓林、许晓东:《电子决策剧场为科学民主决策导航》,《中国行政管理》2011年第9期。

彭辉安:《整体性治理:我国公共危机治理的新走向》,《福建行政学院学报》2013 年第 2 期。

彭纪文、赵宇：《整体性治理：非常规突发事件应急管理的新模式》，《领导科学》2013 年第 35 期。

彭金梅：《基于复杂系统理论的突发事件应急管理研究评述》，《价值工程》2013 年第 32 期。

彭雅愉：《重大突发事件应急信息公开的问题及对策研究》，硕士学位论文，湘潭大学，2013 年。

彭知辉：《论公安情报产品及其构成》，《情报杂志》2013 年第 5 期。

平图：《惊天动地的爆炸刻骨铭心的教训——天津港"8·12"瑞海公司危险品仓库特别重大火灾爆炸事故分析》，《吉林劳动保护》2016 年第 2 期。

钱学森：《科技情报工作的科学技术》，《兵工情报工作》1983 年第 6 期。

邱均平、谢辉、李进华：《竞争情报系统绩效综合评价研究》，《情报科学》2011 年第 4 期。

任全珍：《奖励的 10 种策略》，《领导科学》1991 年第 12 期。

沙勇忠、解志元：《论公共危机的协调治理》，《中国行政管理》2010 年第 4 期。

沙勇忠、李文娟：《公共危机信息管理 EPMFS 分析框架》，《图书与情报》2012 年第 6 期。

沙勇忠、李小涛：《危机情境中的决策约束及其解决路径》，《甘肃社会科学》2009 年第 5 期。

邵东珂：《应急管理领域的大数据研究：西方研究进展与启示》，《国外社会科学》2015 年第 6 期。

邵瑜编译、Ingo Bumer：《德国的危机预防信息系统》，《信息化建设》2005 年第 8 期。

邵祖峰、梁小华、徐宗海：《基于综合集成研讨厅的应急警务情报研判》，《湖北警官学院学报》2009 年第 4 期。

沈固朝：《"耳目、尖兵、参谋"——在情报服务和情报研究中引入 intelligence studies 的一些思考》,《医学信息学杂志》2009 年第 4 期。

沈文哲、张晓玮:《突发事件中网络舆论的情报引导模式》,《网络安全技术与应用》2012 年第 11 期。

四川省减灾中心:《四川省综合减灾救灾应急指挥体系建设实践》,《中国减灾》2013 年第 17 期。

宋丹、高峰:《美国自然灾害应急管理情报服务案例分析及其启示》,《图书情报工作》2012 年第 20 期。

宋立容:《信息质量管理成熟度模型研究》,《情报科学》2012 年第 7 期。

宋新平、吴晓伟、刘竞:《基于信息融合和综合集成研讨厅混合的企业竞争情报系统》,《图书情报工作》2009 年第 22 期。

宋宜平、董键等:《基于灰色熵权法的装备保障人员能力评估模型研究》,《价值工程》2013 年第 31 期。

苏新宁、章成志、卫平:《论信息资源整合》,《现代图书情报技术》2005 年第 9 期。

孙路、刘波:《情报预警:危机潜伏阶段的有效途径探析》,《世界经济与政治论坛》2010 年第 5 期。

孙迎春:《澳大利亚整体政府信息化治理》,《中国行政管理》2014 年第 9 期。

唐超:《基于开源情报的风险监测—预警—决策系统构建》,《情报杂志》2013 年第 1 期。

唐华茂:《应急管理人才队伍建设研究》,《中国行政管理》2010 年第 12 期。

唐晓波、田杰、望俊成:《基于语义网技术的企业信息资源整合研究》,《情报理论与实践》2012 年第 10 期。

汪玉凯:《顶层设计与"十二五"电子政务的发展趋势》,《电子政务》2010 年第 8 期。

王渤:《公开途径反恐情报的搜集》,《法学杂志》2006 年第 6 期。

王飞跃:《情报 5.0:平行时代的平行情报体系》,《情报学报》2015 年第 6 期。

王克平：《基于危机生命周期的情报保障探析》，《情报理论与实践》2009 年第 2 期。

王兰成：《基于网络舆情分析的突发事件情报支援研究》，《情报理论与实践》2015 年第 7 期。

王磊：《现代军事指挥信息系统研究与开发》，硕士学位论文，武汉理工大学，2002 年。

王琳：《基于钱学森综合集成思想的情报学中知识理论的三维架构》，《情报科学》2015 年第 2 期。

王倩：《我国自然灾害管理体制与灾害信息共享模型研究》，博士学位论文，中国地质大学，2010 年。

王沙骋：《突发事件网络舆论的情报对策研究》，《情报杂志》2013 年第 12 期。

王沙骋：《我国面临的恐怖主义及情报反恐研究》，《中国软科学》2014 年第 2 期。

王宇航、王清华：《美国国家事故管理系统》，《现代职业安全》2004 年第 11 期。

王振耀、方志勇、李先瑞等：《加快灾害信息管理系统建设——美国、日本灾害应急管理系统建设启示》，《中国减灾》2004 年第 5 期。

魏海亮、王振华：《我国安全形势与反恐情报战略构建——基于国际恐怖主义的视角》，《情报杂志》2015 年第 4 期。

魏永征、傅晨琦：《从传统信息攻防战到危机传播新模式》，《新闻界》2013 年第 24 期。

魏中许、刘慧娟、贺元骅：《民航空防安全威胁预警机制创新——基于情报信息融合视角》，《中国软科学》2013 年第 9 期。

吴珮嘉：《政府应急信息公开的制度缺失与制度创新研究》，硕士学位论文，湘潭大学，2011 年。

吴志革：《情报与决策》，《兵工情报工作》1982 年第 5 期。

武玲玲、常延岭、彭青：《完善我国应急财政资金管理的途径》，《河北经贸大学学报》2015年第4期。

肖智星：《综合集成思想的应用对策研究方法体系探索》，《广东社会科学》2013年第1期。

徐芳：《情报分析方法研究进展》，《情报理论与实践》2009年第8期。

徐婷婷：《应对突发公共事件中政府协调能力研究》，博士学位论文，苏州大学，2013年。

徐绪堪、房道伟、魏建香：《药品安全性突发事件情报分析框架构建》，《情报杂志》2014年第12期。

徐绪堪、赵毅、王京等：《城市水灾害突发事件情报分析框架构建》，《情报杂志》2015年第8期。

徐绪堪、钟宇翀、魏建香等：《基于组织—流程—信息的突发事件情报分析框架构建》，《情报理论与实践》2015年第4期。

许振宇：《多维度应急管理系统评价》，《现代情报》2013年第5期。

许振宇、郭雪松：《基于用户满意的应急管理信息系统评价研究》，《情报杂志》2011年第3期。

薛元杰、周建新、刘铁民：《突发事件应急预案的评估研究》，《中国安全生产科学技术》2015年第10期。

严贝妮、李宇佳：《基于产品生命周期的情报产品研究进展》，《情报科学》2016年第2期。

严鄂东：《智能军事交通系统研究》，硕士学位论文，华中科技大学，2007年。

杨东：《论灾害对策立法以日本经验为借鉴》，《法律适用》2008年第12期。

杨峰、姚乐野、范炜：《情景嵌入的突发事件情报感知：资源基础与实现路径》，《情报资料工作》2016年第2期。

杨巧云、姚乐野：《基于协同理论的应急情报部门跨组织工作流程研究》，《情报理论与实践》2015年第8期。

杨巧云、姚乐野：《协同联动应急决策情报体系：内涵与路径》，《情报科学》2016年第2期。

姚乐野、范炜：《突发事件应急管理中的情报本征机理研究》，《图书情报工作》2014年第23期。

姚乐野、胡康林：《2000—2016年国外突发事件的应急信息管理研究进展》，《图书情报工作》2016年第23期。

叶光辉、李纲：《多阶段多决策主体应急情报需求及其作用机理分析——以城市应急管理为背景》，《情报杂志》2015年第6期。

佚名：《天津港"8·12"瑞海公司危险品仓库特别重大火灾爆炸事故原因调查及防范措施》，《中国应急管理》2016年第2期。

佚名：《我国应急联动系统平台建设现状与分析》，《中国建设信息》2007年第8期。

尹文嘉：《基于协同理论的应急管理机制构建论析》，《生态经济》（学术版）2013年第2期。

尹贻娜：《基于网络群体性事件的公安情报信息收集》，《法制博览》（中旬刊）2014年第4期。

于景元：《钱学森综合集成体系》，《西安交通大学学报》（社会科学版）2006年第6期。

于景元、周晓纪：《从综合集成思想到综合集成实践——方法、理论、技术、工程》，《管理学报》2005年第1期。

袁宏永、李鑫等：《我国应急平台体系建设》，《中国减灾》2013年第9期。

袁莉、杨巧云：《重特大灾害应急决策的快速响应情报体系协同联动机制研究》，《四川大学学报》（哲学社会科学版）2014年第3期。

袁莉、姚乐野：《基于EA的快速响应情报体系顶层设计研究》，《图书情报工作》2016年第23期。

袁莉、姚乐野：《应急管理中的"数据—资源—应用"情报融合模式探索》，《图书情报工作》2014年第23期。

袁莉、姚乐野：《政府应急管理信息化困境及解决之道》，《西南民族大学学报》（人文社会科学版）2016年第1期。

岳珍、赖茂生：《国外"情景分析"方法的进展》，《情报杂志》2006年第 7 期。

张国宁、沈寿林、李继东：《战斗复杂性的研究方法》，《重庆理工大学学报》（社会科学版）2010 年第 9 期。

张家年：《情报体系中心：美国情报共享实践及启示》，《图书情报工作》2015 年第 13 期。

张金华：《基于 WebGIS 的环境灾害管理、评价及应急系统研究》，硕士学位论文，华北电力大学，2013 年。

张立荣：《协调治理与我国公共危机管理模式创新——基于协调理论的视角》，《华中师范大学学报》（人文社会科学版）2008 年第 2 期。

张立荣、冷向明：《协调治理与我国公共危机管理模式创新——基于协调理论的视角》，《华中师范大学学报》（人文社会科学版）2008 年第 3 期。

张明红、佘廉：《政府应急决策信息有效性研究》，《情报杂志》2016 年第 1 期。

张维平：《应急管理中政府与媒体协调机制的完善与创新》，《政治学研究》2012 年第 3 期。

张渝田：《试论建构法治政府的逻辑》，《西南民族大学学报》（人文社会科学版）2014 年第 9 期。

张政：《美国重构应急体系后加强突发事件信息工作的主要做法及特点》，《中国应急管理》2016 年第 1 期。

张子民、周英、李琦、毛曦：《基于信息共享的突发事件应急响应信息模型（I）：模型定义》，《中国安全科学学报》2010 年第 8 期。

赵晶：《新形势下突发公共卫生事件中的医学情报工作》，《中国预防医学杂志》2014 年第 6 期。

赵杨：《国家创新系统中的信息资源协同配置研究》，武汉大学出版社 2010 年版。

郑佳：《中国基本公共服务均等化政策协调研究》，博士学位论文，吉林大学，2010 年。

郑力、白云等：《突发公共卫生事件的情报咨询》，《预防医学情报杂志》

2005 年第 6 期。

钟开斌:《"一案三制":中国应急管理体系建设的基本框架》,《南京社会科学》2009 年第 11 期。

钟开斌:《从强制到自主:中国应急协调机制的发展与演变》,《中国行政管理》2014 年第 8 期。

钟开斌:《如何处置跨界危机——天津港"8·12"事故分析》,《行政管理改革》2016 年第 4 期。

钟开斌:《信息与应急决策:一个解释框架》,《中国行政管理》2013 年第 8 期。

钟丽萍、冷伏海:《基于综合集成论的情报研究理论阐释》,《情报理论与实践》2012 年第 6 期。

周玲:《危机管理过程中情报组织工作流程新范式研究》,《情报杂志》2007 年第 6 期。

周玲:《危机管理七法则中情报功能》,《情报科学》2005 年第 4 期。

周玲:《危机管理中导致情报失误的因素》,《情报杂志》2005 年第 3 期。

朱晓峰、冯雪艳、王东波:《面向突发事件的情报体系研究》,《情报理论与实践》2014 年第 4 期。

竺乾威:《从新公共管理到整体性治理》,《中国行政管理》2008 年第 10 期。

邹逸江:《国外应急管理体系的发展现状及经验启示》,《灾害学》2008 年第 1 期。

Aedo I., Díaz P., Carroll J. M., et al., "End-user Oriented Strategies to Facilitate Multi-organizational Adoption of Emergency Management Information Systems", *Information Processing & Management*, Vol. 46, No. 1, 2010.

Albuquerque J. P. D., Herfort B., Brenning A., et al., "A Geographic Approach for Combining Social Media and Authoritative Data Towards Identifying Useful Information for Disaster Management", *International Journal of*

Geographical Information Science, Vol. 29, No. 4, 2015.

Alvaro Monares, Sergio F. Ochoa, Josc A. Pino, et al., "Mobile Computing in Urban Emergency Situations: Improving the Support to Firefighters in the Field", *Expert System with Application*, Vol. 38, No. 2, 2011.

Arjen Boin, Paul Hart, "Organizing for Effective Emergency Management: Lessons from Research", *Australian Journal of Public Administration*, Vol. 69, No. 4, 2010.

Bardet J. P., Liu F., "Towards Virtual Earthquakes: Using Post-earthquake Reconnaissance Information", *Online Information Review*, Vol. 34, No. 1, 2010.

Bharosa N., Lee J., Janssen M., "Challenges and Obstacles in Sharing and Coordinating Information During Multi-agency Disaster Response: Propositions from Field Exercises", *Information Systems Frontiers*, Vol. 12, No. 1, 2010.

Carminati B., Ferrari E., Guglielmi M., "A System for Timely and Controlled Information Sharing in Emergency Situations", *IEEE Transactions on Dependable and Secure Computing*, Vol. 10, No. 3, 2013.

Carver L., Turoff M., "Human-computer Interaction: the Human and Computer as a Team in Emergency Management Information Systems", *Communications of the ACM*, Vol. 50, No. 3, 2007.

Chen R., Sharman R., Chakravarti N., et al., "Emergency Response Information System Interoperability: Development of Chemical Incident Response Data Model", *Journal of the Association for Information Systems*, Vol. 9, No. 3, 2008.

Christophe Pollitt, "Joined-up Government: A Survey", *Political Studies Review*, 2003.

Clarke A., Steele R., "Smartphone-based Public Health Information Systems: Anonymity, Privacy and Intervention", *Journal of the Association for Information Science and Technology*, Vol. 66, No. 12, 2015.

Currion P., Silva C., Van De Walle B., "Open Source Software for Disaster Management", *Communications of the ACM*, Vol. 50, No. 3, 2007.

Day J. M., Junglas I., Silva L., "Information Flow Impediments in Disaster Relief Supply Chains", *Journal of the Association for Information Systems*, Vol. 10, No. 8, 2009.

Dearstyne B., "The FDNY on 9/11: Information and Decision Making in Crisis", *Government Information Quarterly*, Vol. 24, No. 1, 2007.

Ferreira C., "Food Information Environments: Risk Communication and Advertising Imagery", *Journal of Risk Research*, Vol. 9, No. 8, 2006.

Glik D. C., "Risk Communication for Public Health Emergencies", *Annu. Rev. Public Health*, Vol. 28, 2007.

Goodchild M. F., Glennon J. A., "Crowdsourcing Geographic Information for Disaster Response: a Research Frontier", *International Journal of Digital Earth*, Vol. 3, No. 3, 2010.

Henderson J. C., Venkatramen N., "Strategic Alignment: Leveraging Information Technology for Transforming Organizations", *IBM Systems Journal*, Vol. 32, No. 1, 1993.

Lopatovska I., Smiley B., "Proposed Model of Information Behaviour in Crisis: the Case of Hurricane Sandy", *Information Research: An International Electronic Journal*, Vol. 19, No. 1, 2013.

Jonkers H., Lankhorst M., et al., "Enterprise Architecture: Management Tool and Blueprint for the Organization", *Information Systems Frontiers*, Vol. 8, No. 2, 2006.

Klein M., Petti C., "A Handbook-based Methodology for Redesigning Business Processes", *Knowledge and Process Management*, Vol. 13, 2006.

Klien E., Lutz M., Kuhn W., "Ontology-based Discovery of Geographic Information Services—An Application in Disaster Management", *Computers, Environment and Urban Systems*, Vol. 30, No. 1, 2006.

Kornelis M., De Jonge J., Frewer L., et al., "Consumer Selection of Food-safety Information Sources", *Risk Analysis*, Vol. 27, No. 2, 2007.

Kuttschreuter M., Rutsaert P., Hilverda F., et al., "Seeking Information about Food-related Risks: The Contribution of Social Media", *Food Quality and Preference*, Vol. 37, 2014.

Kwak Y. H., Ibbs C. W., "Project Management Process Maturity Model (PM) 2", *Journal of Management in Engineering*, ASCE, Vol. 3, 2002.

Kwan M. P., Lee J., "Emergency Response after 9/11: the Potential of Real-time 3D GIS for Quick Emergency Response in Micro-spatial Environments", *Computers, Environment and Urban Systems*, Vol. 29, No. 2, 2005.

Lamb S., Walton D., Mora K., et al., "Effect of Authoritative Information and Message Characteristics on Evacuation and Shadow Evacuation in a Simulated Flood Event", *Natural Hazards Review*, Vol. 13, No. 4, 2011.

Malone, Thomas W., Kevin G. Crowston, "The Interdisciplinary Study of Coordination", *ACM Computing Surveys*, Vol. 26, No. 1, 1994.

Marincioni F., "Information Technologies and the Sharing of Disaster Knowledge: the Critical Role of Professional Culture", *Disasters*, Vol. 31, No. 4, 2007.

Mcknight M., "Health Sciences Librarians' Reference Services During a Disaster: More than Just Collection Protection", *Medical Reference Services Quarterly*, Vol. 25, No. 3, 2006.

Mcmeekin T. A., Baranyi J., Bowman J., et al., "Information Systems in Food Safety Management", *International Journal of Food Microbiology*, Vol. 112, No. 3, 2006.

Mears G., Ornato J. P., Dawson D. E., "Emergency Medical Services Information Systems and a Future EMS National Database", *Prehospital Emergency Care*, Vol. 6, No. 1, 2002.

Nishida S., Nakatani M., Koiso T., et al., "Information Filtering for Emergency Management", *Cybernetics & Systems*, Vol. 34, No. 3, 2003.

Nitesh Bharosa, JinKyu Lee, Marijn Janssen, "Challenges and Obstacles in

Sharing and Coordinating Information During Multi-agency Disaster Response Propositions from Field Exercises", *Inf Syst Front*, Vol. 12, 2010.

Oh O., Agrawal M., Rao H. R., "Community Intelligence and Social Media Services: A Rumor Theoretic Analysis of Tweets During Social Crises", *Mis Quarterly*, Vol. 37, No. 2, 2013.

Owen G., Mcleod J. D., Kolden C. A., et al., "Wildfire Management and Forecasting Fire Potential: the Roles of Climate Information and Social Networks in the Southwest United States", *Weather, Climate, and Society*, Vol. 4, No. 2, 2012.

Pan S. L., Pan G., Leidner D. E., "Crisis Response Information Networks", *Journal of the Association for Information Systems*, Vol. 13, No. 1, 2012.

Park I., Sharman R., Rao H. R., "Disaster Experience and Hospital Information Systems: An Examination of Perceived Information Assurance, Risk, Resilience, and HIS Usefulness", *Mis Quarterly*, Vol. 39, No. 2, 2015.

Pe M., Raghu T. S., Vinze A., "Information Intermediaries for Emergency Preparedness and Response: A Case Study from Public Health", *Information Systems Frontiers*, Vol. 12, No. 1, 2010.

Pradhan A. R., Laefer D. F., Rasdorf W. J., "Infrastructure Management Information System Framework Requirements for Disasters", *Journal of Computing in Civil Engineering*, Vol. 21, No. 2, 2007.

Preece G., Shaw D., Hayashi H., "Using the Viable System Model (VSM) to Structure Information Processing Complexity in Disaster Response", *European Journal of Operational Research*, Vol. 224, No. 1, 2013.

Reeder B., Turner A. M., "Scenario-based Design: A Method for Connecting Information System Design with Public Health Operations and Emergency Management", *Journal of Biomedical Informatics*, Vol. 44, No. 6, 2011.

Reynolds P., Tamanaha I., "Disaster Information Specialist Pilot Project: NLM/ DIMRC", *Medical Reference Services Quarterly*, Vol. 29, No. 4, 2010.

Rutsaert P., Pieniak Z., Regan A., et al., "Social Media as a Useful Tool in Food Risk and Benefit Communication? A Strategic Orientation Approach", *Food Policy*, Vol. 46, 2014.

Schooley B. L., Horan T. A., "Towards End-to-End Government Performance Management: Case Study of Interorganizational Information Integration in Emergency Medical Services (EMS)", *Government Information Quarterly*, Vol. 24, No. 4, 2007.

Sommerfeldt E. J., "Disasters and Information Source Repertoires: Information Seeking and Information Sufficiency in Post-earthquake Haiti", *Journal of Applied Communication Research*, Vol. 43, No. 1, 2015.

Sorensen J. H., "Hazard Warning Systems: Review of 20 Years of Progress", *Natural Hazards Review*, Vol. 1, No. 2, 2000.

Tambouris E., Kaliva E., Liaros M., Tarabanis K., "A Reference Requirements Set for Public Service Provision Enterprise Architectures", *Software & Systems Modeling*, Vol. 13, No. 3, 2014.

Thatcher A., Vasconcelos A. C., Ellis D., "An Investigation into the Impact of Information Behaviour on Information Failure: the Fukushima Daiichi Nuclear Power Disaster", *International Journal of Information Management*, Vol. 35, No. 1, 2015.

Trecarichi G., Rizzi V., Marchese M., et al., "Enabling Information Gathering Patterns for Emergency Response with the Open Knowledge System", *Computing and Informatics*, Vol. 29, No. 4, 2012.

Troy D. A., Carson A., Vanderbeek J., et al., "Enhancing Community-based Disaster Preparedness with Information Technology", *Disasters*, Vol. 32, No. 1, 2008.

Willem Robert, et al., "Design and Use of the Simple Event Model", *Journal of Web Semantics: Science, Services and Agents on the World Wide Web*, Vol. 9, No. 2, 2011.

Yates C., Partridge H., "Citizens and Social Media in Times of Natural Disaster: Exploring Information Experience", *Information Research*, Vol. 20,

No. 1, 2015.

Zach L., "What Do I Do in an Emergency? The Role of Public Zach L. Libraries in Providing Information During Times of Crisis", *Science & Technology Libraries*, Vol. 30, No. 4, 2011.

Zhang Z., Demsar U., Rantala J., Virrantaus K., "A Fuzzy Multiple-attribute Decision-making Modelling for Vulnerability Analysis on the Basis of Population Information for Disaster Management", *International Journal of Geographical Information Science*, Vol. 28, No. 9, 2014.

三 会议论文、报告、报纸

《中华人民共和国突发事件应对法》，中华人民共和国第十届全国人民代表大会常务委员会第二十九次会议，2007年。

刘志强：《天津港"8·12"瑞海公司特别重大火灾爆炸事故调查组负责人答记者问》，《人民日报》2016年2月6日。

罗胜强、姜嬿：《调节变量和中介变量》，载陈晓萍、徐淑英、樊景立《组织与管理研究的实证方法》，北京大学出版社2010年版。

王恩雁、李向阳：《大灾难应急响应中的跨组织信息共享与协调规划研究》，载《第八届（2013）中国管理学年会——管理与决策科学分会场论文集》，2013年。

国家安全生产监督管理总局：《天津港"8·12"瑞海公司危险品仓库特别重大火灾爆炸事故调查报告》，2016年2月5日，http://www.gov.cn/foot/2016-02/05/5039788/files/460731d8cb4c4488be3bb0c218f8b527.pdf。

Allen K., "Prevention of Post-disaster Sequelae Through Efficient Communication Planning: Analysis of Information-seeking Behaviors in Montana and Alabama", 142nd APHA Annual Meeting and Exposition (November 15-November 19, 2014). APHA, 2014.

Amaye A., Neville K., Pope A., "Collaborative Disciplines, Collaborative

Technologies: A Primer for Emergency Management Information Systems", ECIME2015 – 9th European Conference on IS Management and Evaluation: ECIME 2015. Academic Conferences and publishing limited, 2015.

James J. J., Lyznicki J. M., Irmiter C., et al., "Secure Personal Health Information System for Use in Disasters and Public Health Emergencies", Internet-based Intelligence in Public Health Emergencies: Early Detection and Response in Disease Outbreak Crises, 2013.

Klimko G., "Knowledge Management and Maturity Models: Building Common Understanding", Bled, Proceedings of the 2nd European Conference on Knowledge Management, 2001.

Kloyber C., Glanzer M., Foitik G., Neubauer G., "Communication, Information and Tasking with and of the Population in Case of Crisis and Disasters", 22nd Interdisciplinary Information Management Talks (IDIMT) Conference, 2014.

Lai Y. A., Ou Y. Z., Su J., et al., "Virtual Disaster Management Information Repository and Applications Based on Linked Open Data", 2012 Fifth IEEE International Conference on Service-Oriented Computing and Applications (SOCA). IEEE, 2012.

Makino H., Hatanaka M., Abe S., et al., "Web-GIS-based Emergency Rescue to Track Triage Information—System Configuration and Experimental Results", Ubiquitous Positioning, Indoor Navigation, and Location Based Service (UPINLBS), 2012. IEEE, 2012.

Malone Thomas W., Kevin G. Crowston, "What is Coordination Theory and How Can it Help Design Cooperative Systems", Proc. CSCW'90. New York: ACM, 1990.

Palen L., Anderson K. M., Mark G., et al., "A Vision for Technology-mediated Support for Public Participation & Assistance in Mass Emergencies & Disasters", Proceedings of the 2010 ACM-BCS Visions of Computer Science Conference. British Computer Society, 2010.

Rocha A., Cestnik B., Oliveira M. A., "Interoperable Geographic Information Services to Support Crisis Management", International Workshop on Web and Wireless Geographical Information Systems. Springer Berlin Heidelberg, 2005.

四 网络文献

Bellman B., Rausch F. Enterprise Architecture for e-Government. Electronic Government, 2004, 3183: 48 - 56 The Simple Event Model Ontology, [2016 - 7 - 1]. http: //semanticweb. cs. vu. nl/2009/11/sem/.

ISO/IEC/IEEE 42010: 2011 - Systems and software engineering-Architecture description, [2015 - 06 - 16]. https: //www. iso. org/obp/ui/#iso: std: iso - iec - ieee: 42010: ed - 1: v1: en.

W3C Incubator Group Report-Emergency Information Interoperability Frameworks, [2016 - 7 - 1]. https: //www. w3. org/2005/Incubator/eiif/XGR-Framework-20090806/.

《天津港"8·12"爆炸事故调查报告概览》，2016年6月16日，http: //blog. sina. com. cn/s/blog_ 14c9c64050102 w4sh. html。

《该不该有人引咎辞职？反思"8·12"特别重大火灾爆炸事故》，2016年7月1日，http: //blog. sina. com. cn/s/blog_ 15afcc1f60102w9z9. html。

《四川省政府安委会办公室关于印发〈天津港"8·12"瑞海公司危险品仓库特别重大火灾爆炸事故调查报告〉（精简本）的通知》，2016年6月16日，http: //www. anquan99. cn/a/xinwendongtai/zixunbaogao/20160414/436_ 2. html。

《天津港"8·12"爆炸事故调查报告（全文）》，2016年6月16日，http://www. 360doc. com/content/16/0922/13/12116429_ 592757979. shtml。

《天津港"8·12"瑞海公司危险品仓库特别重大火灾爆炸事故调查报告公布》，2016年6月16日，http: //www. chinasafety. gov. cn/newpage/Contents/Channel_ 20132/2016/0205/264732/content_ 2647 32. htm。

《新进员工厂级安全培训教育（发文库）》，2016年7月1日，https：//wenku.baidu.com/view/49e9e0d3bcd126fff6050b52.html。

《又一名消防员牺牲了，危化品安全不容忽视!》，2016年6月16日，http：//www.vccoo.com/v/56123b。

后　　记

2013年，由本人主持的国家社会科学基金重点项目"突发事件应急决策的快速响应情报体系——跨学科集成创新与实证研究"（13AZD067）获得立项，项目主要参与者包括：袁莉副教授、范炜副教授、胡康林讲师、杨峰副教授、李明副研究员、黄莺副教授，以及我的博士研究生杨巧云、林曦等。研究团队历时四年，制订了详尽的研究计划，进行了国内外文献调研和理论研究，并对省市应急管理部门展开了大量的实践调查，在应急管理情报体系研究领域形成了一系列理论与应用成果。项目已经圆满完成研究任务并顺利结题，呈现在读者面前的这本《跨学科综合集成的应急管理情报体系研究》即是该项国家社科基金重点项目的系列研究成果之一。

在研究过程中，研究团队深入原四川省应急办、原成都市应急办以及雅安市抗震减灾局进行了详细调研，在现状研究分析的基础上，设计了突发事件应急决策快速响应情报体系的综合集成方案，并通过实证和问卷调查验证了其有效性，最终方案对成都市应急管理工作和雅安市的应急管理情报体系构建产生了重要影响。

其间，研究团队先后在 CSSCI 来源期刊上发表 18 篇学术论文，其研究内容和成果得到了国内学界同行和有关实务部门的高度关注。其中发表在《图书情报工作》2014 年第 23 期的《突发事件应急管理中的情报本征机理研究》被人大复印报刊资料《图书馆学情报学》2015 年第 3 期全文转载；发表在《西南民族大学学报》（人文社会科学版）2016 年第 1 期的《政府应急管理信息化困境及解决之道》被人大复印报刊资料

《管理科学》2016 年第 4 期全文转载；发表在《情报资料工作》2016 年第 2 期的《情景嵌入的突发事件情报感知：资源基础与实现路径》被人大复印报刊资料《图书馆学情报学》2016 年第 8 期全文转载；发表在《图书情报工作》2016 年第 23 期的《2000—2016 年国外突发事件的应急信息管理研究进展》被人大复印报刊资料《图书馆学情报学》2017 年第 5 期全文转载。相关成果见下表：

序号	成果名称	成果形式	作者	发表刊物及年期
1	危险化学品事故情报资源的情景要素提取研究	论文	杨峰、姚乐野	《情报学报》2019 年第 6 期
2	基于情景相似度的突发事件情报感知实现方法	论文	杨峰、张月琴、姚乐野	《情报学报》2019 年第 5 期
3	基于 Multi-Agent System 的应急管理多元主体信息互动机制初探	论文	姚乐野、李明、曹杰	《情报资料工作》2018 年第 3 期
4	WSR 描述下的快速响应情报体系：一个综合集成的框架	论文	杨峰、姚乐野	《情报资料工作》2017 年第 3 期
5	突发事件应对中的情报资源观及动态聚合研究	论文	范炜、胡康林	《图书情报工作》2016 年第 23 期
6	情景嵌入的突发事件情报感知：资源基础与实现路径	论文	杨峰、姚乐野、范炜	《情报资料工作》2016 年第 2 期；人大复印报刊资料《图书馆学情报学》2016 年第 8 期全文转载
7	2000—2016 年国外突发事件的应急信息管理研究进展	论文	姚乐野、胡康林	《图书情报工作》2016 年第 23 期；人大复印报刊资料《图书馆学情报学》2017 年第 5 期全文转载
8	协同联动应急决策情报体系：内涵与路径	论文	杨巧云、姚乐野	《情报科学》2016 年第 2 期
9	政府应急管理信息化困境及解决之道	论文	袁莉、姚乐野	《西南民族大学学报》（人文社会科学版）2016 年第 1 期；人大复印报刊资料《管理科学》2016 年第 4 期全文转载

续表

序号	成果名称	成果形式	作者	发表刊物及年期
10	基于EA的快速响应情报体系顶层设计研究	论文	袁莉、姚乐野	《图书情报工作》2016年第23期
11	基于协调理论的应急情报部门跨组织工作流程研究	论文	杨巧云、姚乐野	《情报理论与实践》2015年第8期
12	"整体政府"治理理念下灾害信息资源协同共享途径研究	论文	蔡娜、姚乐野	《理论与改革》2015年第2期
13	基于用户主体认知的政府社交媒体信息质量评价——政务微博的考察	论文	杨峰、史琦、姚乐野	《情报杂志》2015年第12期
14	应急管理中的"数据—资源—应用"情报融合模式探索	论文	袁莉、姚乐野	《图书情报工作》2014年第23期
15	重特大灾害应急决策的快速响应情报体系协同联动机制研究	论文	袁莉、杨巧云	《四川大学学报》(哲学社会科学版)2014年第3期
16	面向突发事件应急决策的情报支撑作用研究	论文	范炜、胡康林	《图书情报工作》2014年第23期
17	突发事件应急管理中的情报本征机理研究	论文	姚乐野、范炜	《图书情报工作》2014年第23期；人大复印报刊资料《图书馆学情报学》2015年第3期全文转载
18	我国突发事件应急管理的情报工作现状与问题分析	论文	林曦、姚乐野	《图书情报工作》2014年第23期

本书是在课题研究报告的基础上修改而成，由姚乐野负责提纲拟定、修改和统稿等工作，具体各章分工如下：第一章由姚乐野、胡康林撰写，第二章由范炜撰写，第三章由袁莉撰写，第四章由胡康林撰写，第五章由袁莉、林曦撰写，第六章由杨巧云撰写，第七章由李明、杨峰撰写，第八章由黄莺撰写，第九章由姚乐野撰写。

本书围绕突发事件应急决策快速响应的目标，通过系统分析和探讨应急管理情报体系的本征机理、顶层设计、情报资源、情报技术和协同联动机制，最终构建了综合集成方案。这一研究不仅在理论上对于面向突发事件快速响应的专业情报体系理论构建和情报学研究方法集成运用具有重要意义，而且在实践中对于推进突发事件跨部门情报共享与无障碍利用、提供应急管理全过程动态情报响应也具有重要指导作用。

　　本书的出版，首先，要感谢全国哲学社会科学工作办公室为本课题提供了必要的研究经费；其次，要感谢原四川省应急办、原成都市应急办、雅安市防震减灾局为本课题调研进行的协调、支持和帮助；最后，还要感谢中国社会科学出版社社长赵剑英先生、总编辑助理王茵女士，以及责任编辑马明先生为本书出版付出的辛勤劳动。

　　应急管理和应急决策本身的复杂性和综合性，决定了应急管理情报体系无法建立在单一学科理论和方法基础上，需要综合运用情报学、管理学、系统科学、信息技术等多学科理论和方法进行有效集成。目前，这一领域国内外尚无成熟的理论和实践成果，将多学科综合集成的思想应用于应急管理快速响应的情报体系研究，是提升应急管理情报服务能力、实现智慧应急的一项有益尝试。尽管研究团队通过大量文献调研和实证研究取得了一些研究成果，也得到了学界同行和政府相关实务部门的认可，但由于研究水平和时间精力的限制，某些具体的设计和方案还有待在今后的研究中进一步丰富和完善，也恳请各位读者给予批评指正！

姚乐野

2019 年 6 月